现代职业教育汽车类专业精品教材

汽车电气系统检修

主　编　张少洪　王　晓　韩卫国
副主编　张宗杰　张体龙　余茂生
参　编　王士龙　叶德伟　崔法科　高　旭　唐　芳
　　　　杨国红　罗　蓉　李国枫　李银英
主　审　郭振杰　宋作军

机械工业出版社

本书是按照教育部颁布的职业院校汽车专业课程目录及教学标准的要求，并参照汽车维修工职业资格标准编写而成的。

本书内容不仅包括汽车电气基础知识，还有汽车新装备的电气知识（汽车电控单元控制内容），对汽车电源系统、起动系统、灯光仪表、中控门锁和电动车窗等均有介绍。本书遵循由易到难的规律，按照汽车电气基础、基本电气和舒适系统电气的检修层次进行编写。另外，本书采取"基于工作过程"的方法进行开发，按照汽车维修过程的典型工作项目进行编写，结构清晰、步骤详细、语言简练、图文并茂、目标明确，有利于教师组织教学和学生自学。

本书可作为职业院校汽车类专业的教材，也可作为汽车行业培训教材及汽车电气系统维修入门自学用书。

图书在版编目（CIP）数据

汽车电气系统检修/张少洪，王晓，韩卫国主编．—北京：机械工业出版社，2019.12（2021.7重印）
现代职业教育汽车类专业精品教材
ISBN 978-7-111-64538-2

Ⅰ.①汽… Ⅱ.①张…②王…③韩… Ⅲ.①汽车－电气系统－检修－高等职业教育－教材 Ⅳ.①U472.41

中国版本图书馆CIP数据核字（2020）第000599号

机械工业出版社（北京市百万庄大街22号　邮政编码100037）
策划编辑：于志伟　责任编辑：于志伟
责任校对：张　薇　封面设计：陈　沛
责任印制：邓　敏
三河市宏达印刷有限公司印刷
2021年7月第1版第2次印刷
184mm×260mm・15印张・365千字
1901—3800册
标准书号：ISBN 978-7-111-64538-2
定价：43.00元

电话服务　　　　　　　　　　网络服务
客服电话：010-88361066　　　机　工　官　网：www.cmpbook.com
　　　　　010-88379833　　　机　工　官　博：weibo.com/cmp1952
　　　　　010-68326294　　　金　书　网：www.golden-book.com
封底无防伪标均为盗版　　　机工教育服务网：www.cmpedu.com

前言  Preface

为贯彻国家职业教育方针政策、深化职业教育教学改革，依据工学结合的人才培养模式，以提高学生动手实操技能和掌握够用的专业知识为目的，确保整体提高学生的职业素养，特组织了来自教学一线、具有丰富教学经验与实操技能的资深教师编写了本书。编者结合当前汽车维修行业需求，并根据教育部公布的职业院校汽车类专业教学标准及汽车维修工职业资格标准确定教材内容。

汽车是现代交通的主要工具之一，汽车装备技术的改进基本就是汽车电气系统技术的改进，汽车电气技术对汽车整体性能的提高有着重要的影响，汽车电气技术的进步和革新是推动汽车工业发展和汽车换代升级的重要因素。

目前，我国汽车工业已经成为国民经济增长的重要产业。随着汽车工业的繁荣，汽车制造及汽车维修人才的需求量大幅度增长。为了满足培养汽车类技能型人才的需要，按照汽车专业对课程知识点的要求，根据职业院校汽车类专业教学大纲编写了本书。本书在内容上强调知识的准确性和实用性，并及时介绍汽车的新装备、新技术和新成果，着重培养学生的基本能力，主要内容包括汽车电气系统检修基础、汽车电源系统的检修、汽车起动系统的检修、汽车照明系统的检修、汽车信号系统的检修、汽车仪表与报警系统的检修、汽车风窗清洁系统的检修、汽车电动车窗系统的检修、汽车中控门锁与防盗系统的检修、汽车电动后视镜与电动座椅系统的检修和汽车电路分析。

本书在内容安排上，按照由浅入深、循序渐进、便于教学的思路，通过对汽车电气系统的学习，使学生对基本汽车电气设备、电路控制及检修理论知识有一个较为全面的认识；通过每个项目任务的实施，使学生对汽车电气设备维修能力达到技术要求；进行任务实施的同时，提高学生的职业素养和专业知识，并为后续专业课程的学习打下基础。书中穿插了汽车新电气设备的介绍，目的是使学生了解当前国内外新汽车装备的发展方向，拓宽学生的知识广度。

本书由淄博职业学院张少洪和王晓、寿光市职业教育中心韩卫国担任主编，山东省菏泽市鄄城县职业中等专业学校张宗杰和张体龙、福建工业学校余茂生担任副主编，参与编写的还有山东省淄博市久期车业集团公司王士龙和叶德伟、山东省潍坊市广潍集团崔法科、山东省菏泽市鄄城县职业中等专业学校高旭和李国枫、重庆市五一技师学院唐芳、广西二轻高级技工学校杨国红和罗蓉、广西工业职业技术学院李银英。全书由淄博职业学院郭振杰和宋作军担任主审。

在编写过程中，编者参阅了许多文献资料，在此向相关作者表示衷心的感谢。

由于编者水平有限，书中疏漏和不足之处在所难免，恳请广大读者批评指正，以期改进。

编　者

目录

Contents

前言

项目一　汽车电气系统检修基础 ··· 1

　　任务一　汽车电气系统的组成 ··· 2
　　任务二　基本元件的测量和连接 ··· 12
　　任务三　常用检测工具及设备使用 ····································· 22
　　任务四　汽车电路分析基础 ·· 31

项目二　汽车电源系统的检修 ·· 41

　　任务一　蓄电池维护 ·· 42
　　任务二　蓄电池检测 ·· 48
　　任务三　发电机检修 ·· 55
　　任务四　交流发电机电压调节器及其控制电路 ·················· 66
　　任务五　电源系统综合故障诊断 ··· 75

项目三　汽车起动系统的检修 ·· 80

　　任务一　汽车起动机检修 ··· 81
　　任务二　起动控制电路及其检修 ··· 93

项目四　汽车照明系统的检修 ·· 101

　　任务一　汽车照明灯具检修 ·· 102
　　任务二　汽车照明系统控制电路检修 ······························· 113

项目五　汽车信号系统的检修 ·· 120

　　任务一　汽车灯光信号系统检修 ······································· 121
　　任务二　汽车声响信号装置检修 ······································· 128

项目六　汽车仪表与报警系统的检修 ··································· 135

　　任务一　汽车仪表系统检修 ·· 136

任务二　汽车报警系统检修…………………………………… 147

项目七　汽车风窗清洁系统的检修……………………………… 154
　　任务一　汽车刮水系统检修…………………………………… 155
　　任务二　汽车风窗洗涤装置检修……………………………… 162

项目八　汽车电动车窗系统的检修……………………………… 166
　　任务一　电动门窗系统检修…………………………………… 167
　　任务二　电动天窗系统检修…………………………………… 177

项目九　汽车中控门锁与防盗系统的检修……………………… 183
　　任务一　中控门锁系统检修…………………………………… 184
　　任务二　门锁遥控系统检修…………………………………… 193

项目十　汽车电动后视镜与电动座椅系统的检修……………… 200
　　任务一　汽车电动后视镜检修………………………………… 201
　　任务二　汽车电动座椅检修…………………………………… 205

项目十一　汽车电路分析………………………………………… 214
　　任务一　汽车电路分析基础…………………………………… 215
　　任务二　汽车电路检修………………………………………… 222

参考文献……………………………………………………………… 231

项目一
汽车电气系统检修基础

> 🔴 【项目描述】
>
> 　　汽车电气系统是汽车四个系统中很重要的一部分,此系统负责汽车安全舒适性、汽车运行可靠性等性能。本项目主要学习汽车电气系统的组成和基本功能、电气系统的检修基本方法、常用的工具仪器和电路分析的基本方法与步骤。
>
> 🔴 【重点难点】
>
> 　　重点:汽车电气系统的基本检修方法和电路分析步骤。只有掌握了电气系统的检修方法和电路分析方法才能进行后面项目的学习。
> 　　难点:汽车电路分析的方法和步骤。

 任务一　　汽车电气系统的组成

目标类型	目标要求
知识目标	1. 了解汽车电路元件的作用及汽车电气系统的组成 2. 掌握汽车电气系统的特点
技能目标	能够分析典型汽车电路

一辆捷达轿车车灯不亮了，对它进行检修时需要分析电路，需要掌握电路的相关知识，会分析电源电路的常见故障。

知识准备

一、汽车电气系统的组成及特点

1. 汽车电气设备系统的组成

现代汽车电气设备的种类和数量很多，大致可以分为三大部分，即电源、用电设备和全车电路及配电装置。

（1）电源　汽车电源包括蓄电池、发电机及调节器。蓄电池的作用是在发动机不工作时向起动机及其他用电设备供电。发动机起动后，发电机作为电源向用电设备供电，同时给蓄电池充电。调节器的作用是在发电机工作时，保持其输出电压的稳定。

（2）用电设备　用电设备主要由7个系统组成。

1）起动系统。起动系统主要包括起动机及其控制电路，其作用是起动发动机。

2）点火系统。点火系统用来产生电火花，点燃汽油机中的可燃混合气，主要包括点火线圈、点火器、分电器和火花塞等。

3）照明系统。照明系统包括车外和车内的照明灯具，作用是提供车辆安全行驶的必要照明。

4）信号装置。信号装置包括音响信号和灯光信号两类，作用是提供行车所必需的信号。

5）仪表及报警装置。它用来监测发动机及汽车的工作情况，使驾驶人能够通过仪表、报警装置及时监视发动机和汽车运行的各种参数及异常情况，确保汽车正常运行。它包括车速里程表、发动机转速表、冷却液温度表、燃油表、电压（电流）表、机油压力表、气压表和各种警告灯等。

6）辅助电气设备。辅助电气设备包括风窗电动刮水器、风窗洗涤器、空调系统、汽车视听设备、车窗玻璃电动升降器、电动座椅、电动天窗和电动后视镜等。车用辅助电气设备

有日益增多的趋势，主要向舒适、娱乐和安全保障等方面发展。车辆的豪华程度越高，辅助电气设备就越多。

7）汽车电子控制系统。汽车电子控制系统主要是指利用微机控制的各个系统。发动机的微机控制系统分为汽油喷射发动机集中控制系统和电控柴油喷射系统，用于实现发动机的低油耗、低污染，提高汽车的动力性和经济性。

（3）**全车电路及配电装置** 全车电路及配电装置包括中央接线盒、保险装置、继电器、电气线束及插接件和电路开关等，它们使全车电路构成一个统一的整体。

汽车电气系统中电源与用电设备之间的关系如图1-1所示。

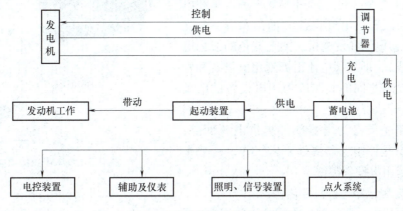

图1-1 汽车电气系统组成示意图

2. 汽车电气系统的特点

汽车电气系统有如下特点：

（1）**两个电源** 各用电设备均与蓄电池、发电机并联。发电机为主电源，可提供汽车运行时各用电设备的用电；蓄电池为辅助电源，主要供起动时用电。

（2）**低压直流电** 蓄电池作为汽车上的电源之一，始终是直流电，主要用于发动机起动时为起动机供电，当蓄电池放电后必须由直流电源对其进行充电，因此，汽车上的发电机也必须输出直流电。汽车电气系统的额定电压一般有直流12V和24V两种。目前，汽车上普遍采用12V电源，重型柴油机多采用24V电源。

（3）**并联双线或单线** 汽车上的用电设备采用并联电路以保证各支路的电气设备相互独立控制。用电设备与电源的连接一般为两条导线：公共的电源线和公共的搭铁线。

单线连接是指汽车上的用电设备的正极均采用导线相互连接且与蓄电池的正极相连，而所有负极则直接或间接通过导线与车身金属部分连接，汽车车身的金属机体作为一条公共的导线，从而达到节约导线，使电气线路简单、安装维修方便的目的。

双线制是现代轿车为了保证电子控制系统工作的可靠性，要求电路的搭铁良好，而对电气部件采用专门的搭铁线来连接。

（4）**负极搭铁** 汽车车身的金属机体作为公共的导线，在接线时用电设备的负极必须与金属机体相连，这样的连接称为搭铁。对于直流电来说，电气系统的正极或负极均可作为搭铁极，但按照国际通行的做法和我国国家标准的规定，汽车电气系统为负极搭铁。负极搭铁能减少蓄电池电缆铜端子在车架车身连接处的电化学腐蚀，提高搭铁的可靠性。

二、汽车电路的类型

为了使汽车的电器设备工作,应按照它们各自的工作特性及相互间的内在联系,用导线和车体把电源、电路保护装置、控制器件及用电设备等装置连接起来,构成能使电流流通的路径,这种路径称为汽车电路。常用电路一般可分为以下几种。

1. 电源电路、搭铁电路及控制电路(或信号电路)

汽车电路根据各自的功能不同,一般可分为电源电路、搭铁电路及控制电路。

电源电路主要是为电器部件提供电源,俗称为电器部件的"火"线。如图1-2所示,车载电网用电设备为汽车上电气设备(如刮水器、灯光等),电源为蓄电池和发电机,图上蓝色的线为电源电路(火线),即从蓄电池正极到用电设备和发电机到用电设备之间的线路段为用电设备的电源电路。

搭铁电路主要是为电器部件提供电源回路;控制电路主要是控制电器部件正常工作,一般是电控单元控制用电设备搭铁。

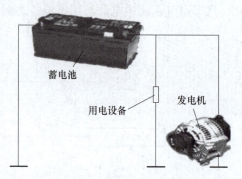

图1-2 汽车电路的功能

2. 直接控制电路与间接控制电路

根据控制器件与用电部件之间是否使用继电器,可分为直接控制电路和间接控制电路。

(1) **直接控制电路** 直接控制电路是最基本、最简单的电路。这种控制电路中不使用继电器,控制器件与用电部件串联,直接控制用电部件。如图1-3所示,直接控制电路为:蓄电池正极→电路保护装置→控制器件→用电部件(灯泡)→蓄电池负极。

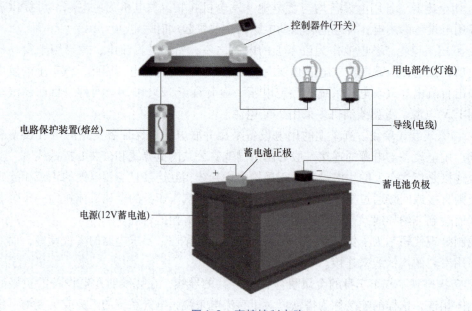

图1-3 直接控制电路

(2) **间接控制电路** 在控制器件与用电部件之间使用继电器(图1-4)或电子控制器

的电路称为间接控制电路。

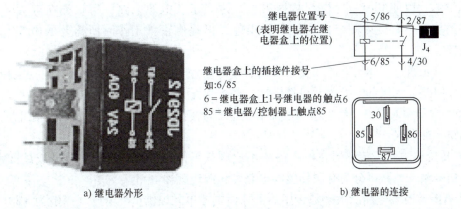

a) 继电器外形　　　　b) 继电器的连接

图1-4　继电器

3. 电子控制电路与非电子控制电路

（1）非电子控制电路　非电子控制电路指的是由手动开关、压力开关、温控开关及滑线变阻器等传统控制器件对用电器进行控制的电路。

汽车上的手动开关主要是点火开关、照明灯开关、信号灯开关及各控制面板与驾驶座附近的按键式、拨杆式开关及组合式开关等。

（2）电子控制电路　目前电子控制取代其他控制模式成为现代汽车控制的主要方式，如发动机的机械控制燃油喷射被电控燃油喷射所取代，自动变速器及ABS由液压控制转变为电子控制等。电子控制电路是指增加了信号输入元件和电子控制器件，由电子控制器件对用电器进行自动控制的一种电路，此时用电器一般称为执行器。

4. 电子控制电路的特点

在汽车电子控制系统中，电控单元（Electronic Control Unit，ECU）是核心，它通过接收传感器和控制开关输入的各种信号，根据其内部预先存储的数据和编制的程序，通过数学计算和逻辑判断直接或间接控制各执行器的工作。

汽车电控系统的电路一般可分为：电控单元的电源电路、信号输入电路及执行器的工作电路。

（1）电控单元的电源电路　如图1-5所示，电控单元与电源的连接电路称为电控单元

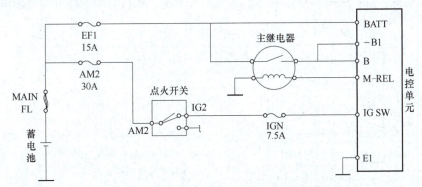

图1-5　丰田汽车电控单元的电源电路

的电源电路,一般分为两大类:一类与电源正极直接相连,其作用为在任何时候都给电控单元供电,以使电控单元保存数据信息,称为永久电源电路;另一类在点火开关或其他开关的控制下直接或间接向电控单元供电,以提供正常工作时所需要的电能,称为主电源电路。

电控单元通过车体与电源的负极连接的电路称为电控单元的搭铁电路,以使电控单元与电源构成回路。为保证电控单元可靠搭铁,电控单元与车身之间往往有多条搭铁线。

(2) 信号输入电路 信号输入电路有传感器电路、开关信号电路及与其他电控单元连接的电路3种形式。

1) 传感器电路。传感器在电路图中不绘制其具体结构,只绘制其符号或用文字标注。传感器信号输入电路可分为有源传感器电路和无源传感器电路。

① 有源传感器电路。大多数传感器需要由电控单元提供基准电压(一般为5V)作为电源才能工作,这类传感器称为有源传感器。

② 无源传感器电路。有些传感器的工作无需提供电源,当外界条件变化时会产生电动势向电控单元发出电信号,这类传感器称为无源传感器。

2) 开关信号电路。电控系统中有多种开关,如点火开关、空调开关、制动开关和自动变速器档位开关等,这些开关向电控单元提供导通和断开两种电信号。常见开关信号电路有电压输入型和搭铁型。当电控单元的一个接线端子同时与开关和用电器连接时,要注意区分电路的具体作用。

3) 与其他电控单元的连接电路。各电控单元之间往往需要传输信号,以实现数据共享及工作匹配。

数据共享是指几个电控单元需要同一个信号输入装置的信号。可以由信号输入装置分别向各电控单元传输信号,也可以向一个电控单元传输信号,然后由这个电控单元通过电控单元间的信号电路传输信号。

工作匹配是指几个系统之间相互影响,如自动变速器在进行换档控制时,需要发动机电控单元匹配控制,减少喷油量并减小点火提前角,以改善换档品质。

若要由自动变速器电控单元向发动机电控单元传输换档信号,需要在电控单元之间连接信号导线。近年来,许多新型汽车使用网络数据传输来实现以上功能。

(3) 执行器工作电路 执行器是由电控单元控制进行工作的。常见执行器有电磁阀、继电器、电动机、灯、蜂鸣器和喇叭等。如图1-6所示,执行器的电路分为电源电路和搭铁

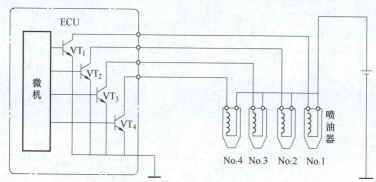

图1-6 执行器的控制电路

电路。当电控单元处于电源电路时,电源电路即为控制电路;当电控单元处于搭铁电路时,搭铁电路即为控制电路。

三、汽车电气系统故障检修基础

1. 汽车电气系统故障类型

汽车电气系统故障种类繁多,形式各异,主要有以下3种分类方法。

1)按故障发生的具体部位,汽车电气系统故障可分为电器设备故障和电路故障。电器设备故障是指自身丧失其原有机能,包括电器设备机械损坏、烧毁、电子元件击穿、老化、性能减退等。电器设备的故障一般是可修复的,但不可拆的电子元件出现故障时,只能进行更换。在实际使用与维修中,常常因为线路故障而造成电器设备故障。

线路故障包括断路、短路、接触不良或绝缘不良等。接触不良容易出现一些假象,给故障诊断带来困难。例如某搭铁线与车身出现接触不良,就有可能造成电器设备开关失控,使电器设备工作出现异常。因为有的搭铁线是几个电器设备共用,一旦该搭铁线出现接触不良,它就有可能把多个电器设备的工作电路联系在一起,也有可能通过其他线路找到搭铁途径,造成一个或多个电器设备工作不正常。

2)按发生时间的长短,汽车电气系统故障可以分为渐发性故障和突发性故障。渐发性故障所发生的周期较长,故障程度有从轻到重、从弱到强的过程,它们多是由于零部件运行中的摩擦和磨损引起的,如起动机扫膛等。突发性故障多由电路的短路或断路引起,如前照灯突然不亮、发动机突然熄火等。

3)按其对电器设备功能影响的程度,汽车电气系统故障可分为破坏性故障与功能性故障。破坏性故障是电器总成或部件因故障而完全丧失工作能力,不更换或大修不能继续工作,如灯泡灯丝烧断、集成电路调节器击穿、发电机定子线圈烧焦等。

功能性故障是指电器总成功能降低但未完全丧失工作能力,属于非破坏性故障,经过调整或局部检修可恢复其功能,如起动机转子轴与轴套采用润滑脂润滑,常因磨损使驱动小齿轮与飞轮齿圈不能正确啮合而顶齿打齿,电路上产生短路或断路、接触不良或漏电。

2. 汽车电气系统故障检修常用方法

汽车电气系统故障检修常用方法如下:

(1) **直观诊断法** 当汽车电气系统的某个部分发生故障时,会出现冒烟、火花、异响、焦臭、发热等异常现象。通过人体的感觉器官,用听、摸、闻、看等方法对汽车电气系统进行直观检查,进而判断出故障的所在部位,从而大幅提高检修速度。

(2) **检查保险法** 当汽车电气系统出现故障时,首先应查看电路中的熔断器(即电路保护装置)是否完好。在汽车行驶过程中,若某个电器突然停止工作,应先查该支路上的保险装置是否动作,如有动作则需查明原因,检修后恢复保险装置。如果某个系统的熔断器反复烧坏,则表明该系统一定有类似搭铁的故障存在,应彻底进行排除。

(3) **短路法** 汽车电路中出现断路故障,可以用短路法进行判断,即用螺钉旋具或导线将被怀疑有断路故障的电路短接,观察仪表指针变化或电器设备工作状况,从而判断出该电路中是否存在断路故障。制动灯不亮时,可在踏下制动踏板后,用螺钉旋具将制动灯开关两接柱连接以检验制动灯开关是否良好。

（4）断路法 汽车电器设备发生搭铁（短路）故障时，可用断路法进行判断，即将怀疑有搭铁故障的电路断开后，观察电器设备中搭铁故障是否还存在，以此来判断电路搭铁的部位和原因。

（5）替换法 对于难以诊断且故障涉及面大的故障，可利用替换构件的方法确定或缩小故障范围。其具体做法是：用一个已知是完好的零部件来替换被认为或怀疑是有故障的零部件，这样做可以试探出怀疑是否正确。若替换后故障消除，说明怀疑成立；否则，装回原件，进行新的替换，直至找到真正的故障部位。高压火花弱时，若怀疑是电容器故障，可换用良好的电容器进行试火。若火花变强，说明原电容器损坏，否则应继续查找。

（6）低压搭铁试火法 低压搭铁试火法就是拆下用电设备的某一线头对汽车的金属部分（搭铁）碰试，通过有无火花产生或产生火花的强弱来判断电路有无故障的方法。这种方法比较简单，是汽车电工经常使用的方法，低压搭铁试火法可分为直接搭铁和间接搭铁两种。

直接搭铁是指不经过负载而直接搭铁。判断点火线圈至蓄电池间电路是否有故障时，可拆下点火线圈上连接点火开关的接头，在汽车车身或车架上刮碰，如果有强烈的火花，说明该电路正常；如果无火花产生，说明该电路出现了断路。

间接搭铁是指通过汽车电器的某一负载而搭铁。将传统点火系统中断电器连接线搭铁（回路经过点火线圈一次绕组），如果有火花，说明这电路正常；如果无火花，则说明该电路有断路。低压搭铁试火不宜用来检查汽车电子电路。

（7）仪表检测法 观察汽车仪表板上的电流表、冷却液温度表、燃油表、机油压力表等的指示情况，判断电路中有无故障。例如，发动机运转时，冷却液温度表指示刻度位置不动，说明冷却液温度表传感器或该电路有故障。

对现代汽车上越来越多的电子设备来说，仪表检测法有省时、省力和诊断准确的优点，但要求操作者必须具备熟练的万用表使用技能，并且能掌握电器元件的原理、标准数据（电压、电流、电阻、电容、功率等）。

（8）模拟法 进行发生条件模拟验证后诊断故障。

1）用手使线束插接器或插头上下、左右振动；轻轻左右、上下弯曲插接器或用手轻轻敲打插接器来再现车辆振动时电路的短路和断路现象，如图1-7所示。

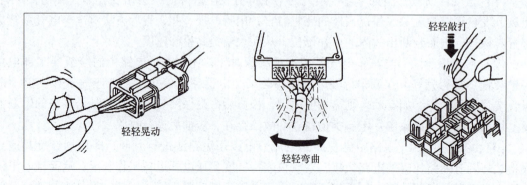

图1-7 车辆振动模拟操作示意图

2）用加热或冷却方法检测热敏元件的性能变化来再现汽车故障现象，如图1-8所示。

注意：不要将电气元件加热到60℃以上。

3）用水管或高压水枪将水喷洒到汽车上来再现汽车的故障现象，如图1-9所示。

注意：不得将水直接喷在电气元件上。

4）使电气元件工作（电负载模拟）来再现汽车故障现象，如图1-10所示。

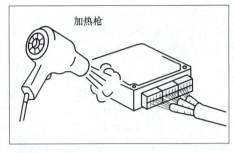

图1-8　热敏感性（温度）模拟操作示意图

图1-9　浸水模拟操作示意图

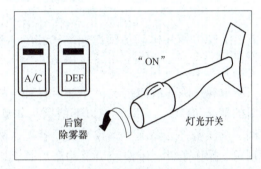

图1-10　电负载模拟操作示意图

5）在冷却液温度是常温（30℃左右）时冷起动或冷却液温度达到80℃时热起动来再现汽车故障。

在某些情况下，只有当车辆冷起动时才会发生电气故障，或在车辆短暂熄火后热起动时才会发生。

一、掌握汽车电气系统电路的诊断与维修方法

汽车电路常见的故障有断路、短路和接触不良等。

(1) 断路故障　电路中本该相连的两点之间断开，电流无法形成回路，使得电器设备无法工作即为开路故障，如图1-11所示。

(2) 短路（短接）故障　电路中不该相连的两点之间发生接触，电流绕过部分电器元件，如图1-12中的a所示；或电流被导入到其他电路（图1-12中b），使得电器设备不能正常工作；搭铁故障也是一种短路（图1-12中c）。

(3) 接触不良（接触电阻过大）故障　由于磨损、脏污等原因造成电路中的两点之间接触不实，接触电阻超过了允许范围，使得电器设备工作不可靠或性能下降即为接触不良故障。

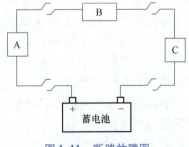

图1-11　断路故障图

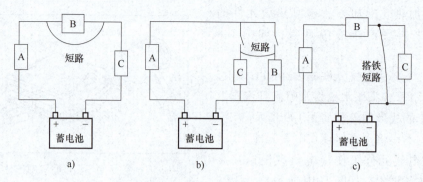

图 1-12 短路（短接）故障图

二、掌握汽车电路故障诊断与检修的一般流程（图 1-13）

1. 听取客户陈述故障情况

听取客户陈述故障情况，详细了解发生故障时的情况和环境，一般注意以下信息：车型、时间、气候条件、路况、海拔、交通状况、故障现象、操作条件、维修经历及购车后是否装了其他附件等。

2. 确认故障现象

有时需要进行路试确认故障参数，查看车主所反映的情况是否属实，同时注意观察通电运行后的种种现象。在动手拆卸或测试之前，应尽量缩小故障范围，如果不能再现故障，可进行故障模拟试验。

3. 分析相关电路原理

在电路图上画出有问题的电路，分析电流由电源到负载及搭铁的路径，弄清电路的工作原理。如果对电路原理还不太清楚，应仔细看电路说明及相关资料，直至弄清为止。对有问题电路的相关电路也应加以分析，每个电路图上都给了共用的一个熔断器、一个搭铁和一个开关的相关电路的名称。对于在第一步程序中漏检的相关电路要测试一下，如果相关电路工作正常，说明共用部分没有问题，故障原因仅限于有问题的这一电路中。如果几个电路同时出现故障，故障部位在熔断器、电源线或搭铁线等的共用部分。

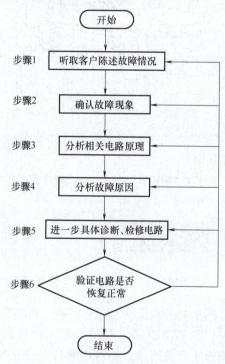

图 1-13 汽车电路故障诊断与检修的一般流程图

4. 分析故障原因

应用合理的分析和判断方法，采取正确的诊断与检修的程序，按先易后难的次序对有故障的电路或部件进行逐个排查。对于故障范围较大，可能原因较多的复杂故障，可以先列出所有可能故障原因，然后根据理论分析和工作经验，将故障可能原因进行分类。一般故障原因可分为：A（概率高易排查）、B（概率低易排查）、C（概率高难排查）、D（概率低难排查）4 类，然后按 A、B、C、D 顺序分别进行诊断与检修，可以有效提高维修效率。

5. 进一步具体诊断、修理电路

综合前面的分析结果，选择合适的诊断与检修方法进行故障点的排查，检查系统有无机械咬合、插接件松动或者线缆损坏，确定涉及哪些电路和元件，修理或更换有故障线路和元件。

6. 验证电路是否恢复正常

对于电路进行一次系统检查后，在所有模式下运行系统，确认系统在所有工况下都运转正常，确认没有在诊断和修理过程中的造成新的故障。

三、了解汽车电路故障诊断与检修的注意事项

维修汽车电气系统的首要原则是不能随意更换导线或电器，这种操作有可能导致短路、过载而引起火灾，同时还应注意以下各项：

1. 拆卸蓄电池注意事项

拆卸蓄电池时，应最先拆下负极电缆；装上蓄电池时，应最后连接负极电缆。拆下或装上蓄电池电缆时，应确保点火开关或其他开关都已断开，否则会导致半导体元器件的损坏。切勿将蓄电池接线柱与电缆接反。拆卸和安装元件及测量电器电阻时应切断电源。

如果无特殊说明，元件引脚距焊点应在 10mm 以上，以免电烙铁烫坏元件，且宜使用恒温或功率小于 75W 的电烙铁。

2. 其他注意事项

更换烧坏的熔断器时，应使用相同规格的熔丝，使用比规定容量大的熔丝会导致电器损坏或发生火灾。靠近振动部件（如发动机）的线束部分应用卡子固定，将松弛部分拉紧，以免由于振动造成线束与其他部件接触。不要粗暴地对待电器，也不能随意乱扔。无论好坏器件，都应轻拿轻放，以免使其承受过大冲击。与尖锐边缘磨碰的线束部分应用胶带缠起来，以免损坏。安装固定零件时，应确保线束不要被夹住或被破坏，同时应确保插接头插接牢固。进行焊接作业时，应先拆下蓄电池负极电缆，以防损坏电控单元。

	考核项目	评分标准	学生自评	小组互评	教师评价	小计
知识目标	掌握汽车电气系统的组成与基本特点	能完整叙述				
	掌握汽车电气系统电路的种类与特点	能完整叙述				
	掌握汽车电气系统常见故障的特点	会叙述				
技能目标	能够进行电器电路分析	能正确分析				
	能够进行汽车电气系统故障诊断	会应用				
素质目标	安全、规范操作	做到做好				
	操作步骤、流程正确完整	正确熟练				
	团队合作	是否和谐				
	现场 6S	是否做到				
	总评					

1. 叙述如何用万用表检查电路的短路和断路故障。
2. 叙述汽车电路的特点。
3. 汽车电器故障的特点是什么?
4. 叙述汽车电气系统故障诊断的一般步骤。
5. 叙述用万用表测量电器元件电阻的步骤。

 任务二　基本元件的测量和连接

目标类型	目标要求
知识目标	1. 了解汽车电路常用电气元件的种类及功用 2. 掌握汽车常用电气元件的结构及工作原理
技能目标	1. 能够对常用元件进行检查与测试 2. 能够按照要求选用电器元件

　　一辆 2003 款宝来轿车超车灯不亮,要解决这个故障需要掌握汽车电路、电器元件及控制电路的相关知识。

　　汽车电路是汽车电气系统的一个重要组成部分,起着连接电源、控制工作、安全保护的作用,主要由连接导线、控制元件和保护装置等组成。

一、连接导线

　　连接导线是组成汽车电气线路的基础元件。汽车导线均采用多股铜线。汽车电路中的导线按照其用途可分为低压导线和高压导线。

1. 低压导线

　　低压导线根据电路的额定电压、工作电流和绝缘要求等选取导线截面积、绝缘层的类型,不同规格或用途的导线可通过导线的颜色加以区分。常见的导线由多股细铜丝绞制而成,外层为绝缘层。

　　(1) **导线截面积**　　导线标称截面积是根据规定换算方法得到的截面积值,它既不是线芯的几何面积,也不是各股铜线几何面积之和。

　　导线的截面积根据所接用电设备的电流值确定。为保证导线有足够的机械强度,规定截面积最小不能小于 0.5mm^2。起动电缆用于连接蓄电池与起动机开关的主接线柱,导线截面积大，允许通过的电流达 500~1000A，电缆每通过 100A 电流电压降不得超过 0.1~0.15V。蓄电池的搭铁电缆通常采用由铜丝编织而成的扁形软铜线，应搭铁可靠，以满足大电流起动的要求。汽车各电路的导线规格见表 1-1。

表 1-1　汽车各电路的导线规格

电路	标称截面积/mm²	电路	标称截面积/mm²
仪表灯、指示灯、顶灯、牌照灯、燃油表、刮水器、电子电路等	0.5	允许电流大于 5A 的电路	1.3~4.0
转向灯、制动灯、停车灯等	0.8	电源电路	4~25
前照灯、额定电流小于 3A 的电喇叭等	1.0	起动电路	16~95
额定电流大于 3A 的电喇叭	1.5	柴油机电热塞电路	4~6

（2）**导线的颜色**　为方便检修，汽车各电路的导线均采用不同的颜色，各国对汽车导线的颜色有不同的规定。例如我国要求截面积大于 4.0mm² 的导线采用单色，其他导线则采用双色（在主色基础上加辅助色条）。

在导线的接线端和电路图上，一般都标有导线颜色代码。国际标准组织（ISO）规定：采用各颜色的英文字母为导线色码，我国及英国、美国、日本等均采用英文字母，但也有一些国家采用本国母语字母作为导线色码。一些国家的导线颜色代码见表 1-2 和表 1-3。

表 1-2　国产汽车各电路的导线颜色（代码）

电气系统	主色	代码	电气系统	主色	代码
充电系统	红	R	仪表、报警信号、电喇叭电路	棕	N
起动和点火系统	白	W	收音机等辅助电器电路	紫	P
外部照明电路	蓝	U	辅助电动机及电器控制电路	灰	S
转向指示灯及灯光电路	绿	G	搭铁线	黑	B
防空灯和车内照明电路	黄	Y			

表 1-3　部分进口车型导线颜色代码

颜色	德国	日本	美国	法国	颜色	德国	日本	美国	法国
黑	Sw	B	B	N	紫	li	V	V	Vi
白	Ws	W	W	B	橙	—	O	O	Or
红	Ro	R	—	R	粉	—	P	—	Ro
绿	Gn	G	G	V	浅蓝	hb	L	—	—
黄	Ge	Y	Y	J	浅绿	—	Lg	—	—
棕	Br	B	B	M	透明	—	—	—	Lo
蓝	Be	—	BL	Bl	深紫	—	—	—	Mv
灰	Gr	Gr	Gr	G					

在电路图中，一般将导线标称截面积和颜色同时标出。例如 1.5Y，表示标称截面积为 1.5mm² 的黄色导线；又如 1.0GY，表示标称截面积为 1.0mm²，主色为绿色、辅色为黄色的

双色导线。

2. 高压导线

高压导线用于传送高电压，如点火系统的高压线，由于工作电压一般高于15kV、电流小，因此高压导线绝缘包层厚、耐压性能好、线芯截面较小。国产汽车用高压导线有铜芯线和阻尼线两种。高压阻尼线的线芯采用聚氯乙烯树脂、葵二酸二辛酯等有机材料配制而成，又称半导体塑芯高压线。线芯具有一定阻值，具有低电磁辐射的特点，可减小点火系统的电磁波辐射。

3. 导线插头与插接器

与老式的单线连接方式相比，目前导线与导线的连接以及导线与电器设备的连接都采用导线插头（图1-14）或插接器（图1-15）直接相连，该连接方式具有接线方便迅速、线束结构简捷紧凑、能避免接线错误等优点，已被现代汽车普遍采用。

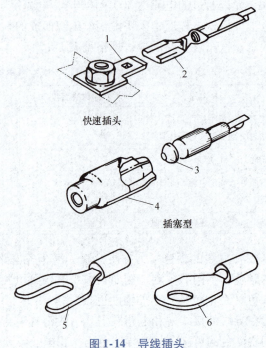

图1-14 导线插头

1—固定在设备上的插入式插头 2—压接导线的凹入式插头
3—线缆焊接在插头上 4—橡胶绝缘套
5—叉形插接片 6—孔眼式插接片

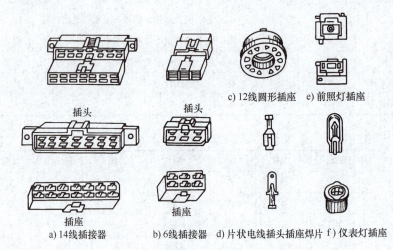

图1-15 插接器

汽车上不同位置所用插接器的端子数目、几何尺寸和形状各不相同。为保证连接可靠，插接器设有锁止装置，大多数插接器具有良好的密封性，以防止油污、水及灰尘等进入而使端子锈蚀。

插接器的结构和符号如图1-16所示。连接插接器时，应先对准插头与插座的导向槽后稍用力插入到位，通过闭锁装置固定插头与插座。拆开插接器时，应先压下闭锁装置，再用力分开插头与插座，注意不可拉动导线，以免损坏导线和插接器。

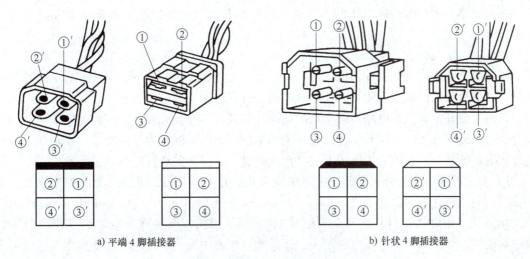

a) 平端 4 脚插接器　　　　　　　　b) 针状 4 脚插接器

图 1-16　一般用途插接器的图形符号和实物对照

4. 线束

为使汽车全车线路排列整齐，便于安装、拆卸和绝缘保护，避免振动和牵拉而引起导线损坏，一般都将汽车各电器之间的导线按最短路径排列，并用绝缘带把同一路径的若干导线包扎成束，称为线束。线束总成由多路导线、端子、插接器和护套组成。

二、汽车电路控制开关及继电器

汽车电路控制是使被控汽车电路按需要改变工作状态，有手动控制和自动控制两种方式。手动控制方式是在汽车电路中串联一个手动开关（个别为脚动开关），由人工操纵开关来通断电路。

1. 自动控制方式

自动控制方式有多种，图 1-17 列出了汽车电路常见的 3 种自动控制方式。

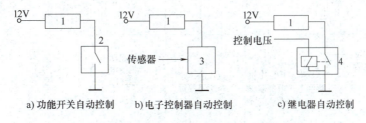

a) 功能开关自动控制　　b) 电子控制器自动控制　　c) 继电器自动控制

图 1-17　汽车电路自动控制方式
1—被控制电路　2—功能开关　3—电子控制器　4—继电器

（1）**功能开关自动控制方式**　功能开关的动作由温度、压力、液位等物理参量控制，将某种功能开关串联在被控电路中，使该电路受某种物理参量的控制。

（2）**电子控制器自动控制方式**　传感器将某物理参量转变为相应的电信号，并输送给电子控制器，电子控制器按传感器的信号工作，自动控制被控电路的工作状态。

（3）**继电器自动控制方式**　继电器触点串联在被控电路中，继电器线圈连接控制电路，通过控制继电器线圈的小电流来控制通过继电器触点的大电流，从而保护开关等。

控制电路自动产生控制电压的部件可以是功能开关、电子控制器或某个电气装置（如发电机等）。

2. 开关

开关是支配电流流到附件最常用的部件，能控制电路工作的开/停或引导电流流到各个电路，开关总成内的触点副闭合时便承载电流，打开时便切断电流。

各种手动开关是汽车电路中最常见的电路控制装置，其类型较多，按操纵方式不同分为按键开关、旋钮开关、推拉开关等；按开关的结构与功能不同分为单置开关、复合开关和组合开关等；按开关的作用分为电源开关、点火开关、车灯开关和转向灯开关等。

1）点火开关。点火开关是汽车电路中最重要的开关，是各条电路分支的控制枢纽，其主要功能是：锁住转向盘转轴（LOCK）、接通点火仪表指示（ON、RUN 或 IG）、起动（ST 或 Start）档、附件档（ACC 主要是收放机专用），如果用于柴油汽车则增加（HEAT）档。其中起动档、预热档因为工作电流很大，开关不易接通过久，所以这两档在操作时必须用手克服弹簧力，扳住钥匙，一松手就弹回点火档，不能自行定位，其他档均可自行定位。

点火开关的结构分为两部分：一部分是操纵机构（机械锁和钥匙），起到锁止转向柱和操纵开关的作用；另一部分是开关，负责电路的接通和关闭。

点火开关工作原理图如图 1-18 所示，此开关为旋转式 3 档钥匙开关。虚线中间下三角及数字表示开关在 0、Ⅰ、Ⅱ 位可以定位，Ⅲ 位不能定位（开关旋转至 Ⅲ 位松开时自动回到 Ⅱ 位）。原理图左侧表示开关在 0、Ⅰ、Ⅱ、Ⅲ 位时的通断功能。图 1-19 所示的点火开关档位图表示了点火开关有 4 个接线柱、3 个档位。

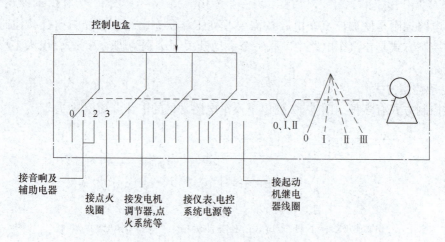

图 1-18 点火开关工作原理图

接线柱 开关档位	1 (BAT)	2 (IG)	3 (ACC)	4 (ST)
Ⅲ	○—		—○	
0	○			
Ⅰ	○—	—○—	—○	
Ⅱ	○—	—○—		—○

○—○：连接

图 1-19 点火开关档位图

4个接线柱分别是：1号（BAT）为电源接线柱，与蓄电池正极和发电机电枢接线柱相连；2号（IG）为点火接线柱，连接点火电路、仪表电路及发电机励磁电路等；3号（ACC）为辅助电器接线柱，连接收放机等辅助电器；4号（ST）为起动接线柱，连接起动电路。

3个档位分别是：Ⅰ档为点火档，Ⅱ档为起动档（自动复位），Ⅲ档（在0位时逆时针转）为辅助电器档。

一些进口汽车和国产的轿车的点火开关通常还设有转向盘锁止（LOCK）档。当点火开关转至LOCK档时，转向盘被锁止。它有5个接线端，这些点火开关各档的位置通常是按LOCK、OFF、ACC、ON、ST（顺时针旋转）的顺序排列，如图1-20所示。

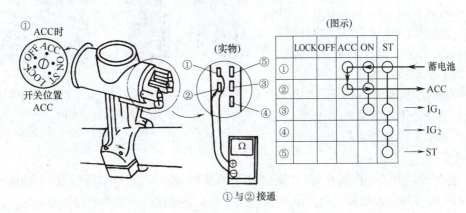

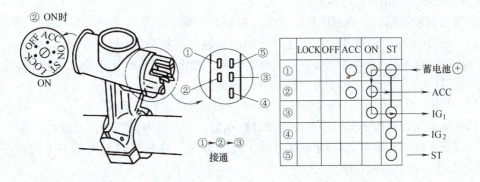

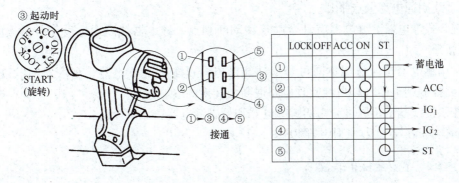

图1-20　5线点火开关的结构和接线

2）组合开关。组合开关将灯光开关、转向灯开关、紧急警告灯开关、刮水器/清洗器开关等组合为一体，它是一个多功能开关，安装在便于驾驶人操纵的转向柱上，可使操纵更加方便。

3. 继电器

电磁式继电器一般由铁心、线圈、衔铁和触点簧片等组成的。只要在线圈两端加上一定的电压，线圈中就会流过一定的电流，从而产生电磁效应，衔铁就会在电磁力的吸引作用下克服复位弹簧的拉力移向铁心，从而带动衔铁的动触点与静触点（动合触点）吸合。当线圈断电后，电磁的吸力随之消失，衔铁就在弹簧的反作用力下返回原来的位置，使动触点与原来的静触点（动断触点）吸合。这样的吸合与释放，从而达到了在电路中的导通、切断的目的。继电器的结构如图 1-21 所示。

a）继电器的外形　　b）继电器的内部结构

图 1-21　继电器的结构

1—复位弹簧　2—衔铁　3—动断触点　4—动合触点
5—铁心　6—晶体管　7—线圈　8—插脚

（1）功用　继电器是汽车电路里常用的一个元件，主要的功用是保护开关和自动控制。

1）保护控制开关。控制开关只控制继电器线圈的通断，由继电器线圈产生的电磁力来通断控制开关要控制的电路。加继电器后，控制开关只流过较小的继电器线圈电流，因而开关就不容易损坏，使用寿命得以延长。

2）实现自动控制。一些继电器线圈电流由汽车电路中的某个工作电压控制，当电路中的受控电压达到设定的继电器动作电压时，继电器触点改变工作状态，从而实现自动控制。例如，起动机驱动保护继电器就可在发动机起动后，发电机发电时，由发电机的中点电压使继电器触点打开，自动断开起动机电磁开关的电路。

（2）分类　汽车上的继电器较多，一般可按下列方式进行分类。

1）按触电闭合情况不同可将其分为常开继电器、常闭继电器和混合型继电器等。

a）常开继电器。继电器线圈不通电时，继电器触点在其弹簧力作用下保持张开的位置，继电器线圈通电后触点闭合。

b）常闭继电器。继电器线圈不通电时，继电器触点在其弹簧力作用下保持闭合的位置，继电器线圈通电后触点张开。

c）混合式继电器。继电器有动合触点和动断触点，继电器线圈通电后动合触点闭合，动断触点张开。

2）常用继电器按照作用不同可分为功能继电器（如闪光继电器、刮水器间歇继电器等）和电路控制继电器（即单纯实现电路通断与转换的继电器）。

3）按照接线端子不同可分为四脚继电器和五脚继电器。

常见继电器的端子及内部接线图如图 1-22 所示。

三、汽车电路安全保护装置

汽车电路中通常设有某些保护装置，当电路因负荷超载、短路故障而电流过大时，保护

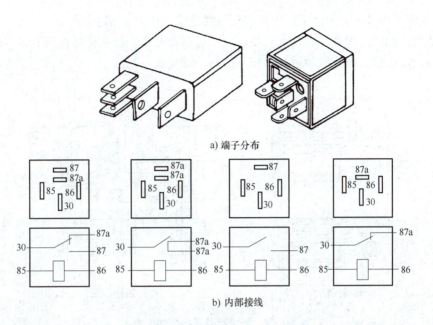

a) 端子分布

b) 内部接线

图 1-22 常见继电器的端子及内部接线图

装置自动断开电源电路,以防止电路或用电设备被烧坏。

常用的保护装置有熔断器、易熔线和断路器。

1. 熔断器

熔断器的保护元件是熔丝,串联在其保护的电路中。当通过熔丝的电流超过其规定值时,熔丝发热熔断,从而保护了电路和用电设备不被烧坏。

熔断器的熔丝固定在可插式塑料片上或封装在玻璃管中。通常将熔断器集中安装在一个盒中,便于安装及检测,称为熔断器盒或电源盒(图 1-23)。

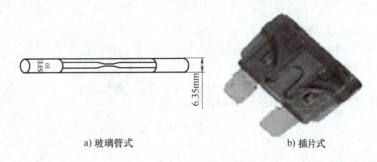

a) 玻璃管式   b) 插片式

图 1-23 常见的熔断器外形

2. 易熔线

易熔线比熔丝粗一些,被保护电路的工作电流往往较大,通常连接在电源电路和通过电流较大的电路中。如北京切诺基设有 5 条易熔线,分别保护充电电路、预热加热器、雾灯、灯光及辅助电路。

3. 断路器

断路器用于正常工作时容易过载的电路中,其原理是利用双金属片受热变形使触点分离。断路器按作用形式分为断续作用式和按钮复位式,如图1-24所示。

1)断续作用式:过载变形自动切断,冷却后自动复位,如此往复直到电路不过载。

2)按钮复位式:排除故障后,需按下按钮手动复位。

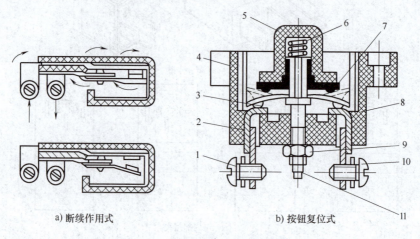

图 1-24 双金属片断路器的结构

1、10—接线柱 2、8—静触点 3—双金属片动触点 4—绝缘外套
5—按钮 6—弹簧 7—复位垫圈 9—锁紧螺母 11—调整螺杆

一、连接导线的安装与拆除

项 目	操作说明	图 示
插接器的连接与拆卸	连接插接器时,应先对准插头与插座的导向槽后稍用力插入到位,通过闭锁装置固定插头与插座。拆开插接器时,应先压下闭锁装置,再用力分开插头与插座,注意不可拉动导线,以免损坏导线和插接器	
插接器与控制单元的连接与拆卸	插接器端作为插座端,电控单元作为插头端,连接时对准导向槽后稍用力插入到位,通过边侧的插销锁紧;拆卸时,先压下插销,用力向外拉出插接器	1—电控单元 2—插销把插接器锁紧在控制元件上

(续)

项目	操作说明	图示
线缆插接器的连接与拆卸	连接线缆插接器时,应先对准线束两端插头与插座的导向槽后稍用力插入到位,拔下定位杆把线缆固紧;拆开时,应先压下闭锁装置,再用力分开插头与插座,注意不可拉动导线,以免损坏导线和插接器	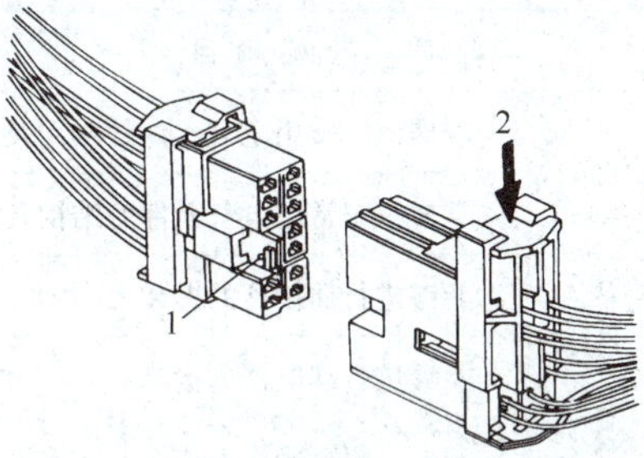 1—锁紧插接器的锁栓 2—拔下定位杆,把线缆固紧

二、继电器的检测

检测项目	操作说明	图示
1. 线圈的检测	将万用表拨至200Ω档,然后将两表笔分别与线圈接线脚(85-86端子)接触,测量其电阻值 1)若测量电阻值为∞,说明线圈断路 2)正常时,线圈阻值为80~150Ω 3)若测量电阻过小,说明线圈短路	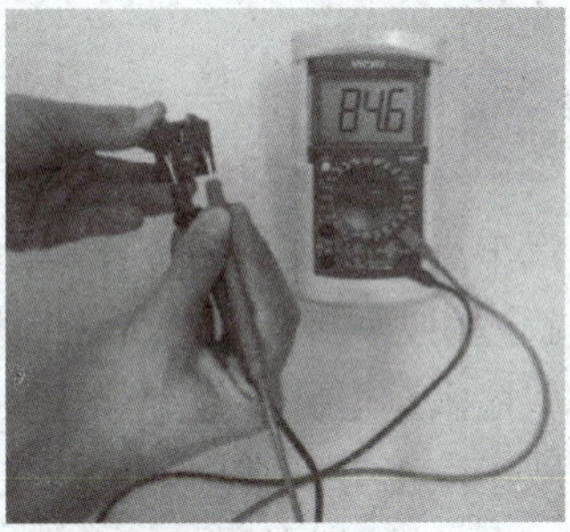
2. 触点的检测	1)动断触点的检测:将万用表拨至200Ω档,然后将两表笔分别与动断触点接线脚(30-87a端子)接触,测量其电阻值 ① 正常时,万用表应有阻值且≤0.8Ω ② 若测量电阻为∞,说触点烧蚀 2)动合触点的检测:用两根跨接线用12V的蓄电池电压给线圈通电,将万用表拨至200Ω档,然后将两表笔分别与动合触点接线脚(30-87端子)接触,测量其电阻值 ① 正常时,万用表应有阻值且≤1.4Ω ② 若测量电阻为∞,说明触点烧蚀	

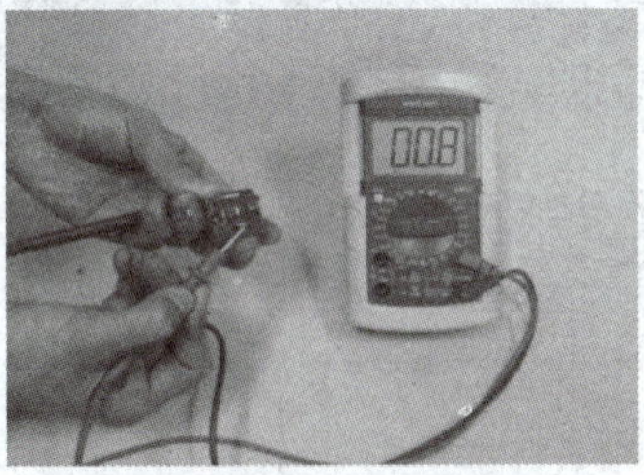

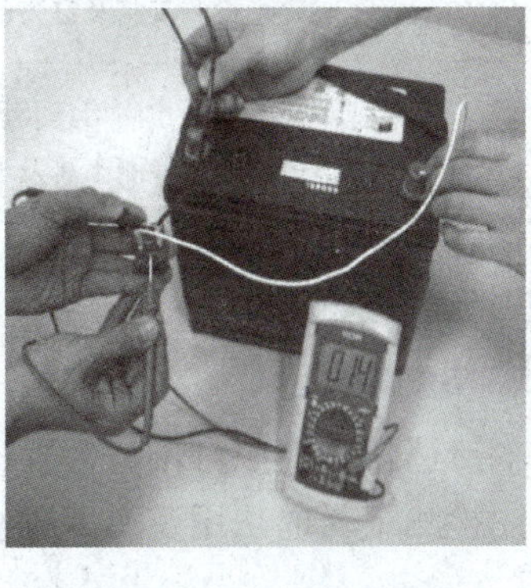

考核项目		评分标准	学生自评	小组互评	教师评价	小计
知识目标	掌握汽车常用电气元件的功用及种类	能完整叙述				
	掌握汽车常用电气元件的结构及工作原理	能完整叙述				
技能目标	能够进行插接器的拆装工作	会操作				
	能够进行继电器的检测	会操作				
素质目标	安全、规范操作	做到做好				
	操作步骤、流程正确完整	正确熟练				
	团队合作	是否和谐				
	现场 6S	是否做到				
总评						

1. 汽车点火开关的档位各是什么？
2. 叙述用万用表检测 4 个针脚继电器的步骤。
3. 叙述汽车电路的安全保护装置的种类。
4. 叙述汽车导线常用颜色的字母各是什么。

 任务三 常用检测工具及设备使用

目标类型	目标要求
知识目标	1. 了解汽车电器元件及电路常用检测工具及设备的种类及功用 2. 熟悉检测工具及设备的使用方法
技能目标	1. 能够使用检测工具及设备对元件进行检查与测试 2. 能够使用检测工具及设备进行电路检查与测试

一辆捷达轿车前照灯不亮，要诊断这个故障需要使用万用表等工具进行检测，需要了解汽车常用检测工具的功用及使用方法，掌握相关操作技能。

一、常用检测工具

1. 跨接线

简单的跨接线就是一段多股导线,它的两端分别接有鳄鱼夹或不同形式的插头,具有多种样式,如图1-25所示。

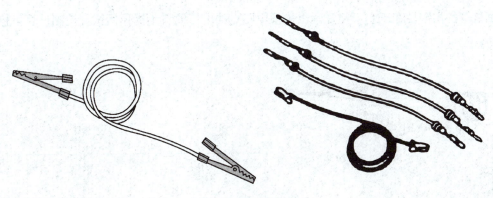

图1-25 跨接线

跨接线是非常实用的工具,它的作用是起一个旁通电路的作用。如果某一电器部件不工作,首先将跨接线连接在被测部件负极接线点与车身搭铁之间,此时若部件工作,说明部件搭铁电路断路,如图1-26所示。如果搭铁电路正常,就将跨接线连接在蓄电池正极接线柱与被测部件的电源接线点之间。此时若部件工作,说明部件电源电路有故障(断路或短路);如果部件仍不工作,说明部件有故障。

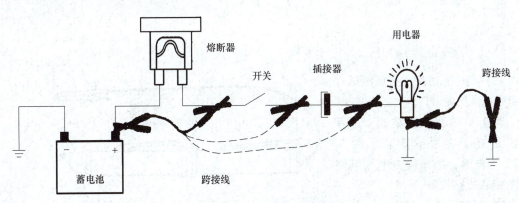

图1-26 跨接线检测电路示意图

使用跨接线时,应注意以下事项。

1)用跨接线将电源电压加至试验部件之前,必须先确认被测部件的电源电压是否为12V。例如有的执行器电源电压为5V,如果加上12V电压可能使执行器损坏。

2)跨接线切勿直接跨接在蓄电池的两端或蓄电池正极和搭铁之间。

2. 测试灯

测试灯由12V灯、导线、各种型号的端头组成，它主要被用来检查系统电源电路是否给电器部件提供电源。

(1) 无源测试灯 图1-27所示为无源测试灯。将12V测试灯一端搭铁，另一端接电器部件电源插头，如果灯亮，说明电器部件的电源电路无故障。如果灯不亮，接去向电源方向的第二个接线点，如果灯亮，则故障在第一个接线点与第二接线点之间，电路出现的是断路故障。如果灯仍不亮，则接第三个接线点，以此类推，直到灯亮位置，故障在最后被测插头与上一个被测接线点之间的电路上，大多为断路故障。

测试灯的局限性在于它不能显示出被检电路点的电压值，不提倡用试灯检测计算机控制的电路。

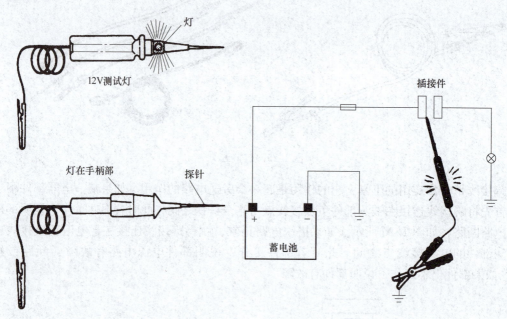

图1-27 无源测试灯

(2) 有源测试灯 有源测试灯即自带电源的测试灯，如图1-28所示。与12V的测试灯类似，二者的区别在于在手柄安装了两节1.5V干电池，用来检查电气电路的断路和短路故障。

1) 断路检查。首先断开与电器部件相连接的电源电路，将测试灯一端搭铁，另一端接电路各接点（电路首端开始）。如果灯不亮，则断路出现在被测点与搭铁之间；如果灯亮，断路出现在此时被测点与上一个被测点之间。

2) 短路检查。首先断开电器部件电路的电源线和搭铁线，测试灯一端搭铁，一端与余

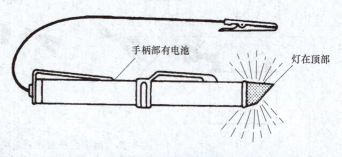

图1-28 有源测试灯

下电器部件电路相连接。如果灯亮,表示有短路故障存在。然后,逐步将电路中插接器脱开,打开开关、拆除部件等,直到灯灭为止,则短路出现在最后断路部件与上一个断路部件之间。

注意:不能用有源测试灯测试带电电路,否则会损坏测试灯。

3. 数字式万用表

数字式万用表是一种新型仪表,如图 1-29 所示,它具有测量精度高、灵敏度高、速度快、数字显示的特点。随着单片 CMOS A-D 转换器的广泛应用,新型袖珍数字式万用表迅速得到普及并在许多情况下逐步取代指针式万用表。

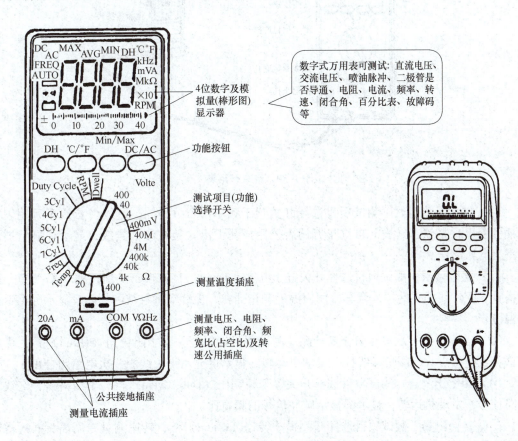

图 1-29 数字式万用表

数字式万用表的使用步骤:

1) 选择合适的测量档位。

2) 将表的测试头放在适当的输入端。黑表笔通常插在公共端(COM);当测量电压、电阻或二极管时,红表笔通常插在有"VΩ"标签的位置端;当测量电流时,红表笔通常插在有"A"或"mA"标签的位置端。

3) 选用适当的量程。注意根据选择的档位正确读数。

4. 汽车万用表

汽车万用表(图 1-30)可测量交、直流电压与电流、电阻、频率、电容、占空比、温度、闭合角、转速；也有一些新功能，如自动断电、自动变换量程、模拟条图显示、峰值保持、数据锁定、电池测试等。

为实现某些功能，汽车万用表还配有一套配套件，如热电偶适配器、热电偶探头、电感式拾取器及 AC-DC 感应式电流钳等。

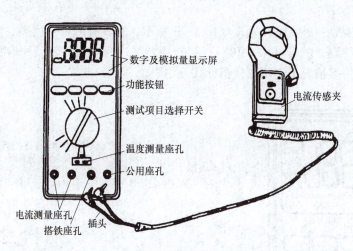

图 1-30　汽车万用表

（1）**信号频率测试**　测试项目选择开关置于频率（Fred）档，黑线（自汽车万用表搭铁插孔引出）搭铁，红线（自汽车万用表公用插孔引出）接被测信号线，显示屏显示被测频率。

（2）**温度检测**　测试项目选择开关置于温度（Temp）档，按下功能按钮（℃/℉），黑线搭铁，探针线插头端插入汽车万用表温度测量插孔，探针端接触被测物体，显示屏显示被测温度。

（3）**点火线圈一次电路闭合角检测**　测试项目选择开关置于闭合角（Dwell）档，黑线搭铁，红线接点火线圈负接线柱，发动机运转，显示屏显示点火线圈一次电路闭合角。

（4）**频宽比测量**　测试项目选择开关置于频宽比（Duty Cycle）档，黑线搭铁，红线接电路信号，发动机运转，显示屏显示脉冲信号的频宽比。

（5）**转速测量**　测试项目选择开关置于转速（r/min）档，转速测量专用插头插入搭铁插孔与公用插孔中，感应式转速传感器（汽车万用表附件）夹在某一缸的点火高压线上，发动机运转，显示屏显示发动机转速。

（6）**起动机起动电流测量**　测试项目选择开关置于"400V"档（1mV 相当于 1A 的电流，即用测量电流传感器电压的方法来测量起动机起动电流），把霍尔电流传感器夹在蓄电池正极导线上，其引线插头插入电流测量插孔，按下最小/最大功能按钮，拆下点火高压线，用起动机转动曲轴 2～3s，显示屏显示起动电流。

（7）**氧传感器测试**　拆下氧传感器线束插接器，测试项目选择开关置于"4V"档，按下 DC 功能按钮，使显示屏显示"DC"；再按下最小/最大功能按钮，将黑线搭铁，红线与氧传感器相连；然后以快怠速（2000r/min）运转发动机，使氧传感器温度达到 360℃以上。此时，如果混合气浓，氧传感器输出电压为 0.8V；如果混合气稀，氧传感器输出电压为 0.1~0.2V。当氧传感器温度低于 360℃时（发动机处于开环工作状态），氧传感器无电压输出。

（8）喷油器喷油脉宽测量 测试项目选择开关置于频宽比档，测出喷油器工作脉冲频率的频宽比后，把测试项目选择开关置于频率（Fred）档，测出喷油器工作脉冲频率，然后按下面公式计算喷油器喷油脉宽：

$$喷油脉宽 = 频宽比 / 喷油频率$$

二、汽车常用检测设备

1. 汽车用示波器

汽车用示波器可为汽车修理技术人员快速判断汽车电子设备故障提供了有力的帮助。汽车示波器按功能分有专用型示波器和多功能型示波器两种。

如图 1-31 所示的 VANTAGE-MT 2400 汽车用示波器为波形显示、数字式万用表和诊断数据库三合一的多功能 LCD 显示屏型综合检验分析仪，其使用方法如下：

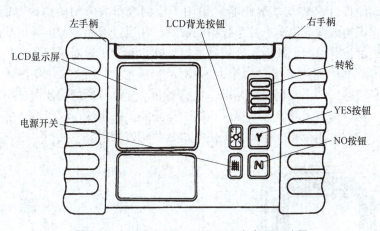

图 1-31　VANTAGE - MT 2400 汽车用示波器

1）元件测试设置。打开 VANTAGE - MT 2400 汽车用示波器时屏幕上会显示版权机主选单。

2）从主选单通过滚轮选择元件测试项，确定后仪器会列出所选车型，如福特、通用、奥迪、宝马、本田、现代、马自达等。

3）滚动滚轮选择待测车型（如奥迪），按确定键进入所选车型（奥迪）测试系统。

4）选择燃油喷射系统，按确定键进入生产年款，选择发动机形式，选好后按确定键返回主选单。

5）选择元件测试性能特征及优越性，按确定键进入该选项。读取凸轮轴位置传感器、冷却液温度传感器、爆燃传感器、氧传感器等的数据流以及故障码等。

6）选择凸轮位置传感器，按确定键进入该项目，依次选择原理、位置、连接、测试，仪器将提示传感器的原理、位置、线路、连接及测试。例如，当选择测试项时，仪器会自动进入万用表功能，显示数据测试，旋转滚轮并按下"Y"键可选定所选项，按下"N"键可实现万用表和测试帮助信息的切换，退出测试功能并返回到元件测试。

7）其他传感器的测试与上述类似。

8）如果在主选单中选择万用表功能，则按确定键进入万用表使用模式。此模式下可做独立的万用表使用，在全屏幕显示时有4种检测模式：图形、数字、双重显示和单独显示；在半屏幕显示时有5种测试模式：数字、图形、双重、显示全屏显示和单独显示。

9）在万用表状态下的图形模式中，可显示测试波形（与示波器类似），X轴为时间坐标轴，Y轴位测试幅值大小，上、下线可通过将光标移动到屏幕的适当位置，转动转轮选择的值来改变。

10）双重显示方式能显示两个波形，可同时比较两组读数、两组波形，或一组读数一组波形。

11）在主选单上可选择操作设定。操作者设定包括：断电定时设定、背光定时设定、对比度调节、英—公制切换、最大/最小值声响报警、打印机/波特率设定、转速夹选择。

2. 故障诊断仪

汽车故障诊断仪（又称汽车解码器）是用于检测汽车故障的便携式智能故障自检仪，用户可以利用它迅速地读取汽车电控系统中的故障，并通过液晶显示屏显示故障信息，迅速查明发生故障的部位及原因。故障诊断仪有通用诊断仪和专用诊断仪两种。

（1）通用诊断仪　通用诊断仪如图1-32所示，其主要功能有：控制模块版本的识别、故障码的读取和清除、动态数据参数显示、传感器和部分执行器的功能测试与调整、某些特殊参数的设定、维修资料及故障诊断提示、路试记录等。通用诊断仪可测试的车型较多，使用范围较宽，但它与专用诊断仪相比，无法完成某些特殊功能。

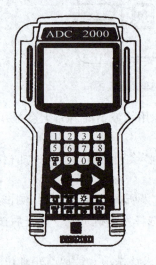
深圳元征ADC2000汽车故障诊断仪

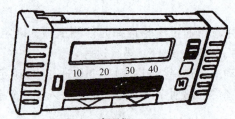
Snap-on解码仪(scanner)
Snap-on解码仪(scanner,俗称红盒子)

图1-32　通用故障诊断仪

（2）专用诊断仪　专用型就是一般4S店内使用的、针对某一特定厂家开发的诊断仪。通用汽车的TECH-2、福特汽车的WDS都是美国SPX公司开发的，大众公司使用的是西门子的1551/1552等，如图1-33所示。

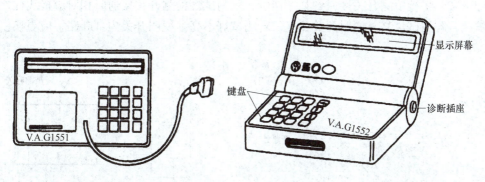

图 1-33 大众公司专用故障诊断仪

一、用测试灯检测电路故障

1. 检测断路故障

用测试灯的两端沿电路逐段检测两个相邻的连接点，断路故障发生在测试灯亮与不亮之间的电路。连接电路如图 1-34 所示。

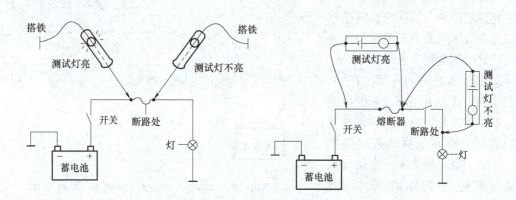

图 1-34 用测试灯检测电路断路故障连接图

将要检测的开关（或元件）从电路中拆卸下来，用测试灯检测开关接通时相对应接线柱之间的导通情况。若测试灯亮，说明开关良好；若测试灯不亮，说明开关内部断路，应更换。

2. 检测短路故障

用测试灯检测电路短路故障的电路如图 1-35 所示。将初步认为有短路故障的电器电路各连接点都断开，用测试灯沿电路逐点检测各连接点，短路故障发生在测试灯亮的一段电路上。

3. 检测开关等电器元件断路故障

用测试灯检测开关断路故障的电路如图 1-36 所示。将要检测的开关（或元件）从电路中拆卸下来,将被检测开关接通到某一档位,用测试灯检测开关接通时相对应接线柱之间的导通情况。若测试灯亮,说明开关良好;若测试灯不亮,说明开关内部断路,应更换。

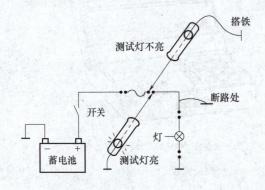

图 1-35 用测试灯检测电路短路故障的电路

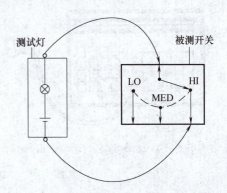

图 1-36 用测试灯检测元件断路故障的电路

二、用万用表检测电路故障

1. 检测断路故障

用万用表检测电路断路故障的电路如图 1-37 所示。将万用表调整到电压档,将负极表笔搭铁并确认良好,接通被检测电路的电源开关,用万用表正极表笔沿电路逐点检测各连接点,断路故障发生在万用表有电源电压与无电源电压之间的电路上。

2. 检测短路故障

将初步认为有短路故障的电路各连接点都断开,将万用表调整到电阻档,负极表笔搭铁并确认良好,用万用表正极表笔沿电路逐点检测各连接点,短路故障发生在万用表读数为 0.00Ω 的电路上。

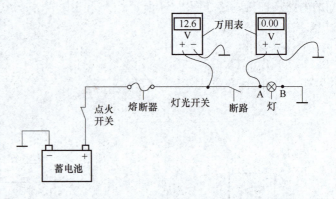

图 1-37 用万用表检测电路断路故障的电路

通过本部分的学习,要求能够完成以下工作任务:

	考核项目	评分标准	学生自评	小组互评	教师评价	小计
知识目标	掌握汽车常用检测工具的功用及使用方法	能完整叙述				
	掌握汽车常用检测设备的功用及使用方法	能完整叙述				
技能目标	能够使用测试灯检查电路	会操作				
	能够使用万用表检查电路	会操作				

（续）

考核项目		评分标准	学生自评	小组互评	教师评价	小计
素质目标	安全、规范操作	做到做好				
	操作步骤、流程正确完整	正确熟练				
	团队合作	是否和谐				
	现场 6S	是否做到				
	总评					

1. 叙述用测试灯如何检查电源线是否正常。
2. 叙述用测试灯如何检查搭铁线是否正常。
3. 叙述用万用表如何检查熔丝。
4. 叙述用万用表如何检查搭铁线。
5. 叙述用测试灯如何检查断路和短路。
6. 叙述用万用表如何检查短路和断路。

  汽车电路分析基础

目标类型	目标要求
知识目标	1. 了解汽车电路的种类及特点 2. 掌握汽车电路的分析方法
技能目标	能够进行基本电路的分析

一辆 2003 款宝来轿车仪表灯一直闪烁，要解决这个故障需要掌握汽车电路分析的知识和相关技能。

一、汽车电气系统电路图概述

汽车电气系统电路图是将各电气部件的图形符号通过引线连接在一起的关系图，主要用于表达各电气系统的工作原理及电器部件之间的连接关系，同时还可表示各种电器部件、线束等在车上的具体位置。汽车电气系统电路图可分以下几种类型：

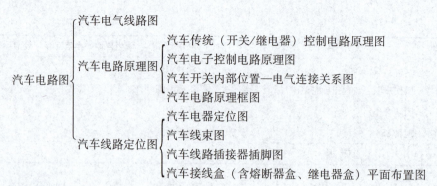

1. 电气线路图

电气线路图（图1-38）表达了各电器之间的控制关系，但不能表示汽车导线颜色、安装位置等维修信息，电气线路图完整地表达了整车的电气及线路连接，反映各电气系统的工作原理。随着汽车电路的日趋复杂，这种电气线路图越来越不实用。

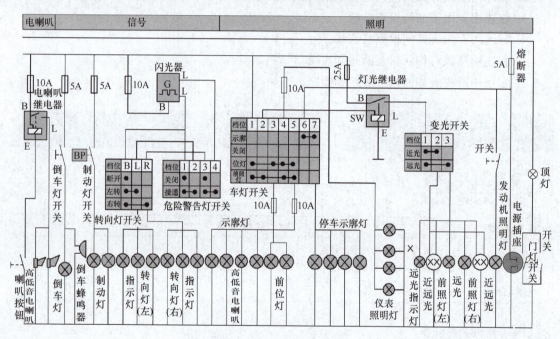

图1-38 CA1091灯光电气线路图

2. 电路原理图

电路原理图重点表达各电气系统电路的工作原理，既可以是全车电路图，也可以是各系统电路原理图，如图1-39所示的发电机工作原理图。

电路原理图可清楚地反映出电气系统各部件的连接关系和电路原理，且具有以下的特点：

1）用电器符号表达各种电器部件。

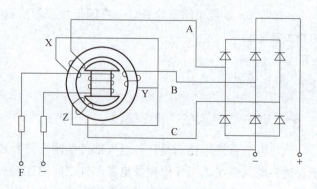

图1-39 发电机工作原理图

2）在大多数图中，电源线在图上方，搭铁线在图下方，电流方向自上而下。电路较少迂回曲折，电路图中电器串、并联关系十分清楚，电路图易于识读。

3）各电器不再按电器在车上的安装位置布局，而是依据工作原理，在图中合理布局，使各系统处于相对独立的位置，从而易于对各用电设备进行单独的电路分析。

4）各电器旁边通常标注有电器名称及代码（如控制器件、继电器、过载保护器件、用电器、铰接点及搭铁点等）。

5）电路原理图中所有开关及用电器均处于不工作的状态，例如点火开关是断开的、发动机不工作、车灯关闭等。

电路原理图应用较多，根据表达内容的不同，可分为：汽车传统（开关/继电器）控制电路原理图、汽车电路原理框图、汽车电子控制电路原理图、汽车开关内部位置—电气连接关系图。

1）汽车传统（开关/继电器）控制电路原理图，如转向信号灯电路图，如图1-40所示。

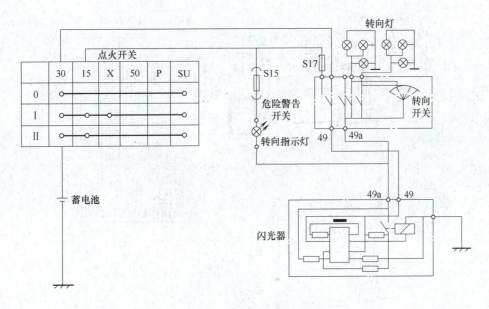

图 1-40 转向信号灯电路图

2）汽车电路原理框图。原理框图是把一个完整电路划分成若干部分，各个部分用方框表示，每一方框用文字或符号说明功能，各方框之间用线条连接起来，用以表明各部分的相互关系。不必画出元器件和它们之间的具体连接情况，如图1-41所示。

3）汽车电子控制电路原理图。图1-42所示为防夹电动车窗控制电路原理图。

4）汽车开关内部位置—电气连接关系图。点火开关电气连接关系如图1-43所示。

3. 线路定位图

线路定位图用于指示各电器及导线的具体位置，一般采用绘制的立体图或实物照片的形式，立体感强，能直观、清晰地反映电器在车上的实际位置，具有很高的实用价值。定位图在某些车型中还有进一步细化分类，即汽车电器定位图、汽车线束图、汽车线路插接器插脚图、汽车接线盒（含熔断器盒、继电器盒）平面布置图。

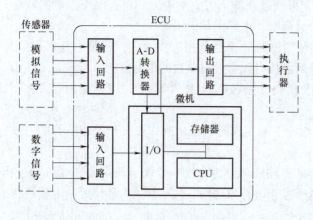
图 1-41　ECU 内部结构框图

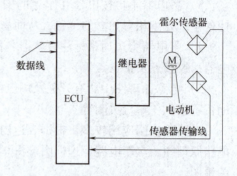
图 1-42　防夹电动车窗控制电路原理图

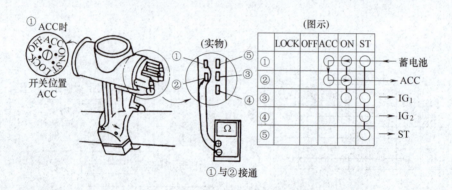

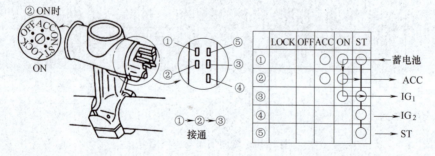

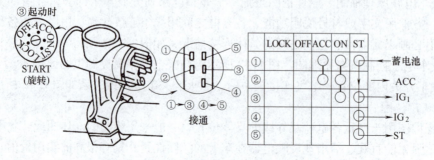

图 1-43　点火开关的结构和开关内部接线图

1)汽车电器定位图。确定各电器元件、插接器、接线盒、搭铁点、交接点及诊断座等的分布位置,图1-44所示为广州本田雅阁轿车部分搭铁点定位图。

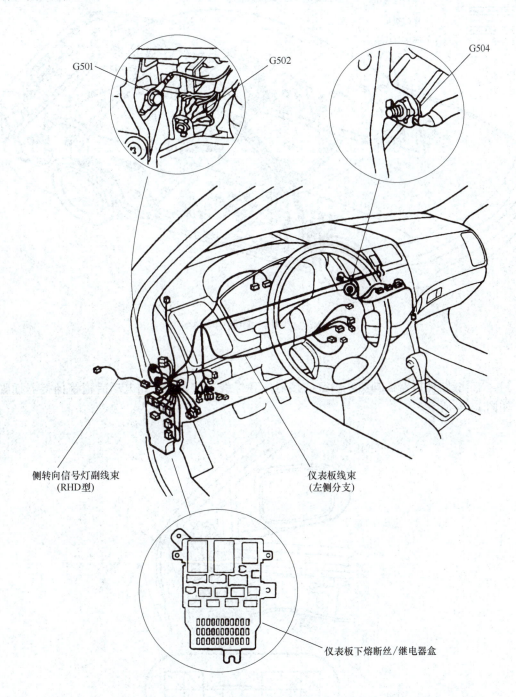

图1-44 广州本田雅阁轿车部分搭铁点定位图

2)汽车线束图。汽车线束图是用来确定线束与各用电器的连接部位、接线柱的标记、插头、插接器的形状及位置的,如图1-45所示。

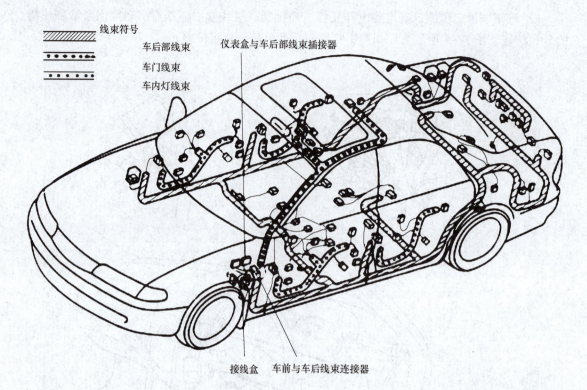

图 1-45 汽车线束图

3）汽车线路插接器插脚图。确定插接器内各导线连接位置，如电动后视镜插接器插脚图，如图 1-46 所示。

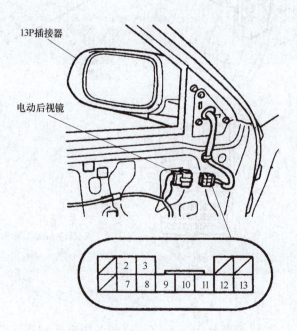

图 1-46 电动后视镜插接器插脚图

4）汽车接线盒（含熔断器盒、继电器盒）平面布置图。通过接线盒平面布置图可以确定熔断器、继电器等具体安装方位，如图 1-47 所示。

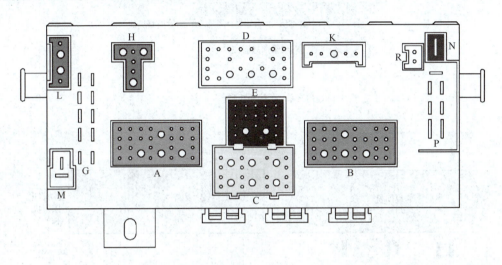

图 1-47　上海桑塔纳 2000GSi 型乘用车中央接线盒反面
A—仪表板线束 I　B—仪表板线束 II　C—前照灯线束　D—发动机舱线束　E—车身后部线束
G—连接单个插头　H—空调线束　K、M、R—空位　L—电喇叭继电器线束
N—单个插头　P—连接单个插头

二、电器符号

在电路原理图中，各电器元件均采用图形符号表示，其中某些图还表达出电器元件的内部工作原理。如图 1-48 所示，从图中可以清楚地识别出磁场线圈、定子线圈、整流元件、电压调节器以及它们之间的电路连接。

在各电器元件中，比较难表达清楚的是电控单元，尽管维修时不需要知道电控单元内的电路，但必须要知道各插脚的作用，对各插脚的说明有以下几种形式：

1）电控单元各插脚处写出较详细的说明文字，如图 1-49a 所示。

2）电控单元各插脚处有缩略语、字母或数字，并于图后附表对各插脚进行说明，如图 1-49b 所示。

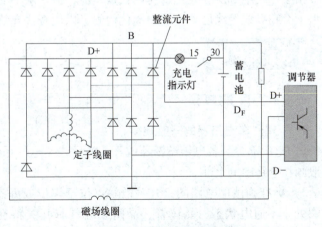

图 1-48　发电机电器符号

3）简单绘出电控单元各插脚的内部电路，如图 1-49c 所示。

以上 3 种方法都要结合电控单元插脚外部的电路进行分析，以最终明确各插脚的作用。

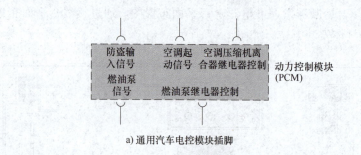

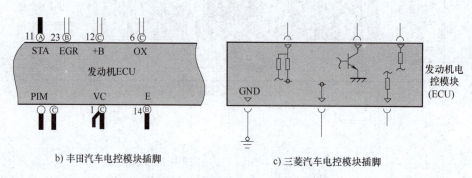

图 1-49　电控单元各插脚处说明文字

三、导线标注

为便于在线束中查找导线，在电路原理图中，一般对导线的线径、颜色甚至所属的电气系统做出标注。

线径：一般用数字表示，数字大小代表导线的横截面积（单位为 mm^2）。

导线颜色：一般用字母做代码。

由于导线绝缘层会老化、褪色，黄、白、粉、灰不易分辨，蓝、绿也易混淆，所以某些车型上会在导线绝缘层上印刷出颜色代码，以便查找导线。

一、掌握读图技巧

1. 了解汽车电路图的一般规律

1）电源部分到各电器熔断器或开关的导线是电气系统的公共电源线，在电路原理图中一般画在电路图的上部。

2）标准画法的电路图，开关的触点位于零位或静态。即开关处于断开状态或继电器线圈处于不通电状态，晶体管、晶闸管等具有开关特性的元件的导通与截止视具体情况而定。

3）汽车电路的特点是双电源、单线制，各电器相互并联，继电器和开关串联在电路中。

4）大部分用电设备都经过熔断器，受熔断器的保护。

5）整车电路按功能及工作原理划分成若干独立的电路系统。这样可解决整车电路庞大复杂、分析困难的问题。现在汽车整车电路一般都按各个电路系统来绘制，如电源系统、起动系统、点火系统、照明系统、信号系统等，这些单元电路都有着自身的特点，抓住特点把各个单元电路的结构、原理弄清楚，理解整车电路就容易了。

2. 认真阅读图注

认真阅读图注，了解电路图的名称、技术规范，明确图形符号的含义，建立元器件和图形符号间一一对应的关系，这样才能快速准确地识图。

3. 掌握回路

回路是最基本、最重要，同时也是最简单的概念，任何一个完整的电路都由电源、用电器、开关、导线等组成。对于直流电路而言，电流总是从电源的正极出发，通过导线、熔断器、开关到达用电器，再经过导线（或搭铁）回到同一电源的负极。在这一过程中，只要有一个环节出现错误，此电路就不会正确、有效。例如，从电源正极出发，经某用电器（或经其他用电器），最后回到同一电源的正极，由于电源的电位差（电压）仅存在于电源的正、负极之间，电源的同一电极是等电位的，没有电压，所以这种"从正到正"的途径是不会产生电流的。

在汽车电路中，发电机和蓄电池都是电源，在寻找回路时，不能混为一谈，不能从一个电源的正极出发，经过若干用电设备后，回到另一个电源的负极。这种接法，不会构成一个真正的通路，也不会产生电流。所以必须强调，回路是指从一个电源的正极出发，经过用电器，回到同一电源的负极。

4. 熟悉开关的作用

开关是控制电路通、断的关键，电路中主要的开关往往汇集许多导线，如点火开关、车灯总开关。读图时应注意与开关有关的5个问题：

1）在开关的许多接线柱中，注意哪些是接电源，哪些是接用电器的，接线柱旁是否有接线符号，这些符号是否常见。

2）开关共有几个档位，在每个档位中，哪些接线柱通电，哪些接线柱断电。

3）蓄电池或发电机电流是通过什么路径到达这个开关的，中间是否经过别的开关和熔断器，这个开关是手动的还是电控的。

4）各个开关分别控制哪个用电器，被控用电器的作用和功能是什么。

5）在被控的用电器中，哪些电器处于常通，哪些电路处于短暂接通；哪些应先接通，哪些应后接通；哪些应单独工作，哪些应同时工作，哪些电器允许同时接通。

二、掌握识图的一般方法

1. 先看全图

把单独的系统框出来，各电气系统的电源和电源总开关是公共的，任何一个系统都应该是一个完整的电路，都应遵循回路原则。

2. 再看每个系统电路图

分析各系统的工作过程、相互间的联系。在分析某个电气系统之前，要清楚该电气系统所包含各部件的功能、作用和技术参数等。在分析过程中应特别注意开关、继电器触点的工作状态。大多数电气系统都是通过开关、继电器不同的工作状态来改变回路，实现不同功能的。

某一系统电路分析原则：从前到后（简单电路），即先在电路图中找到这个系统的电源，然后系统中用电器最后搭铁。若是复杂电路则先从用电器开始到电源，然后用电器到搭铁，这样用电设备有电有搭铁，用电设备就可以工作了。

有时一个汽车电路图比较复杂，可以用铅笔在电路图上标记，根据上面的电路分析原则，用铅笔画出用电设备、电源和搭铁后，这个用电设备的工作过程或控制原理就一目了然。看清楚后，用橡皮擦拭铅笔痕迹就可以，不影响整个电路图的识读。

3. 电路图类推

通过对典型电路的分析，起到触类旁通的作用。不同类型汽车的电路原理图，很多部分都是类似或相近的。这样，通过一个具体的例子，对照比较，触类旁通，可以掌握汽车的一些共同的规律，再以这些共性为指导，了解其他型号汽车的电路原理，又可以发现更多的共性以及各种车型之间的差异。

汽车电器的通用性和专业化生产使同一国家汽车的整车电路形式大致相同，如果掌握了某种车型电路的特点，就可以大致了解相应车型或合资企业的汽车电路的特点。

评价反馈

	考 核 项 目	评 分 标 准	学生自评	小组互评	教师评价	小计
知识目标	掌握汽车电气系统电路的种类及特点	能完整叙述				
	掌握汽车电路的一般识读方法	能完整叙述				
技能目标	能够对基本电路进行分析	会操作				
	能够使用万用表检查电路	会操作				
素质目标	安全、规范操作	做到做好				
	操作步骤、流程正确完整	正确熟练				
	团队合作	是否和谐				
	现场6S	是否做到				
	总评					

作 业

1. 汽车电路图有哪几种？
2. 汽车电路标注的内容是什么？
3. 画出大众捷达汽车转向灯电路原理图。
4. 叙述某一个系统电路图的识图步骤。

项目二
汽车电源系统的检修

➡【项目描述】

汽车电源系统（汽车供电系统）是由蓄电池、发电机和电压调节器组成的，现在汽车电源管理单元替代了发电机调节器。发电机和蓄电池是并联的，发电机发电量由蓄电池的电压高低、发动机控制单元和汽车电气负荷控制。本项目主要学习蓄电池的结构和日常维护、发电机拆装和电源系统故障检修。

➡【重点难点】

本项目重点：蓄电池日常维护、发电机拆装检修和电源系统故障检修。

本项目难点：汽车电源系统故障检修。

任务一　蓄电池维护

 学习目标

目标类型	目标要求
知识目标	1. 了解蓄电池的种类与工作原理 2. 掌握蓄电池的组成与工作特性
技能目标	能够进行蓄电池的日常维护

 任务描述

一辆捷达轿车的点火开关置于起动档时，起动机不能运转；按动喇叭开关，响声轻微；灯光暗淡无光。要解决此故障需要掌握汽车蓄电池的相关知识，会分析电源电路的常见故障。

 **知识准备**

一、蓄电池的分类

蓄电池是一种将化学能转变为电能的装置，属于可逆的直流电源。蓄电池可分为碱性蓄电池和酸性蓄电池两大类，目前汽车上广泛采用铅酸蓄电池。本书着重介绍铅酸蓄电池的相关内容。

1. 按用途分类

按用途来分，蓄电池可分为动力型蓄电池、起动型蓄电池、储能用蓄电池等。燃油汽车上采用铅酸蓄电池，主要作用是起动发动机，属于起动型蓄电池。

2. 按结构分类

按结构来分，蓄电池可分为密封式蓄电池、湿式荷电蓄电池、干式荷电蓄电池、免维护蓄电池和胶体式蓄电池等。

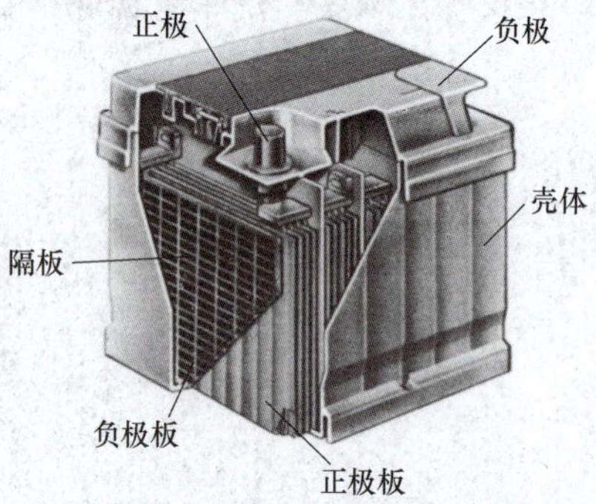

二、普通铅酸蓄电池的结构

普通铅酸蓄电池主要由极板、隔板、壳体、联条和极桩等组成，如图 2-1 所示。

普通铅酸蓄电池的具体结构及作用详见表 2-1。

图 2-1　普通蓄电池的结构示意图

三、蓄电池的工作原理

铅酸蓄电池是一个化学电源，是利用可逆化学反应来存储电能的装置，它使用铅极板或

表 2-1 普通铅酸蓄电池的具体结构及作用

结构名称	作用	图示
极板	极板是蓄电池的基本部件,由它接收输入的电能和向外释放电能。 蓄电池的极板分为正极板和负极板,它们都是由栅架和涂在栅架上的活性物质构成的,正、负极板的外形相同	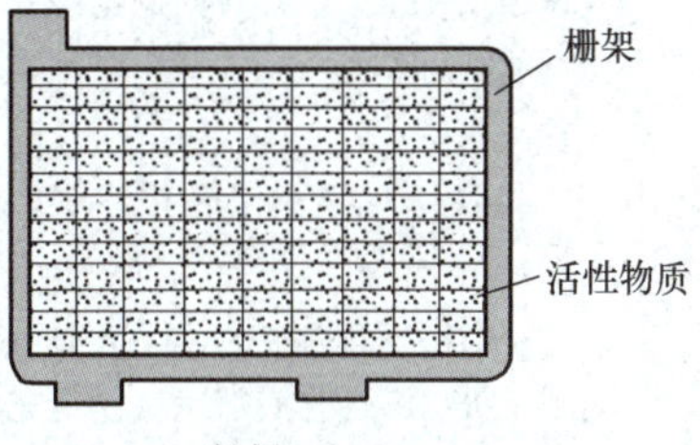 极板（栅架、活性物质）
	1)栅架。目前,多采用铅-锑合金栅架或铅-钙-锡合金栅架。为降低蓄电池内阻,改善起动性能,现代汽车蓄电池采用了放射型栅架	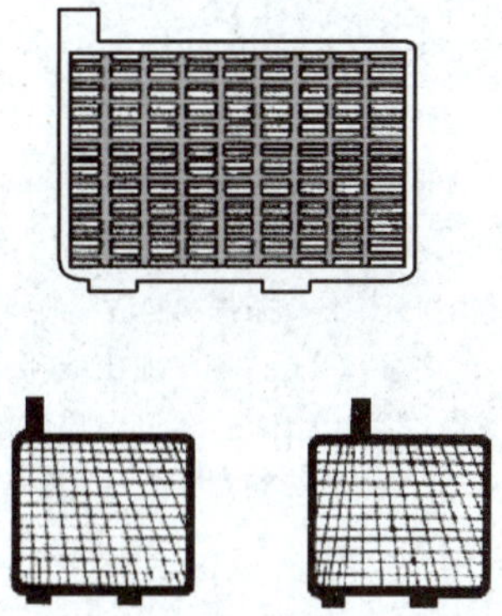
	2)活性物质。正极板上的活性物质为二氧化铅(PbO_2),呈深棕色;负极板上的活性物质为海绵状纯铅(Pb),呈青灰色。 因为正极板化学反应剧烈,所以在单格电池中,负极板总比正极板多一片,使每一片正极板都处于两片负极板之间,保持其放电均匀、防止变形	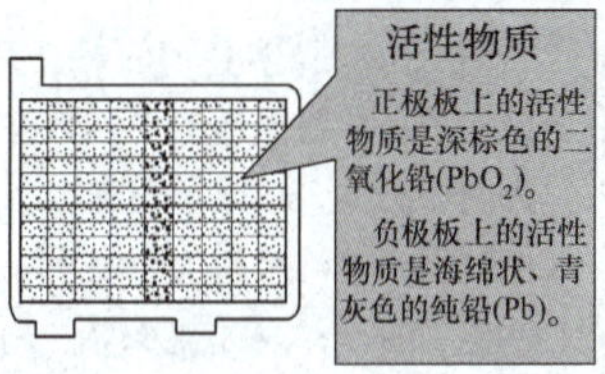 活性物质 正极板上的活性物质是深棕色的二氧化铅(PbO_2)。 负极板上的活性物质是海绵状、青灰色的纯铅(Pb)。
	3)极板组的结构。为了增大容量,一般将多片正极板(4~13片)和多片负极板(5~14片)分别并联,组成正、负极板组	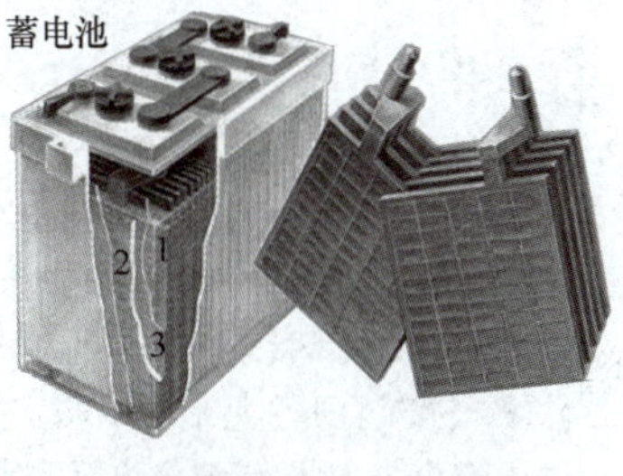 蓄电池 1.正极板塞充红色二氧化铅 2.负极板塞充海绵状铅 3.电解质液稀硫酸

(续)

结构名称	作 用	图 示
隔板	作用：在正、负极板间起绝缘作用，使蓄电池结构紧凑 特征： 1) 隔板有许多微孔，可使电解液畅通无阻 2) 隔板一面平整，一面有沟槽，沟槽面对着正极板，且与底部垂直，使充放电时电解液能通过沟槽及时供给正极板；当正极板上的活性物质 PbO_2 脱落时，能迅速通过沟槽沉入容器底部	
电解液	由纯硫酸与蒸馏水按一定比例配制而成，一般密度是 $1.24 \sim 1.30 g/cm^3$，使用中应根据地区、气候条件和制造厂的要求而定 注意：不允许用工业硫酸和自来水、井水、河水等配制。因其杂质多，易引起自放电，从而影响蓄电池的使用寿命	64%蒸馏水 H_2O 密度：1.000 + 36%硫酸 H_2SO_4 密度：1.835 = 电解液 密度：1.265 电解液密度对蓄电池的容量和使用寿命影响大。密度大可以提高蓄电池的容量，减少结冰的危险；但黏度增加，流动性变差，使蓄电池的容量下降，而且腐蚀作用增强，降低极板和隔板的使用寿命。
壳体	壳体用于盛装电解液和极板组，它应耐酸、耐热、耐振动冲击 壳体有橡胶壳体和聚丙烯塑料两种，普遍采用的是塑料壳体。壳体为整体式结构，壳内间壁分成3个或6个互不相通的单格。蓄电池单格电池之间均用铅质联条串联 注意：每个单格电池设有一个液孔，可以加注电解液或检测电解液密度。孔盖上设有通气孔，便于排出蓄电池内部的气体，防止外壳胀裂，发生事故	
联条和极桩	联条的作用是将各单格电池串联起来。传统蓄电池的联条是外露式的，用铅锑合金铸造而成，耗材较多、电阻较大，已逐渐被穿壁式或跨接式取代 极桩有锥台形和L形等形式。为便于识别，在极桩的上方或旁边标刻有"+"（或P）"-"（或N）标记，或者在正极桩上涂红色油漆	

板栅和构成电解液的稀释硫酸的组合来将电能转化为潜在的化学能，然后反过来把化学能转化为电能。

1. 电动势的建立

在正极板处，PbO_2 与硫酸作用生成带正电荷的铅离子（Pb^{4+}）沉浮在正极板上，使正极板具有约 2V 的正电位。

在负极板处，铅电离为铅离子（Pb^{2+}）和电子（2e），2 个电子留在负极板上，使负极板具有约 -0.1V 的负电位，因此一般单格电池的电位差为 2.1V。

2. 蓄电池放电过程

蓄电池的化学能转化成电能的过程称为放电过程。接上负载后，负极板上纯铅发生氧化反应，被氧化为 $PbSO_4$；正极板上的二氧化铅发生还原反应，被还原为 $PbSO_4$，正极板上的 PbO_2 和负极板上的 Pb 都变成 $PbSO_4$，电解液中的 H_2SO_4 减少，H_2O 增加，电解液密度下降；同时，生成的 $PbSO_4$ 附着在正负极板上，减少了正、负极板与电解液的有效接触面积，阻碍放电效果。放电过程总的电化学反应为：

正极　　$PbO_2 + H_2SO_4 + 3H^+ + e^- \longrightarrow PbSO_4 + 2H_2O$

负极　　$Pb + H_2SO_4 \longrightarrow PbSO_4 + H^+ + 2e^-$

合起来的反应方程式：$Pb + PbO_2 + 2H_2SO_4 + 2H^+ \longrightarrow 2PbSO_4 + 2H_2O + 能量$

3. 蓄电池充电过程

充电时，蓄电池的正、负极接通直流电源，当电源电压高于蓄电池的电动势 E 时，电流由蓄电池的正极流入，从蓄电池的负极流出，也就是电子由正极板经外电路流往负极板。

这时正、负极板发生的化学反应正好与放电过程相反，正极板处的 $PbSO_4$ 转化为 PbO_2，在负极板处 $PbSO_4$ 转化为海绵状的 Pb。

正极　　$PbSO_4 + 2H_2O \longrightarrow PbO_2 + HSO_4^- + 3H^+ + e^-$

负极　　$PbSO_4 + H^+ + 2e^- \longrightarrow Pb + HSO_4^-$

合起来的反应方程式：$2PbSO_4 + 2H_2O + 能量 \longrightarrow Pb + PbO_2 + 2HSO_4^- + 2H^+$

充电结束后，蓄电池处于饱和开路状态，相当于一个电源。

四、铅酸蓄电池的使用与维护

1. 蓄电池的正确使用

（1）及时、正确充电

1）放完电的蓄电池 24h 内送往充电车间。

2）装车使用蓄电池定期补充充电，放电程度为冬季不超过 25%，夏季不超过 50%。

3）带电解液存放的蓄电池应定期补充充电。

（2）正确使用操作

1）每次起动时间不超过 5s，起动间隔时间不少于 15s，最多连续起动 3 次。

2）车上蓄电池应固定牢靠，安装和搬运时应轻搬、轻放。

2. 注重清洁与维护

1）保持蓄电池表面清洁。

2) 及时清除蓄电池表面的酸液。

3) 经常疏通通气孔。

4) 防止过度使用。

① 防止过充和充电电流过大。过充电会加大蓄电池的水损失、加速板栅腐蚀和活性物质软化、增加蓄电池变形的概率，应尽量避免过充电的发生。

② 防止过度放电。蓄电池放电到终止电压后，继续放电称为过放电。过放电会严重损害蓄电池，对蓄电池的电气性能及循环寿命极为不利。

③ 防止电解液液面过低。

④ 防止电解液密度过大。

⑤ 防止电解液内混入杂质。

蓄电池技术状况的检查，详见表2-2。

表2-2 蓄电池技术状况的检查

检查项目	操作步骤	图 示
蓄电池外部检查	① 检查外壳有无裂缝、破损及泄漏 ② 检查安装架是否夹紧，有无腐蚀 ③ 检查正、负极端子是否氧化及腐蚀，电线夹是否腐蚀，连接导线有无破损等 ④ 检查表面是否清洁，加液孔盖的通气孔是否畅通等	
电解液液面高度的检查	对于普通蓄电池，电解液液面高度可用玻璃管进行检查，液面应高出极板顶部10～15mm，电解液不足时，应加注蒸馏水补充 对于免维护的蓄电池可通过观察外部极限刻度线来判断液面的高低。部分进口轿车在电解液加液孔内侧的标准液面位置处开有方形视孔，通过视孔可判断	液面过低 液面符合规定 液面过高 根据加液孔液位判定液面高度

(续)

检查项目	操作步骤	图　示
蓄电池电解液密度的检测	电解液相对密度可用吸式密度计测量，然后将实际测量的数值转换成25℃的相对密度值	测量电解液的密度和温度
负荷试验检测	用12V高率放电计检测12V蓄电池，将蓄电池充满电，电解液密度为1.24g/cm³，接入时间2～5s。若电压能保持在10.5～11.6V以上，存电量为充足，蓄电池无故障；若电压能保持在9.6～10.5V，存电量为不足，蓄电池无故障；若电压降到9.6V以下，存电量严重不足或蓄电池有故障	
利用专用测试仪测量端电压	电流选择按下表： | 电池容量/A·h | 放电电流/A | 放电时间/s | 端电压/V | |---|---|---|---| | >100 | 200～300 | 15 | 10.2 | | 50 | 100～170 | 15 | 9.6 | | 30 | 70～120 | 15 | 9.0 | 操作步骤： ① 将"电流调节旋钮"逆时针旋转至切断放电电路 ② 将电流检测电缆上正（红）、负（黑）夹夹到蓄电池正、负极桩上 ③ 将电压检测线上正（红）、负（黑）夹夹到蓄电池正、负极桩上 ④ 顺时针转动电流调节旋钮至规定放电电流，放电15s ⑤ 观察电压表指针位置，判断蓄电池技术状况 ⑥ 逆时针转动电流调节旋钮，停止放电	蓄电池测试器 指针位置－　　　蓄电池状态 端电压高于9.6V，状态良好 端电压低于9.6V，存电不足 不稳定或电流急剧减小至0　蓄电池故障

 评价反馈

考核项目		评分标准	学生自评	小组互评	教师评价	小计
知识目标	掌握蓄电池的结构	能完整叙述				
	掌握蓄电池的种类	能完整叙述				
技能目标	能够进行蓄电池的检测	会操作				
素质目标	安全、规范操作	做到做好				
	操作步骤、流程正确完整	正确熟练				
	团队合作	是否和谐				
	现场 6S	是否做到				
总评						

 作业

1. 叙述蓄电池的组成部分。
2. 简述如何检查蓄电池的密度。
3. 叙述蓄电池的基本检查内容。

 任务二　蓄电池检测

 学习目标

目标类型	目标要求
知识目标	1. 了解车用起动型蓄电池的结构与特点 2. 掌握蓄电池的充电类型与充电方法
技能目标	1. 能够进行蓄电池的充电操作 2. 能够识读各种蓄电池的标识

一、车用起动型蓄电池的功用

车用起动型蓄电池应满足起动发动机的需要,要求在 5～10s 内向起动机提供强大的电流,一般汽油机为 200～600A,有些柴油机高达 1000A。铅酸蓄电池结构简单,价格低廉,同时其内阻小、起动性能好,因此在汽车上得到广泛的应用。蓄电池是汽车供电系统重要的部件之一,它的功能主要体现在以下几方面。

1. 起动发动机

向起动机、点火系统、电控燃油喷射系统和汽车的其他电气设备供电。

2. 备用供电

当发动机低速运转时,向用电设备和发电机磁场绕组供电。

3. 存储电能

在发动机中、高速运转时,将发电机剩余电能转化为化学能储存起来。

4. 协同供电

当发电机过载时,协助发电机向用电设备供电。

5. 稳定电源电压,保护电子设备

蓄电池相当于一个大电容器,能吸收电路中出现的瞬时过电压,可以保护电子元件,保持汽车电气系统电压稳定。

二、车用起动型蓄电池的特点

目前车用起动型蓄电池多为免维护蓄电池(图2-2),免维护蓄电池在使用过程中不需添加蒸馏水,正极端子的腐蚀小,自行放电少,且不需要补充充电。因此,免维护蓄电池在轿车上得到广泛应用,并将逐渐取代现有的普通铅酸蓄电池。

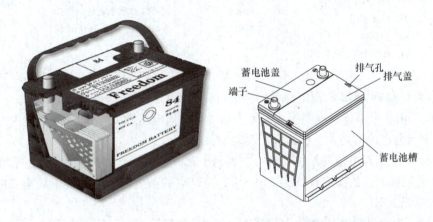

图2-2 免维护蓄电池的结构示意图

免维护蓄电池的结构特点如下:

1)采用铅-钙合金或低锑合金的极板栅架,减少了自行放电和水分的消耗。

2)采用袋状隔板,可以保护正极板的活性物质不脱落,避免极板之间短路,延长了使用寿命。

3)采用安全通气孔,在通气室中设置了氧化铝过滤器和钯催化剂,阻止内部硫酸蒸气的排出,减少了腐蚀作用,并使化学反应中产生的氢离子和氧离子结合,生成水返回电解液中,从而减少了水分的消耗。

4)单体蓄电池(图2-3)之间的连接采用穿壁式连接,缩短了连接电路的长度,减少了内阻,从而减少了能量损耗和改善起动性能。

图2-3 单体蓄电池的结构

三、车用起动型蓄电池的标注及型号

为满足车辆起动和其他用电设备的需要,更换新蓄电池时,新蓄电池的容量和额定值一定不能比原来使用的蓄电池低，而且所更换蓄电池尺寸大小也必须合适，这就要求掌握蓄电池型号的含义。

目前，汽车用铅酸蓄电池的型号都是按照一定标准来命名的，蓄电池型号由 3 部分组成，详见表 2-3。

表 2-3 蓄电池的型号组成

第一部分	第二部分			第三部分	
串联的单体蓄电池数	蓄电池用途	蓄电池结构特征代号		蓄电池的额定容量	蓄电池的特殊性能
3 6	Q：起动型 N：内燃机车用 M：摩托车用 C：船舶用 D：牵引（电力机车）用	A：干式荷电 H：湿式荷电 W：免维护 F：阀控式		20h 放电率的额定容量，用阿拉伯数字表示，单位为 A·h，在型号中单位可略去不写	G：高起动率 D：低温性能好 S：塑料槽

以型号为 6-QAW-54a 的蓄电池为例，进行详细说明：

1）6 表示由 6 个单体蓄电池组成，每个单体蓄电池电压为 2V，即额定电压为 12V。
2）Q 表示蓄电池的用途，Q 为汽车起动型蓄电池。
3）A 和 W 表示蓄电池的结构特征，A 表示干式荷电蓄电池，W 表示免维护蓄电池。
4）54 表示蓄电池的额定容量为 54A·h（充足电的蓄电池，在常温下放电 20h 蓄电池对外输出的电量）。
5）角标 a 表示对原产品的第一次改进，名称后加角标 b 表示第二次改进，依次类推。

四、蓄电池的充电

1. 充电方法

蓄电池的充电方法及详细内容见表 2-4。

表 2-4 蓄电池的充电方法及详细内容

	定流充电	定压充电	脉冲快速充电法
特征	在充电过程中，充电电流恒定不变（通过调整电压，保证电流不变）	在充电过程中，充电电压恒定不变，常见于发电机对蓄电池充电	以脉冲大电流充电来实现快速充电
优点	充电电流可任意选择，有益于延长蓄电池的使用寿命，可用于初充电和去硫化充电	充电速度快，充电时间短，充电流会随着电动势的上升而逐渐减小到零，使充电自动停止，不必人工调整和看管	充电时间短、空气污染小、节省能量和去硫化效果明显
缺点	充电时间长，且需要经常调整充电电流	充电电流大小不能调整，所以不能保证蓄电池彻底充足电，也不能用于初充电和去硫化充电	操作复杂，长时间使用对蓄电池有一定影响

(续)

	定流充电	定压充电	脉冲快速充电法
连接	一般采用串联法	一般采用并联法，即把不同的蓄电池并联起来接入充电电源	一般只接一个蓄电池，充电机红色导线接蓄电池正极，黑色导线接蓄电池负极
注意事项	所有串联支路的蓄电池，其容量最好相同，否则充电电流必须按容量最小的蓄电池来选定	并联蓄电池的数目必须按充电设备的最大输出电流决定	
应用	一般适用于新蓄电池和故障修复蓄电池的初充电	适用于蓄电池的补充充电，不适用于新蓄电池和故障蓄电池的初充电	已广泛使用

另外，智能快速充电是利用单片机的智能功能控制充电电流按照最佳充电电流变化而实现快速充电的方法。

2. 充电种类

（1）**初充电** 初充电是指对新蓄电池或更换极板后的蓄电池进行的首次充电。步骤：检查外部、通气孔→加注电解液→选择充电电流（$IC_1 = C_{20}/15$，$IC_2 = C_{20}/30$）→连接蓄电池（充电过程中应注意的问题）→调整电解液密度→完成初充电。

初充电的特点是充电电流小，充电时间较长。当蓄电池的电量不足时，必须进行补充充电。

（2）**补充充电** 补充充电是指蓄电池使用后的充电。步骤：检查外部、通气孔、液面高度→若电解液不足，补加蒸馏水至极板上沿15mm→检查单格电压→选择充电电流（$IC_1 = C_{20}/10$，$IC_2 = C_{20}/20$）→充电时间为13~16h→完成补充充电。

（3）**间歇过充电** 间歇过充电是避免使用中极板硫化的一种预防性充电，一般应每隔3个月进行一次。

间歇过充电的充电方法是先按补充充电方式充足电，停歇1h后，以减半的充电电流进行过充电，直至充足电为止。

（4）**循环锻炼充电** 迫使相当于额定容量的活性物质都能参加工作，以避免活性物质由于长期不参与化学反应而收缩，每隔一段时间（如3个月）应对蓄电池进行一次循环锻炼充电。

循环锻炼充电方法是先用补充充电或间歇过充电将蓄电池充足电，然后以20h放电率放完电，再用补充充电法充足电即可。

（5）**去硫化充电** 蓄电池轻度硫化可用充电的方法予以消除，方法如下：

1）倒出电解液，加入蒸馏水冲洗两次后，再加入蒸馏水。

2）用$IC = C_{20}/30$（A）的电流进行充电，当密度上升到$1.15g/cm^3$时倒出电解液，再加蒸馏水继续充电,直至密度不再上升。

3)以 20h 放电率电流放电至单池电压降到 1.75V 时,再次进行上述充电。反复进行以上过程,直至输出容量超过额定容量的 80% 即可。

3. 充电设备

车上的充电设备为交流发电机,常用汽车蓄电池充电专用设备有晶闸管整流充电机、硅整流充电机、智能充电机等,如图 2-4、图 2-5、图 2-6 所示。

图 2-4　晶闸管整流充电机

图 2-5　硅整流充电机

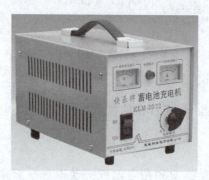

图 2-6　智能充电机

车用蓄电池的选用、维护和故障诊断,见表 2-5。

表 2-5　车用蓄电池的选用、维护和故障诊断

任务		任务内容
蓄电池常见故障的诊断	车用蓄电池认知	1)了解车用蓄电池的作用 2)了解车用蓄电池的结构特点是什么
	车用蓄电池的标签识读	

（续）

任务		任务内容
蓄电池常见故障的诊断	蓄电池规格的选择	1）电压必须和汽车电气系统的额定电压一致 2）容量必须满足汽车起动的要求 3）蓄电池大小必须合适
	免维护蓄电池的充电	1）免维护蓄电池的充电方法与普通蓄电池的充电相同，补充充电采用定流充电 2）在充电过程中，注意电解液的温度，不能起过45℃
	极板硫化	极板上生成白色的粗晶粒硫酸铅的现象简称硫化 （1）故障现象 1）放电时，内阻大，电压急剧下降，不能持续供给起动电流 2）充电时，内阻大，单格电池的充电电压高达2.8V以上，密度上升慢，温度上升快，过早出现沸腾现象 （2）产生原因 1）蓄电池长期充电不足或放电后不及时充电，温度变化时，硫酸铅发生再结晶现象 2）蓄电池液面过低，极板上部发生氧化后与电解液接触，生成粗晶粒硫酸铅 3）电解液密度过高、电液不纯或气温变化剧烈 （3）措施 1）硫化不严重时，采用去硫充电法充电 2）硫化严重时，报废 3）保持蓄电池经常处于充足电状态 4）电解液高度应符合规定
	自行放电	蓄电池在无负载的状态下，电量自动消失的现象称为自放电 （1）故障特征 如果充足电的蓄电池在30天之内每昼夜容量降低超过2%，称为故障性自放电 （2）故障原因 1）电解液含杂质过多 2）电解液密度偏高 3）蓄电池表面不清洁 4）栅架中含锑 （3）防止措施 1）使用符合标准的硫酸和蒸馏水配置电解液 2）配置电解液的容器要保持清洁 3）防止杂质进入蓄电池内 4）电池表面要保持清洁干燥 （4）处理措施 产生自放电后，将电池完全放电，倒出电解液，取出极板组，抽出隔板，用蒸馏水冲洗之后重新组装，加入新的电解液

(续)

任务		任务内容
蓄电池常见故障的诊断	活性物质脱落	(1) 故障特征 　　蓄电池输出容量下降,充电时电解液浑浊,有棕色物质自底部上升 (2) 故障原因 1) 充电电流过大 2) 过充时间过长,电解液→产生 H_2 和 O_2→冲击极板上的活性物质 3) 低温大电流放电,造成极板拱曲 4) 汽车行驶时颠簸、振动
	蓄电池容量达不到规定要求	(1) 故障现象 1) 汽车起动时,起动机转速很快地减慢,转动无力 2) 按喇叭声音弱、无力 3) 开启前照灯,灯光暗淡 (2) 故障原因 1) 使用新电池前未按要求进行初充电 2) 发电机调节器电压调得过低,使蓄电池经常充电不足 3) 经常长时间起动起动机,造成大电流放电,使极板损坏 4) 电解液的相对密度低于规定值 5) 电解液的相对密度过高或电解液面过低,造成极板硫化 (3) 故障排除 1) 首先检查蓄电池的外部,看外壳是否良好 2) 检查蓄电池搭铁接线,极柱的连接夹子有无松动 3) 检查蓄电池密度、高度、调节电压

评价反馈

考核项目		评分标准	学生自评	小组互评	教师评价	小计
知识目标	掌握车用起动型蓄电池的功用	能完整叙述				
	掌握车用起动型蓄电池的结构与特点	能完整叙述				
技能目标	能够进行车用起动型蓄电池的标签识读	能正确识读				
	能够进行免维护蓄电池的检测	会操作				
	能够进行免维护蓄电池的充电	会操作				
素质目标	安全、规范操作	做到做好				
	操作步骤、流程正确完整	正确熟练				
	团队合作	是否和谐				
	现场6S	是否做到				
总评						

1. 蓄电池型号 6-QA-110 的具体含义是什么？
2. 蓄电池补充充电的步骤是什么？
3. 蓄电池损坏的原因有哪些？

 任务三　发电机检修

目标类型	目标要求
知识目标	1. 掌握汽车用发电机的作用及种类 2. 掌握汽车用发电机的型号及其含义 3. 掌握汽车用发电机的组成及各部件的作用
技能目标	1. 能够对发电机进行拆装 2. 能够对发电机进行检测

一辆捷达轿车的发电机出现故障，要对其进行检测与更换，需要掌握有关车用发电机的种类、型号等相关知识。

一、汽车发电机概述

汽车发电机（图 2-7）是汽车的主要电源设备，其功用是在发动机正常运转时，向所有用电设备（起动机除外）供电，同时向蓄电池充电。

汽车上所用的交流发电机大多为三相交流发电机，主要由三相同步交流发电机和 6 只硅整流二极管组成，所以又称为硅整流交流发电机，简称交流发电机。因其具有体积小、重量轻、比功率大、低速充电性能好和维修方便等优点，所以在汽车上被广泛应用。

交流发电机按总体结构形式可分为普通式（发电机与电压调节器独立）、整体式（电压调节器附在发电机内）、带真空泵式、无刷式和永磁式等；

图 2-7　汽车发电机

按励磁绕组的搭铁方式可分为内搭铁式和外搭铁式两种;按整流器的形式可分为6管整流式、8管整流式、9管整流式、11管整流式等几种。

硅整流发电机的产品代号有 JF、JFZ、JFB 和 JFW 4 种,分别表示硅整流发电机、整体式硅整流发电机、带泵硅整流发电机和无刷硅整流发电机(字母"J""F""Z""B"和"W"分别是"交""发""整""泵"和"无"字的汉语拼音第一个大写字母)。

二、汽车发电机结构

车用交流发电机多采用三相同步交流发电机,其结构按其类型的不同而异,普通式与整体式的车用交流发电机在结构上大同小异,而与无刷式和永磁式在结构上有较大的差异。本部分主要以常用的整体式车用交流发电机为主要介绍对象。

汽车用交流发电机主要由转子、定子、整流器及前后端盖等组成,其组成部件如图2-8所示。

1. 转子

转子是用来建立磁场的,它主要由两块爪极、励磁绕组、转子轴和集电环等组成,如图2-9所示。两块爪极压装在转子轴上,在两块

图 2-8 交流发电机的组成部件

爪极的内腔装有导磁用的磁轭,其上绕有励磁绕组。绕组的两端引线分别焊在两个彼此绝缘的集电环上(与轴绝缘)。两个集电环与装在后端盖上的两个电刷相接触。两个电刷装在与端盖绝缘的电刷架内,通过弹簧使电刷与集电环保持接触。这两个电刷引出的接线柱即为发电机的"F"(磁场)接线柱和"-"(E或搭铁)接线柱。爪极凸缘的外形像鸟嘴,这种形状可以使定子感应的交流电动势近似于正弦波形。

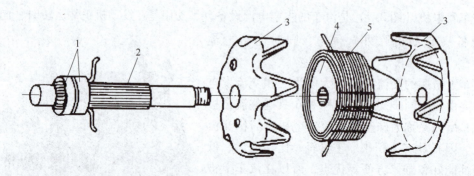

图 2-9 交流发电机的转子

1—集电环 2—转子轴 3—爪极 4—磁轭 5—励磁绕组

当发电机工作时,两电刷与直流电源连通,为磁场绕组提供定向电流并产生轴向磁通,使

两块爪极分别磁化为 N 极和 S 极，从而形成犬牙交错的磁极对并沿圆周方向均匀分布。磁极对数可为 4 对、5 对和 6 对，我国设计的交流发电机的磁极对数多为 6 对。

2. 定子

定子又称电枢，由定子铁心和定子绕组组成，如图 2-10 所示。定子铁心由一组相互绝缘且内圆带有嵌线槽的环状硅钢片叠制而成，定子槽内嵌有三相对称绕组。图 2-11 所示为定子及定子绕组的连接方法。

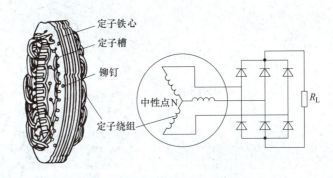

图 2-10 定子绕组的组成

三相绕组的连接方法有星形联结（又称Y形联结）和三角形联结（又称△联结）两种。星形联结是将三相绕组的 3 个末端 U_2、V_2、W_2 接在一起，将三相绕组的首端 U_1、V_1、W_1 作为交流发电机的交流输出端，如图 2-11a 所示。三角形联结则是将每相绕组的首端和另一相绕组的末端依次相连接，因而有 3 个接点，这 3 个接点即为交流发电机的交流输出端，如图 2-11b 所示。汽车用交流发电机大多采用星形联结，美国通用汽车公司等的交流发电机采用三角形联结。

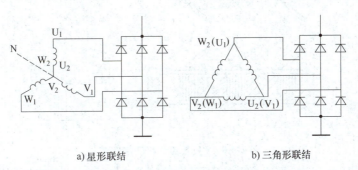

a) 星形联结　　　　　　　　　b) 三角形联结

图 2-11 交流发电机定子及定子绕组的连接方法

3. 整流器

整流器的作用是将定子绕组产生的三相交流电转换为直流电，并可阻止蓄电池电流向发电机倒流。常见整流器的结构如图 2-12 所示。

由 6 只硅整流二极管组成三相桥式全波整流器，硅整流二极管通常直接压装在散热板上或发电机后端盖。如图 2-13 所示，其中压装在散热板上的 3 只硅二极管，引线为正极，外壳为负极，称为"正极管"，引线端一般涂有红色标记；压装在后端盖上的二极管，引线为负极，外壳为正极，称为"负极管"，引线端一般涂有黑色标记。新型的交流发电机将 6 只硅整流二极管分别压装在不同的散热板上。

4. 端盖与电刷总成

前、后端盖均由铝合金压铸或用砂模铸造而成。铝合金为非导磁材料，可减少漏磁并具有轻便、散热性能良好等优点。为了提高轴承孔的机械强度，增加其耐磨性，有的发电机端

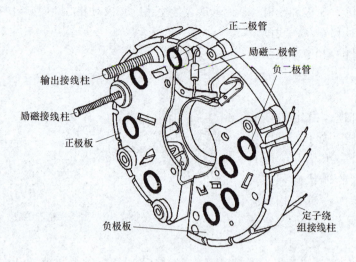

图 2-12 常见整流器的结构

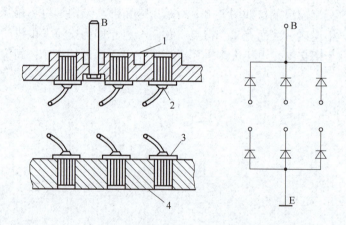

图 2-13　6只整流二极管的安装
1—元件板　2—正极管引线（红色标记）　3—负极管引线（黑色标记）　4—后端盖板

盖的轴承座内镶有钢套。

后端盖上装有电刷架，它用酚醛塑料或玻璃纤维增强尼龙制成。两个电刷分别装在电刷架的孔内，借弹簧的压力与集电环保持接触。国产交流发电机的电刷架有两种结构形式，一种是可直接从发电机外部进行拆装，如图 2-14a 所示；另一种不能直接在发电机外部进行拆装，如图 2-14b 所示，若需更换电刷，必须将发电机拆开，故这种结构的电刷已逐渐被淘汰。

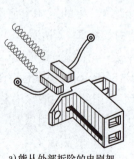
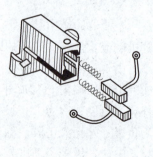

a) 能从外部拆除的电刷架　　b) 不能从外部拆除的电刷架

图 2-14　电刷架的结构

三、交流发电机的工作原理

1. 发电原理

发电机的基本原理是电磁感应，当产生磁场的转子旋转时，穿过定子绕组的磁通量发生变化，则在定子的绕组内就会产生交流电动势。

当励磁绕组中有电流通过时，励磁绕组便产生磁场，转子轴上的两个爪极分别被磁化为N极和S极。当转子旋转时，磁极交替地在定子铁心中穿过，形成一个旋转的磁场，磁力线和定子绕组之间产生相对运动，在三相绕组中产生交流感应电动势。

交流发电机的工作原理如图2-15所示。三相定子绕组按一定规律分布在发电机的定子槽中，彼此相差120°电角度。三相绕组的末端连在一起，成星形联结。

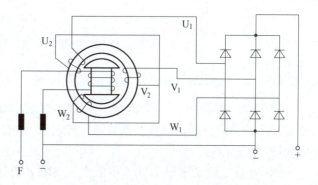

图2-15 交流发电机的工作原理

当转子旋转时，定子绕组与磁力线之间产生相对运动，在三相绕组中产生频率相同、幅值相等、相位相差120°电角度的三相正弦交流电动势。

2. 整流原理

交流发电机定子绕组产生的交流电，通过硅整流二极管组成的整流电路转变为直流电。二极管具有单向导电性，当二极管加上正向电压时，二极管导通，呈现低阻状态；当二极管加上反向电压时，二极管截止，呈现高阻状态。利用二极管的单向导电性即可把交流电转变成直流电。

3. 励磁方式

交流发电机的励磁方式是先他励、后自励。当发电机转速较低，其电压低于蓄电池电压时，由蓄电池向发电机磁场绕组供电，为他励方式；当发电机转速升高，其电压高于蓄电池电压时，发电机向自身的磁场绕组供电，为自励方式。

一、发电机的就车拆卸

1）拆下蓄电池的负极电缆。
2）拆下发电机上的导线插头或插接器插头。
3）拆下发电机固定螺栓和传动带张力调节螺栓，并松开驱动带。
4）取下发电机，用干净棉纱擦净发电机表面的灰尘和油污，以便解体检修。

二、交流发电机的整机检测

1. 用万用表检测

在发电机不解体时，用万用表测量各接线柱间的电阻值，可初步判断发电机是否有故障。其方法是用万用表 R×1 档测量发电机接线柱 F 与 E 之间的电阻值、发电机接线柱 B 与 E 之间的电阻值，并记录下所测各值，与相应的标准值（常见交流发电机各接线柱之间的电阻标准值见表 2-6）进行比较。

表 2-6 常见交流发电机各接线柱之间电阻标准值

交流发电机型号		F 与 E 间/Ω	B 与 E 间		N 与 E 间	
			正向/Ω	反向/Ω	正向/Ω	反向/Ω
有刷	JF11、JF13、JF15、JF21	5~6	40~50	>10000	10	>10000
	JF12、JF22、JF23、JF25	19.5~21				
无刷	JFW14	3.5~3.8				
	JFW28	15~16				

1）F 与 E 之间的电阻。若超过规定值，可能是电刷与集电环接触不良；若小于规定值，可能是励磁绕组有匝间短路或搭铁故障；若电阻为 0Ω，可能是两个集电环之间有短路或者 F 接线柱有搭铁故障。

2）B 与 E 之间的电阻值。若示值大于 50Ω，可认为无故障；若示值在 10Ω 左右，说明有失效的整流二极管，需拆检；若示值为 0Ω，则说明有不同极性的二极管被击穿，需拆检。

若交流发电机有中性抽头接线柱（N），用万用表 R×1 档测接线柱 N 与 E 以及接线柱 N 与 B 之间的正、反向电阻值，可进一步判断故障在正极管还是在负极管。

2. 交流发电机的就车检验法

就车检验法就是在汽车上进行的检验。关掉点火开关，临时拆下蓄电池的负极电缆，将一块量程为 0~40A 的电流表串接到发电机输出（B）接线柱与原接线之间，再将一块量程为 0~50V 的电压表接到接线柱 B 与 E 之间，连接好蓄电池的负极电缆。起动发动机并提高转速，当发电机转速为 2500r/min 时，电压应大于 14V/28V，电流应在 10A 左右。此时打开前照灯、刮水器等负载，电流若为 20A 左右，则表明发电机工作正常。

3. 用试验法检测

将发电机按 2-16 所示的接线方法装夹在专用试验台上，进行发电机空载试验和负荷试验，测出发电机在空载和满载情况下发出额定电压时对应的最小转速，从而判断发电机的工作是否正常。

1）空载试验。合上开关 S_1，由蓄电池供给发电机励磁电流进行他励。当发电机转速为 1000r/min（用转速表测量）时，标称电压为 12V 的发电机电压应为 14V，标称电压为 24V 的发电机电压应为 28V。

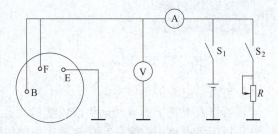

图 2-16 发电机试验台检测电路

2）负荷试验。断开开关 S_1，发电机转为自励，合上开关 S_2，调节可调电阻 R。在发电机转速为 1000r/min 时，发电机电压应高于 12V 或 24V；在发电机转速为 2500r/min 时，电压应达到 14V/28V，电流应达到或接近该发电机的额定电流。

三、发电机的拆解

发电机的拆解按照表 2-7 中的操作步骤进行。

表 2-7 发动机的拆解步骤和示范图示

操 作 步 骤	示 范 图 示
拆下电刷及电刷架（外装式）紧固螺钉，取下电刷架总成	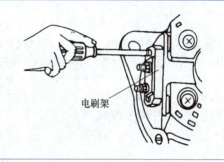
在前后端盖上做记号，拆下连接前、后端盖的紧固螺栓（见右图），将其分解为与转子接合的前端盖和与定子连接的后端盖两大部分 注意：不能单独将后端盖分离下来，否则会扯断定子绕组与整流器的连接线（即三相定子绕组端头）	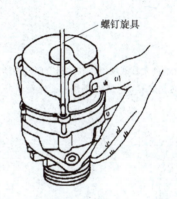
将转子夹紧在台虎钳上，拆下带轮紧固螺母（见右图）后，依次取下带轮、风扇、半圆键、定位套	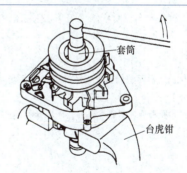
将前端盖与转子分离，若该部分装配过紧，可用拉拔器拉开（见右图）或用木锤轻轻敲，使之分离 注意：铝合金端盖容易变形，因此拆卸时应均匀用力	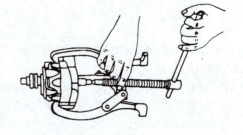

（续）

操作步骤	示范图示
拆掉防护罩，拆掉右图所示的后端盖上的 3 个螺钉（①、②、③，其中③兼作负极接线柱），即可将防护罩取下 对于整体式发电机，先拧下端子"B"上的固定螺母并取下绝缘套管；再拧下后防尘盖上的 3 个带垫片的固定螺母，取下后防尘盖；然后拆下电刷组件的两个固定螺钉和调节器的 3 个固定螺钉，取下电刷组件和 IC 调节器总成；最后拧下整流器二极管与定子绕组的引线端子的联接螺钉，取下整体式整流器总成	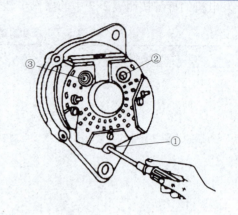
拆下定子上 4 个接线端（三相绕组首端及中性点）在散热板上的联接螺母，如右图所示，使定子与后端盖分离	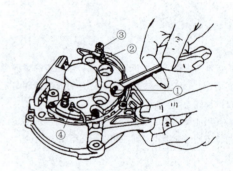
拆下后端盖上紧固整流器总成的螺钉，取下整流器总成（见右图） 注：若经检验所有二极管均良好，该步骤可不进行	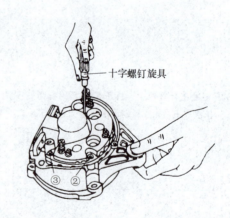 十字螺钉旋具

零部件的清洗。对机械部分可用煤油或清洗液清洗，对电气部分（如绕组、散热板及全封闭轴承等）宜用干净的棉纱擦拭去表面尘土、脏污

发电机的拆解要按照工艺要求进行，禁止生敲硬卸而损坏机件。拆解的零件要按照规范清洗并顺序摆放。对有问题的零件和复杂部位的拆解顺序和连接方法，必要时要有详细记录

四、发电机主要部件的检测

发电机拆解后检测转子和定子绕组的电阻值及绝缘电阻,既可以使用指针式万用表,也可以使用数字式万用表。对于线圈电阻的测量,为取得较准确的数值,建议使用数字万用表。

发电机主要部件的检测见表2-8。

表 2-8 发电机主要部件的检测

检测内容及步骤	图 示
1. 转子的检查 (1) 转子绕组短路与断路的检查 用数字万用表的低电阻档检测两集电环之间的电阻,应符合技术标准。若阻值为"∞",则说明断路;若阻值过小,则说明短路。一般阻值为3.5~6Ω (2) 转子绕组搭铁检查 即检查转子绕组与铁心(或转子轴)之间的绝缘情况。用万用表导通档检测两集电环与铁心(或转子轴)之间的导通情况。若为零且万用表发出响声,说明有搭铁故障,正常应为"∞" (3) 集电环的检查 集电环表面应平整光滑,无明显烧损,否则用"0"号砂布打磨。两集电环间隙处应无积物,集电环圆度误差不超过0.025mm,厚度不小于1.5mm (4) 转子轴检查 用百分表检查轴的弯曲,弯曲度不超过0.05mm(径向圆跳动公差不超过0.1mm),否则应予以校正。爪形磁极在转子轴上应固定牢靠、间距相等。转子轴受径向力较小,弯曲度一般不会超过规定值	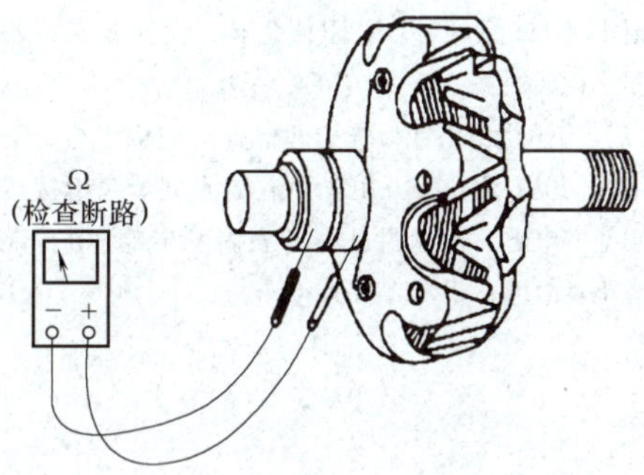 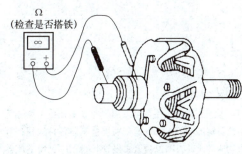 转子绕组短路、断路检查 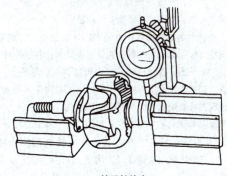 转子绕组绝缘检查 转子轴检查

(续)

检测内容及步骤	图 示
2. 定子的检查 （1）定子绕组短路与断路的检查　用数字万用表的低电阻档位检测定子绕组3个接线端，两两相测。正常时，阻值小于1Ω且相等。若阻值为∞，说明断路；若阻值为零，说明短路 （2）定子绕组搭铁检查　即检查定子绕组与定子铁心间绝缘情况。用数字万用表导通档测定子绕组接线端与铁心间的电阻，若电阻过小（表内发出响声），说明有绝缘不良故障；正常应指示∞	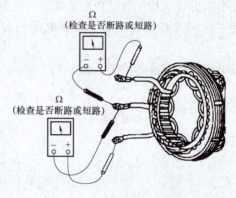 定子绕组短路、断路检查 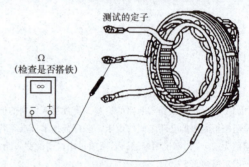 定子绕组搭铁检查
3. 整流器的检查 （1）检测正极管　用数字万用表的导通档位，黑表笔接整流器输出端子，红表笔分别接整流器各接线柱，万用表均应导通，否则说明该二极管断路，应更换整流器总成。调换两表笔进行测试，此时万用表均应不导通，否则说明二极管短路，应更换整流器总成 （2）检测负极管　用数字万用表的导通档位，红表笔接整流器负极管的外壳，黑表笔分别接整流器各接线柱，万用表均应导通，否则说明该二极管断路，应更换整流器总成。调换两表笔进行测试，此时万用表均应不导通，否则说明二极管短路，应更换整流器总成 （3）整体检测　在不分解发电机的情况下检测二极管。用万用表的导通档位，黑表笔接发电机电枢接线柱"B"，红表笔接发电机端盖。若阻值为40～50Ω，说明无故障；若阻值为10Ω左右，说明有失效的二极管，须拆检；若阻值为0Ω，说明有不同极性的二极管击穿	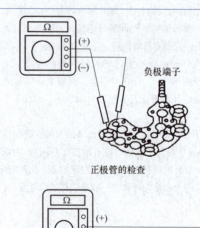 正极管的检查 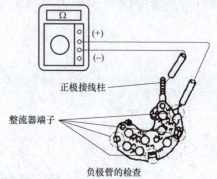 负极管的检查

(续)

检测内容及步骤	图示
4. 电刷组件的检查 　　电刷表面不得有油污，且应在电刷架中活动自如，电刷磨损不得超过原高度的1/2（标准长度为10.5mm）；当电刷从电刷架中露出2mm时，电刷弹簧力一般为2～3N；电刷架应无烧损、破裂或变形	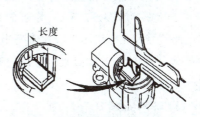 测量电刷外露长度
5. 其他零件失效检测 　　检查发电机各接线柱绝缘情况，若发现搭铁故障应拆检；检查轴承轴向和径向间隙均应不大于0.20mm，滚珠、滚道无斑点，轴承无转动异响；检查前后端盖和传动轮等，应无裂损，绝缘垫应完好	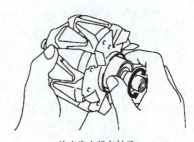 检查发电机各轴承

五、交流发电机的组装及试车

1. 交流发电机的组装

（1）**将整流器装到后端盖上**　安装并紧固3颗固定螺钉，整流器即被固定在后端盖上。应注意各绝缘垫片不能漏装。装复后，用万用表电阻档测量接线柱"B"与端盖间电阻应为∞。测量两散热板之间及绝缘散热板与端盖之间的电阻，均应为∞。若上述电阻较小或者为零，表明漏装了绝缘垫片或套管，应拆开重装。

（2）**将定子总成与后端接合**　装定子绕组上的4个接线端子从后端盖孔中穿出，将接线端分别连接在整流器的接线螺钉上。

（3）**将前端盖装到转子轴上**　先将前端盖上的轴承、轴承盖安装并紧固好，再将该部分套到转子轴上，若过盈量较大，可用木锤轻轻敲入。

（4）**将后端盖定子装到转子轴上**　应注意使前、后端盖上发电机安装挂脚位置恰当（符合拆解标记）。上述两大部分接合后，装上前、后端盖紧固螺栓并分几次拧紧。注意各螺栓的拧紧切不可一次完成，而应轮流进行并且不断转动转子，若转子运转受阻或者内部有摩擦，应调整拧紧力矩。

（5）**装配风扇带轮**　在转子轴上套上定位套、安装半圆键、风扇叶片、带轮、弹簧垫圈，拧紧带轮紧固螺母。

（6）**装复后端盖上的防护罩**

（7）**安装电刷架总成**

（8）**检验装配质量**　使用万用表检测各接线柱与外壳间的电阻值，应该符合参数要求，否则应该拆解重装。

装复后，转动发电机带轮，转子转动平顺，无摩擦及碰击声。

2. 发电机的就车测试

（1）**传动带松紧度检查**　用30～50N的力按下传动带，挠度应为10～15mm。

（2）**发电机就车电压检查**　关闭车上所有电器，起动发动机并使转速保持在2000r/min，测量蓄电池的空载充电电压，应比参考电压（原蓄电池端电压）高些，但不超过2V；发动机转速保持在2000r/min，接通所有电器，测量蓄电池负载电压，应至少高出参考电压0.5V。

考核项目		评分标准	学生自评	小组互评	教师评价	小计
知识目标	掌握发电机的结构与组成	能完整叙述				
	掌握发电机的工作原理及工作特性	能完整叙述				
技能目标	能够进行发电机的整体检测	会操作				
	能够进行发电机的拆装	会操作				
最高技能目标	能够进行发电机主要部件的检测	会操作				
素质目标	安全、规范操作	做到做好				
	操作步骤、流程正确完整	正确熟练				
	团队合作	是否和谐				
	现场6S	是否做到				
总评						

1. 叙述从汽车上拆卸发电机的步骤。
2. 简述发电机整机检测的步骤。
3. 叙述发电机的组装步骤。

 任务四　交流发电机电压调节器及其控制电路

目标类型	目标要求
知识目标	1. 掌握交流发电机电压调节器的作用、工作原理及种类 2. 掌握汽车用发电机调节器的型号及其含义
技能目标	1. 能够进行交流发电机调节器的检测 2. 能够分析发电机调节器控制电路

一辆奇瑞轿车用电设备容易烧损,要解决此故障,需要掌握有关车用发电机电压调节器的相关知识。

由于交流发电机的转子是由发动机通过传动带驱动旋转的,且发动机和交流发电机的速比为 1.7~3,因此交流发电机转子的转速变化范围非常大,这样将引起发电机的输出电压发生较大变化,无法满足汽车用电设备的工作要求。为了满足用电设备恒定电压的要求,交流发电机必须配用电压调节器。

电压调节器是把发电机输出电压控制在规定范围内的装置,其功用是在发电机转速变化时,自动控制发电机电压保持恒定,使其不因发电机转速高而电压过高烧坏用电器和导致蓄电池过充电;也不会因发电机转速低而电压不足导致用电器工作失常。

一、电压调节器的分类

随着电子技术的发展,目前汽车用交流发电机几乎全部采用电子调节器,其优点是:电压调节精度高、不产生火花,还具有重量轻、体积小、使用寿命长、可靠性高、电波干扰小等。电子调节器有晶体管电压调节器和集成电路电压调节器两种,如图 2-17 所示。目前多采用集成电路电压调节器,所以本节主要讲解集成电路电压调节器的相关知识。

a) 晶体管电压调节器　　b) 集成电路电压调节器

图 2-17　晶体管调节器和集成电路调节器

二、电压调节器的工作原理

1. 晶体管电压调节器工作原理

如图 2-18 所示,交流发电机电压调节器的调压原理是:当发电机转速升高时,调节器通过减小发电机励磁电流 I_f 来减少磁通,使发电机的输出电压 U_B 保持不变;当发电机的转速降低时,调节器通过增大发电机的励磁电流 I_f 来增加磁通,使发电机的输出电压

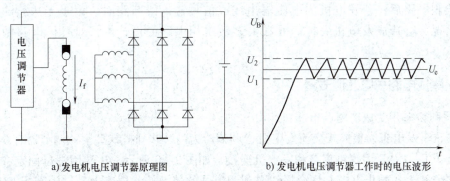

a) 发电机电压调节器原理图　　　　b) 发电机电压调节器工作时的电压波形

图 2-18　发电机电压调节器基本原理

U_B 保持不变。

2. 集成电路电压调节器工作原理

集成电路又称为 IC 电路，可根据使用要求，将电路中的若干元件集成在同一基片上，制成一个独立的电子芯片。由于集成电路具有体积小、可靠性高、成本低、适应性强等优点，因而被广泛用于汽车电子工业中。

用集成电路开发的电压调节器体积很小，可方便地安装在发电机内部与发电机组成一个整体，故装有集成电路调节器的交流发电机又称为整体式交流发电机。

集成电路调节器根据发电机的电压信号，利用晶体管的开关特性来控制发电机的励磁电流，达到稳定发电机输出电压的目的。

根据输入电压信号检测点的不同，集成电路调节器的基本电路可分为发电机电压检测电路和蓄电池电压检测电路，如图 2-19 所示。

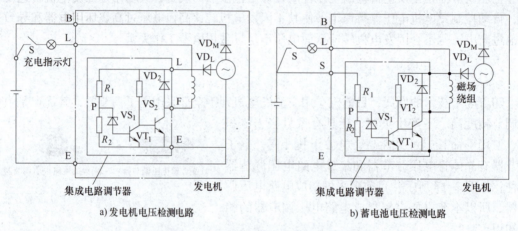

a) 发电机电压检测电路　　　　　　b) 蓄电池电压检测电路

图 2-19　集成电路调节器的基本电路

发电机电压检测电路与蓄电池电压检测电路的区别在于：前者控制电路所取信号直接来自于发电机的输出端，后者则来自于蓄电池端。

相比而言，采用发电机电压检测电路，可省去信号输入线，缺点是当发电机至蓄电池电路上的压降损失较大时，可导致蓄电池的端电压偏低引起蓄电池充电不足。因此，一般大功率发电机多采用蓄电池电压检测电路，使蓄电池的端电压得以保证。但采用蓄电池电压检测电路后，若发电机的电压输出线或信号输入线断路时，由于无法检测发电机的工作情况，会造成发电机失控。故在大多数实用电路的设计中，对具体电路做了相应改进。

三、集成电路式电压调节器

1. 夏利轿车用集成电路调节器

夏利轿车发电机为整体式交流发电机，调节器为内装式外搭铁型。该调节器有 6 个接线端子，端子 F、P、E 用螺钉直接和发电机连接，如图 2-20 所示，B 端用螺母固定在发电机的输出端子 B 上，端子 IG、L 用金属线引到调节器的外部接线插座上。它的端子 IG 经点火开关接至蓄电池，用于检测蓄电池和发电机电压，从而控制晶体管 VT_2 的导通与截止。它的端子 P 接至发电机定子绕组某一相上，该点电压为交流发电机直流输出电压的一半。单片集成电路调节器从端子 P 检测到交流发电机的电压，从而控制晶体管 VT_1 的导通与截止。

该调节器的工作原理如下：

（1）点火开关位于点火档、发动机不工作时的发电机电路 接通点火开关，发电机未运转时，蓄电池电压经点火开关加到发电机的端子 IG 和调节器的端子 IG，IC 电路检测出该电压，使 VT_2 导通，于是磁场电路接通，其电路为：蓄电池正极→发电机端子 B→磁场绕组→调节器端子 F→VT_2（c→e 极）→端子 E→搭铁→蓄电池负极，如图 2-21 所示。

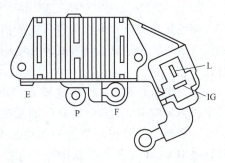

图 2-20 夏利轿车用集成电路调节器

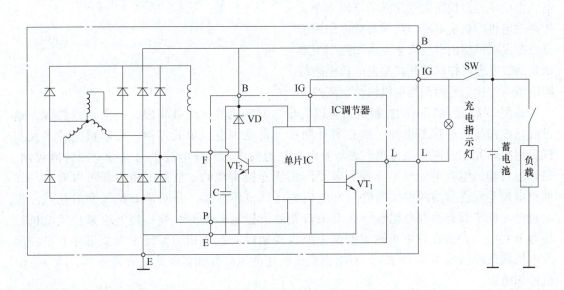

图 2-21 集成电路调节器工作电路图

此时，发电机不发电，端子 P 电压为零，IC 电路检测出该电压，使 VT_1 导通，于是充电指示灯亮，指示蓄电池放电。

充电指示灯电路为：蓄电池正极→点火开关→充电指示灯→端子 L→VT_1（c→e）→端子 E→搭铁→蓄电池负极。

（2）发动机工作时的发电机发电电路 发动机怠速工作发电机就发电，输出电压大于蓄电池电压时，端子 P 电压信号使 IC 电路控制 VT_1 截止，于是充电指示灯熄灭，指示发电机开始向蓄电池充电，并向用电设备供电。

（3）发电机调节电压电路 当发电机电压升高，超过调节电压值时，端子 B 电压信号使 IC 电路控制 VT_2 截止，切断了磁场电流，使发电机电压下降。当发电机电压下降到低于调节电压值时，IC 电路控制 VT_2 导通，磁场电流接通，发电机电压升高，该过程反复进行，使端子 B 电压稳定于调压值。

2. 奥迪轿车交流发电机的集成电路调节器

奥迪轿车交流发电机为整体式外搭铁型交流发电机，调节器为内装式，和电刷架安装在一起。

该发电机外部有 2 个接线端子，分别是发电机输出端 B+、蓄电池励磁的接线端子 D+，发电机内部和调节器的连接有 3 个，分别是 D+、F（和负电刷相连）和搭铁端子 E，如图 2-22 所示。

四、电控单元控制调节器

现在多数汽车采用电控单元控制调节器，发电机通过控制励磁线圈的电流大小来控制发电机的输出电压，从而替代电压调节器控制发电机输出电压大小。通用汽车发电机是通过发电机控制单元控制发电机励磁线圈电流占空比信号控制发电机输出电压的。

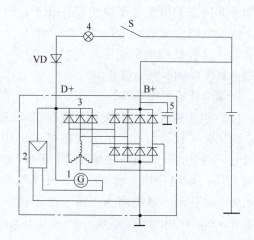

图 2-22 奥迪轿车发电机及集成电路调节器电路
1—励磁绕组 2—电压调节器 3—励磁二极管
4—充电指示灯 5—防干扰电容器

从图 2-23 所示发电机控制电路可以看出，发电机外接线共 3 根，一根是 B 接线，通过起动机接线柱连接蓄电池正极；另外两根与发动机电控单元连接。发动机电控单元与仪表电控单元通过网络线连接，显示发电机是否发电；车身电控单元进行电源管理控制，是通过发动机电控单元与车身控制单元网络线连接实现的。从发电机内部可以看出与发动机电控单元连接的两根线最终与发电机电压调节器连接，分别为 L 接线和 F 接线。发电机电压调节器有两根电源线，一根来自发动机控制单元的 L 线；另一根来自发电机后端盖 B 接线，此线在发电机磁场控制电路出现故障时起作用，保证发电机继续发电，但发电机默认输出电压为 13.8V，不能根据蓄电池电压高低和蓄电池电流传感器而调节发电机输出电压。

车身控制单元也是一个网络装置，它与发动机控制单元和仪表板组合仪表通信以进行电源管理操作。车身控制单元确定发电机输出，并发送信息到发动机控制单元，以控制发电机接通信号电路。它监测来自发动机控制单元的发电机磁场占空比信号电路信息，以控制发电机。它监测蓄电池电流传感器、蓄电池正极电压电路，并估计蓄电池温度以确定蓄电池充电状态，车身控制单元进行怠速提高。

发动机控制单元在发动机运行时，将发电机接通信号发送至发电机以打开调节器。发电机电压调节器通过控制励磁电流从而控制输出电压。励磁电流与调节器供给的电脉冲宽度成正比。发动机起动后，调节器通过内部导线检测定子上的交流电压从而感应发电机的转动。一旦发动机运行，调节器通过控制脉冲宽度来改变励磁电流，这就能调节发电机输出电压，使蓄电池正常充电以及电气系统正常运行。发电机磁场占空比端子连接到内部电压调节器和外部发动机控制单元。当电压调节器检测到充电系统故障时，向此电路提供搭铁以向发动机控制单元发送信号，提示存在故障。

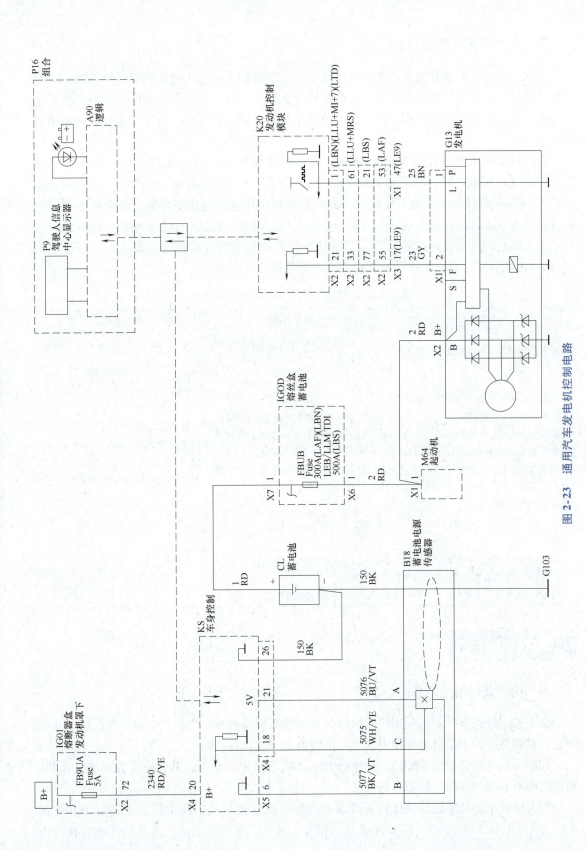

图 2-23 通用汽车发电机控制电路

五、大众汽车电源管理系统

大众迈腾等车型的发电机内部没有电压调节器,其输出电压由电源管理系统控制。电源管理系统用于监测和控制充电系统,并提醒驾驶人充电系统中可能存在故障。电源管理系统使发电机输出的使用效率最高、改善蓄电池充电状态、延长蓄电池的使用寿命和管理系统的电气负荷。

发电机最初由车辆控制单元和继电器负责的功能现在已经转移到车载电网控制单元J519上。通过车载电网控制单元J519可以管理不同舒适电器的负荷。为此,车载电网控制单元J519必须监控蓄电池的电压状况。如果蓄电池电压达到电压临界值,就会要求发动机进行更快的怠速转速。发电机转速的提升会为车载电源系统提供一个更有利的运行环境。如果发动机的起动能力受到损坏或者不正确地操作带有安全功能的电器,那么某些舒适电器(例如可加热后窗玻璃)会被暂时关闭。具体管理模式见表2-9。

表2-9 大众汽车电源管理系统管理模式

管理模式1	管理模式2	管理模式3
15号线接通并且发电机处于工作状态	15号线接通并且发电机处于停机状态	15号线断开并且发电机处于停机状态
如果蓄电池电压低于12.7V,则控制单元要求发动机的怠速提升 如果蓄电池的电压低于12.2V,以下的用电器将被关闭:座椅加热、后风窗加热、后视镜加热、转向盘加热、脚坑照明、门内把手照明、信息娱乐系统,全自动空调耗能降低或空调关闭	如果蓄电池的电压低于12.2V,以下的用电器将被关闭:脚坑照明、门内把手照明、上/下车灯、离家功能、信息娱乐系统,全自动空调耗能降低或空调关闭	如果蓄电池的电压低于11.8V,以下的用电器将被关闭:车内灯、脚坑照明、门内把手照明、上/下车灯、离家功能、信息娱乐系统

备注:
1) 这3种管理模式的不同之处是用电器被关闭的次序不同
2) 如果关闭的条件取消,用电器将会被重新激活
3) 如果用电器因为电能管理的原因被关闭,则J519中有故障存储

任务实施

一、内装集成电路调节器的检查

由于集成电路调节器都是用环氧树脂封装或塑料模压而成的全密封结构,因此损坏或失调后,只能更换而无法修复或调整,故只需检查出调节器好坏即可。

判断集成电路调节器好坏的最简单的方法是就车检查。检查之前,应首先明确发电机、集成电路调节器与外部连接端子的含义。

带有集成电路调节器的整体式交流发电机与外部(蓄电池、线束)连线的端子通常用B+(或+B、BATT)、IG、L、S(或R)和E(或-)等符号表示,这些符号通常在发电

机端盖上标出，其代表的含义如下：

B+（或+B、BATT）为发电机输出端子，用一根粗导线连接至蓄电池正极或起动机上。

IG 通过线束连接至点火开关，有的发电机上无此端子。

L 为充电指示灯连接端子，通过线束接充电指示灯或充电指示继电器。

S（或 R）为调节器的电压检测端子，通过导线直接连接蓄电池的正极。

E 为发电机和调节器的搭铁端子。

检查步骤：

1）拆下整体式发电机上所有连接导线，在蓄电池正极和交流发电机接线柱 L 之间串联一只量程为 5A 的电流表，也可用 12V、20W 车用灯泡代替（对 24V 调节器可用 24V、25W 的车用灯泡），再将可调直流稳压电源的正极接至交流发电机的插头 S，负极与发电机外壳或端子 E 相接，如图 2-24 所示。

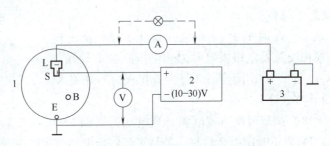

图 2-24 集成电路调节器的检查
1—交流发电机 2—可调直流稳压电源 3—蓄电池

2）连接好电路后，调节直流稳压电源，使电压缓慢升高，直至电流表指示 0 或测试灯泡熄灭。该直流电压就是集成电路调节器的调节电压值。若该值在 13.5~14.5V 的范围内，说明集成电路调节器正常；否则，说明该集成电路调节器有故障。

二、接柱调节器的检测

由于集成电路调节器都是安装在发电机后端盖内，所以车型不同其调节器的接线柱有三接柱和四接柱之分。

1. 三接柱调节器的检测

（1）三接柱调节器的电路 采用三接柱调节器的充电系统电路原理如图 2-25 所示。调节器装在发电机内部，构成整体式交流发电机。发电机对外有 3 个接线柱，分别为 B、IG 和 L。

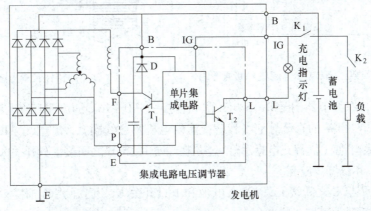

图 2-25 三接柱调节器充电系统电路原理图

(2) 检测方法 对调节器进行检测时,可按图 2-26 所示连接电路。

1) 在调节器端子 B 与 E 之间,接 1 只 0～16V 的可调直流电源,端子 B 与 F 之间接 1 只 12V、4W 的直流灯泡(替代交流发电机励磁线圈),端子 L 与 IG 之间接 1 只 12V、4W 的仪表灯泡(替代充电指示灯),并在端子 IG 与 B 之间接 1 只开关 K_1。当开关 K_1 闭合时,试灯 1 和试灯 2 应亮。

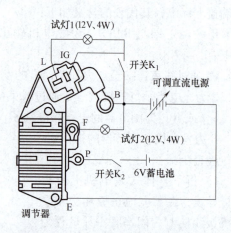

图 2-26 三接柱调节器检测连接电路

2) 在端子 P 与 E 之间接 1 只 6V 蓄电池(模拟交流发电机发电时的相电压)和 1 只开关 K_2,当开关 K_2 闭合时试灯 1 应熄灭,当开关 K_2 断开时试灯 1 应亮。

3) 调节可调直流电源,当电压升高到 15.0～15.5V 时试灯 2 应熄灭,当电压下降到 13.5V 以下时试灯 2 应亮。若结果不符合上述要求,表明调节器已损坏。

2. 四接柱调节器的检测

(1) 四接柱调节器电路 采用四接柱调节器的充电系统电路原理如图 2-27 所示。调节器装在发电机内部,构成整体式交流发电机。发电机对外有 4 个接线柱,分别为 B、S、IG、L。

(2) 检测方法 检测四接柱调节器时可按图 2-28 所示连接电路。

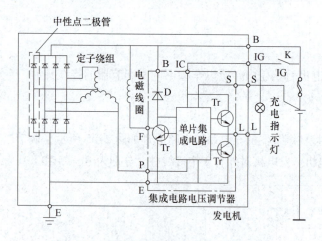

图 2-27 四接柱调节器充电系统电路原理图

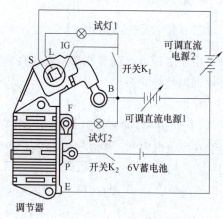

图 2-28 四接柱调节器检测连接电路

1) 检查时,在调节器端子 B、S 与 E 之间各接一只 0～16V 的可调直流电源,端子 B 与 F 之间接 1 只 12V、4W 的直流灯泡(代替交流发电机励磁线圈),端子 L 与 IG 之间接 1 只 12V、4W 的仪表灯泡(代替充电指示灯),并在端子 IG 与 B 之间接 1 只开关 K_1。当开关 K_1 闭合时,试灯 1 和试灯 2 应亮。

2) 在端子 P 与 E 之间接 1 只 6V 蓄电池和 1 只开关 K_2,当开关 K_2 闭合时试灯 2 应熄灭,当开关 K_2 断开时试灯 2 应亮。

3）调节可调直流电源 1，当电压升高到 15.5V 以上时试灯 1 和试灯 2 应熄灭，当电压下降到 13.5V 以下时试灯 2 应亮。

4）调节可调直流电源 2，当电压下降到 13.5V 以下时试灯 1 应亮。若检测结果不符合上述要求，表明调节器已损坏。

考 核 项 目		评 分 标 准	学生自评	小组互评	教师评价	小计
知识目标	掌握发电机电压调节器的功用及原理	能完整叙述				
	掌握集成电路式的电压调节器的特点	能完整叙述				
技能目标	电压调节器电路分析	能正确分析				
	能够进行三接柱集成电路调节器的检测	会检测				
	能够进行四接柱集成电路调节器的检测	会检测				
素质目标	安全、规范操作	做到做好				
	操作步骤、流程正确完整	正确熟练				
	团队合作	是否和谐				
	现场 6S	是否做到				
总评						

1. 叙述大众汽车电源管理系统主要作用。
2. 简单叙述发电机电压调节器的工作原理。

 任务五　电源系统综合故障诊断

目 标 类 型	目 标 要 求
知识目标	1. 掌握汽车供电系统的基本组成 2. 掌握充电指示灯的控制方式
技能目标	1. 能够分析汽车供电系统的电路 2. 能够进行供电系统故障的诊断及排除

一辆捷达轿车在行驶的过程中电源指示灯突然亮起，要解决这个故障，需要掌握有关汽车电源电路的知识。

汽车电源系统是汽车电器中非常重要的部分，主要包括蓄电池、发电机及电压调节器等部件。目前汽车电源系统都是低压、直流电源。其基本电路如图2-29图所示。

一、汽车电源电路分析

目前，汽车充电系统电路多为内装调节器和电控单元控制电源电路两种。内装调节器式的充电有2种形式：3接柱式和4接柱式。不论充电系统电路采取何种形式，都可

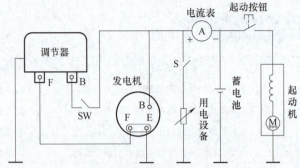

图2-29 汽车电源系统基本电路

以将充电系统电路分为2个部分，第一部分称为主电路，第二部分称为控制电路。

主电路是交流发电机对蓄电池进行充电的电路，其电路连接路线是：蓄电池正极→熔断器→发电机输出端。如果这一部分电路良好，只要蓄电池与车辆主电缆连接好，在发电机输出端（通常标注"+""B+""A"）即可测得蓄电池电压。若不能测得蓄电池电压，说明主电路有故障。

控制电路是指为交流发电机励磁绕组提供励磁电流的电路，这一部分电路由点火开关控制，通常电源经点火开关后接到发电机"IG""L""D+"，调节器"+"等端子。如果这一部分电路良好，点火开关闭合时，应能在这些端子上测得蓄电池电压。若不能测得蓄电池电压，说明控制电路有故障。

二、常见电源电路分析

图2-30所示为丰田威驰汽车电源系统电路，其发电机是内装集成电路调节器（检测蓄电池电压）整体式交流发电机，其与外部电路连接说明如下。

发电机B插接器的3个端子分别是：1号端子L从点火开关端子IG2开始，经组合仪表充电指示灯过来，控制充电指示灯的亮与灭；2号端子IG从点火开关的端子IG1经10A的熔断器过来，给集成电路调节器提供工作电压；3号端子S经7.5A和60A两个熔断器，检测蓄电池端电压。

发电机A插接器是交流发电机的输出，并经过100A的熔断器，给其他用电设备供电和给蓄电池充电。

目前，汽车多用整体式交流发电机，发动机运转时，由发电机、调节器、蓄电池等组成的充电系统的工作情况可通过充电指示灯或电流表来判断。充电系统常见故障有不充电或充电电流过小两种。下面以丰田威驰汽车为例（参见图2-30），说明整体式交流发电机充电系统故障的判断方法。

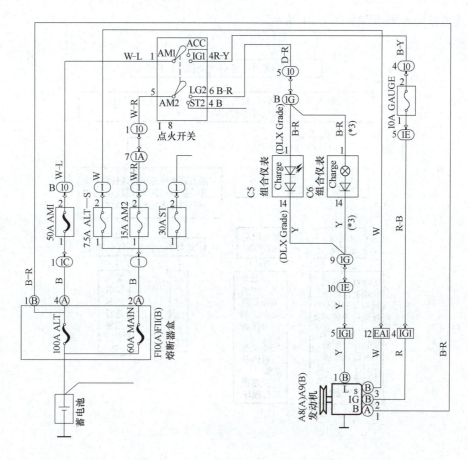

图 2-30 丰田威驰汽车电源系统电路

1. 不充电故障的诊断与排除

1) 现象：汽车发动机在中等转速时，电流表仍指示放电或充电指示灯不熄灭。

2) 故障所在部位及原因：故障所在部位、原因和排除方法见表 2-10。

表 2-10 充电系统的故障部位、原因和排除方法

故障部位		故障原因	排除方法
风扇驱动带		过松或断裂	更换
电流表或指示灯		损坏	更换
发电机	定子绕组	断路或搭铁	建议更换发电机总成
	励磁绕组	断路或搭铁	建议更换发电机总成
	集电环或电刷	集电环严重烧蚀、脏污或有裂纹，电刷过渡磨损、卡滞	可通过焊接、机加工修复，或更换电刷
	整流器	二极管烧坏、脱焊	脱焊的可以补焊，或更换整流器总成
调节器		调节电压过低；内部断路或短路	更换调节器总成
外部线路		断路或接线柱松脱	接通电路、拧紧接线柱

不充电故障诊断步骤如图 2-31 所示。

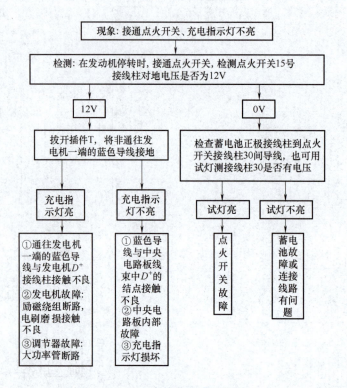

图 2-31　不充电故障的诊断流程图

2. 充电量过小的诊断与排除

（1）现象　将发动机转速由低速逐渐升高至中速时，打开前照灯，其灯光暗淡；或按喇叭，其音量小，电流表指示放电。

（2）故障部位及原因　故障所在部位及原因见表 2-11。

表 2-11　外装调节器的电源系统充电量过小故障部位及原因

故障部位		故障原因	排除方法
风扇驱动带		张紧度不够	按要求张紧
发电机	定子绕组	匝间短路	建议更换发电机总成
	励磁绕组	匝间短路	建议更换发电机总成
	集电环或电刷	集电环轻度烧蚀、脏污，电刷磨损不均、接触不良	可用细砂纸打磨集电环，更换电刷及电刷弹簧
	整流器	个别二极管损坏	对于压装（静配合）的二极管可以个别更换，否则更换整流器总成
	调节器	机械式调节器触点接触不良，或调节器调节电压过低	更换调节器总成
外部线路		接线柱松动或接触不良	拧紧接线柱

充电量过小故障诊断与排除步骤可按图 2-32 所示顺序进行。

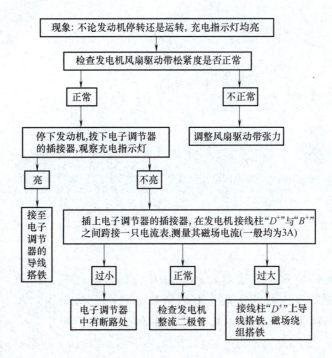

图 2-32　充电量过小故障的诊断流程图

	考核项目	评分标准	学生自评	小组互评	教师评价	小计
知识目标	掌握不充电故障的可能原因和故障部位	能完整叙述				
	掌握充电量过小故障的可能原因和故障部位	能完整叙述				
技能目标	能够进行充电指示灯常亮故障诊断排除	会操作				
	能够进行充电量过小故障诊断排除	会操作				
素质目标	安全、规范操作	做到做好				
	操作步骤、流程正确完整	正确熟练				
	团队合作	是否和谐				
	现场 6S	是否做到				
	总评					

作业

1. 叙述发电机不发电的原因有哪些。
2. 叙述发电机充电量过小的故障原因。

项目三

汽车起动系统的检修

➡【项目描述】

汽车起动系统的功用是通过起动机带动发动机曲轴运转,继而使发动机进入正常工作状态。此系统由起动机和控制电路组成。本项目主要学习起动机拆装、检修以及控制电路的检修。

➡【重点难点】

重点:起动机拆装和检修,起动机控制电路分析和故障检修。
难点:起动机控制电路故障检修。

任务一 汽车起动机检修

  学习目标

目标类型	目标要求
知识目标	1. 了解起动系统的功用 2. 掌握起动系统的组成 3. 了解起动机的功用 4. 掌握起动机的结构
技能目标	1. 能够认知起动系统的整体构成 2. 能够认知起动机的零部件 3. 能够拆装起动机 4. 能够对起动机及主要部件进行检测

一辆捷达轿车点火开关置于起动档，起动机空转，要解决这个故障，需要掌握汽车起动系统的知识和相关维修技能。

一、起动系统的功用及分类

发动机必须依靠外力带动曲轴旋转后，才能进入正常工作状态。通常，汽车发动机曲轴在外力作用下，从开始转动到怠速运转的全过程，称为发动机的起动。起动系统的作用就是供给发动机曲轴足够的起动转矩，以使发动机曲轴达到必需的起动转速，使发动机进入自行运转状态。当发动机进入自由运转状态后，起动系统便结束任务立即停止工作。

发动机常用的起动方式有人力起动、辅助汽油机起动和电力起动机起动。人力起动是用手摇或绳拉，属于最简单的一种，现代汽车上仍有部分车型将人力手摇起动作为后备方式，有些车型则已取消。辅助汽油机起动方式只在少数重型汽车上采用。起动机起动是由起动机通过传动机构将发动机起动，它具有操作简单、起动迅速可靠、重复起动能力强等优点，现代汽车上均采用这种起动方式。

二、起动系统的组成

汽车起动系统由蓄电池、起动机和起动控制电路等组成（图3-1），起动控制电路包括起动按钮或开关、起动继电器等。其中蓄电池作为电源，为起动机提供电能。起动机在点火开关或起动按钮控制下，将蓄电池的电能转化为机械能，通过飞轮齿圈带动发动机曲轴转动。为增大转矩，便于起动，起动机与曲轴的传动比：汽油机一般为13～17，柴油机一般为8～10。

起动控制电路通过接通起动电磁开关与电源的连接来控制起动机工作，在发动机起动以后及时断开连接电路，保护起动机不受飞散性损害。起动控制电路主要包括电磁开关和起动继电器。

三、起动机的结构

起动机的作用是将蓄电池的电能转变成电磁转矩，驱动发动机，使发动机起动工作。

1. 起动机结构

起动机整体结构如图3-2所示，相配合部件结构如图3-3所示。起动机一般由直流电动机、传动机构和电磁操纵机构三部分组成，各部分的功用如下：

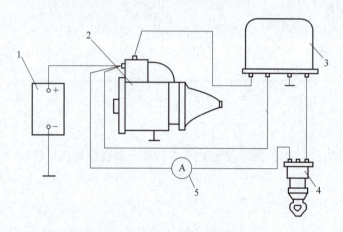

图3-1 起动系统基本组成
1—蓄电池 2—起动机 3—起动继电器 4—点火开关 5—电流表

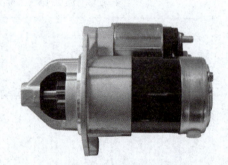

图3-2 起动机实物图

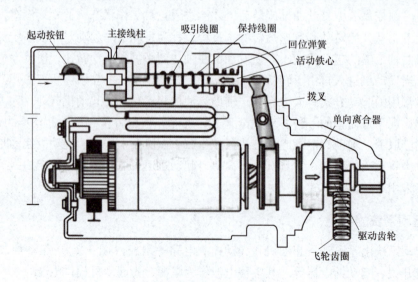

图3-3 起动机配合部件的结构

1)直流电动机的作用是产生电磁转矩。

2)传动机构的作用是起动时使起动机小齿轮与飞轮齿圈啮合,并将起动机转矩传给发动机曲轴;起动后,使起动机小齿轮与飞轮齿圈脱开啮合。

3)电磁操纵机构的作用是接通或切断起动机与蓄电池间的主电路,并产生驱动拨叉的电磁力。

2. 串励直流电动机

(1) 串励直流电动机的工作原理 直流电动机是将电能转变为机械能的设备,它是根据带电导体在磁场中受到电磁力作用的这一原理为基础而制成的,其工作原理如图3-4所示。

由于一个线圈所产生的转矩太小,且转速不稳定,因此实际上,电动机的电枢上绕有很多线圈,换向片数也随线圈的增多而相应增加,从而保证产生足够大的转矩和稳定的转速。

(2) 串励直流电动机结构 电动机的作用是将蓄电池输入的电能转换为机械能,产生电磁转矩。串励直流电动机由电枢、磁极、电刷和壳体等构成,如图3-5所示。

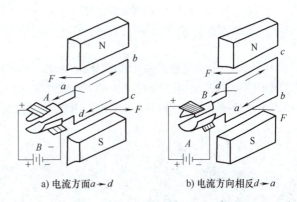

图3-4 直流电动机的工作原理

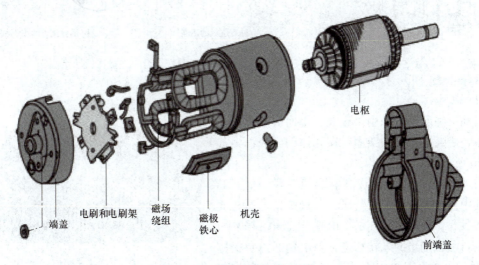

图3-5 串励直流电动机结构

1)电枢。电枢是直流电动机的旋转部分,包括电枢轴、换向器、电枢铁心、电枢绕组等部分,如图3-6所示。为了获得足够的转矩,通过电枢绕组的电流一般很大(汽油机为200~600A,柴油机可达1000A),因此电枢一般采用较粗的矩形裸铜线绕制而成。

换向器由铜质换向片和云母片叠压而成,且云母片的高度略低于铜质换向片的高度,如图3-7所示。电枢绕组各线圈的端头均焊接在换向器片上,通过换向器和电刷将蓄电池的电流传递给电枢绕组,并适时地改变电枢绕组中电流的流向。

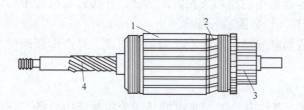
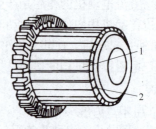

图 3-6　电枢结构示意图
1—电枢铁心　2—电枢绕组　3—换向器　4—电枢轴

图 3-7　换向器结构
1—铜质换向片　2—云母片

2) 磁极。磁极一般是 4 个低碳钢板制成，其内端部扩大为极掌形，如图 3-8 所示。每个磁极上绕有励磁绕组，两对磁极相对交错安装在电动机定子内壳上。励磁绕组可互相串联后再与电枢绕组串联，也可两两串联后并联再与电枢绕组串联，如图 3-9 所示。

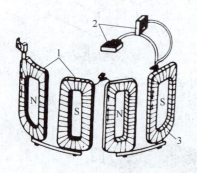
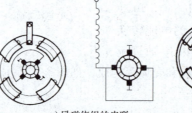

a) 励磁绕组的串联　　b) 励磁绕组的串、并联

图 3-8　磁极结构图
1—励磁绕组　2—电刷　3—铁心

图 3-9　励磁绕组的连接方式示意图

目前一些起动机采用永磁式，里面没有磁极而是磁条，磁条通过磁条架固定在壳体的内表面，如图 3-10 所示。

3) 电刷架与电刷总成。电刷架一般为框式结构，其中正极刷架与端盖绝缘，负极刷架通过机壳直接搭铁，如图 3-11 所示。电刷置于电刷架中，正电刷与励磁绕组的末端相连，负电刷通过负极刷架搭铁。电刷由铜粉与石墨粉压制而成，呈棕红色。刷架上装有弹性较好的盘形弹簧。

图 3-10　永磁式起动机的磁极

4) 机壳。起动机机壳的一端有 4 个检查窗口，中部有一个与壳体绝缘的电流输入接线柱，并在内部与励磁绕组的一端相连。端盖分前、后两个，前端盖由钢板压制而成，后端盖由灰口铸铁浇制而成。前后端盖均压装有青铜石墨轴承套或铁基含油轴承套，外围有 2 个或 4 个组装螺孔。电刷装在后端盖内，前端盖上有拨叉座，盖口有凸缘和安装螺孔，还有拧紧中间轴承板的螺钉孔。

图 3-11　电刷与电刷架实物图

3. 起动机传动机构

普通起动机传动装置的主要组成部分有单向离合器和拨叉（图 3-12）；减速起动机增加了减速齿轮。单向离合器的作用是单方向传递转矩，即起动发动机时将起动机的转矩传给发动机曲轴，而当发动机起动后，它能自动打滑，不使飞轮齿环带动起动机电枢旋转，以免损坏起动机。

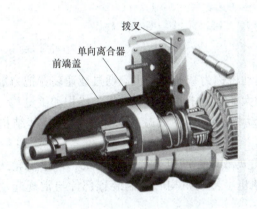

图 3-12　起动机传动机构

单向离合器有摩擦片式、滚柱式、弹簧式、棘轮式等不同形式。其中，摩擦片式的单向离合器多用于大功率起动机。

4. 起动机的电磁操纵机构

现代汽车均采用电磁操纵机构，它是由电磁开关控制的。电磁开关主要由吸引线圈、保持线圈、活动铁心、接触盘/触点等组成，如图 3-13 所示。

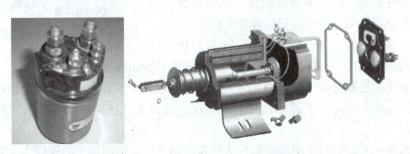

图 3-13　电磁开关的实物及结构示意图

轿车起动机电磁开关的结构与工作原理如图 3-14 所示。接通起动开关后，吸引线圈和保持线圈通电，在吸引线圈和保持线圈电磁力的共同作用下，使活动铁心克服弹簧力右移，活动铁心带动拨叉移动，将驱动齿轮推向飞轮。当驱动齿轮与飞轮啮合时，接触盘也被活动铁心推至与触点接触位置，使起动机通入起动电流，产生电磁转矩起动发动机。接触盘接通触点后，吸引线圈被短路，活动铁心靠保持线圈的电磁力保持其啮合位置。

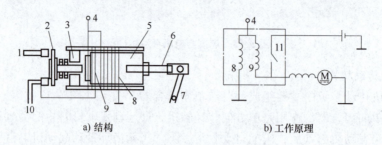

图 3-14　电磁开关的结构和工作原理

1—电源接线柱　2—接触盘　3—磁轭　4—电磁开关接线柱　5—活动铁心　6—拉杆　7—拨叉
8—保持线圈　9—吸引线圈　10—接电动机　11—电磁开关触点

5. 减速起动机

在电枢轴和输出轴之间装有减速器的起动机称为减速起动机。通过减速装置把力矩传递给单向离合器，可以降低电动机的速度、增大输出力矩，减小起动机的体积和重量。

常用减速起动机有行星齿轮式减速起动机和平行轴式减速起动机两种，其结构特点如下。

(1) **行星齿轮式减速起动机**　行星齿轮式减速起动机主要由电动机、行星齿轮式减速装置、传动机构和控制装置组成，其中电动机、传动机构和控制装置部件与常规起动机相似，此处不再重复叙述。

行星齿轮减速装置中设有 3 个行星轮，一个太阳轮（电枢轴齿轮）及一个固定的内齿圈，其结构如图 3-15 所示。

内齿圈固定不动，行星齿轮支架是一个具有一定厚度的圆盘，圆盘和驱动齿轮轴制成一体。3 个行星齿轮连同齿轮轴一起压装在圆盘上，行星齿轮在轴上可以边自转边公转。驱动齿轮轴一端制有螺旋键齿，与离合器传动导管内的螺旋键槽配合。

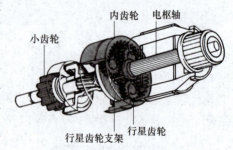

图 3-15　行星齿轮减速装置结构

(2) **平行轴式减速起动机**　其结构如图 3-16 所示，主要包括电动机、平行轴减速装置、传动机构和控制装置。

其中，减速齿轮装置采用平行轴外啮合减速齿轮装置，该装置中设有 3 个齿轮，即电枢轴齿轮、惰轮（中间齿轮）及减速齿轮。与常规起动机相比该减速装置传动比较大，输出力矩也较大。

平行轴式减速起动机的主动齿轮轴与从动齿轮轴平行，但两轴中心距较大，其优点是结构简单、工作可靠、噪声小、便于维修，缺点是增加了起动机的径向尺寸。

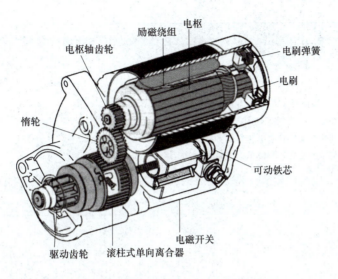

图 3-16 平行轴式减速起动机的构造

起动机的拆装与检测，见表 3-1。

表 3-1 起动机的拆装与检测

任务	操作	图示
起动机的不解体检测	1）吸引线圈的性能测试。按照右图所示的方法，连接蓄电池与电磁起动开关。将电磁开关上与起动机连接的端子 C 断开，与蓄电池负极连接；电磁开关壳体与蓄电池负极连接。将电磁开关上与点火开关连接的端子 50 与蓄电池正极连接。此时，起动机驱动齿轮应向外移出，否则说明电磁开关有故障，应予以修理或更换	
	2）保持线圈的性能测试。接线方法如右图所示，在吸引线圈性能测试的基础上，拆下电磁开关端子 C 上的线。此时，驱动齿轮应保持在伸出位置不动；否则，说明保持线圈损坏或搭铁不正常，应修理或更换电磁开关	

87

任务	操作	图示
起动机的不解体检测	3）驱动齿轮回位测试。测试方法如右图所示，在上述试验的基础上，拆下壳体上的连接线，此时驱动齿轮应迅速复位。如果不能复位，说明复位弹簧失效，应予以更换	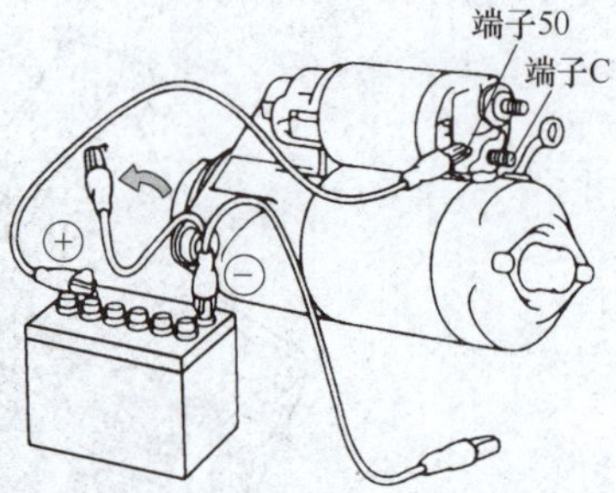 端子50 端子C
	4）驱动齿轮间隙的检查。按照右图连接蓄电池和电磁开关，并进行驱动齿轮间隙的测量。测量时，先把驱动齿轮推向电枢方向，消除间隙后测驱动齿轮端和止动圈间的间隙，并和标准值进行比较	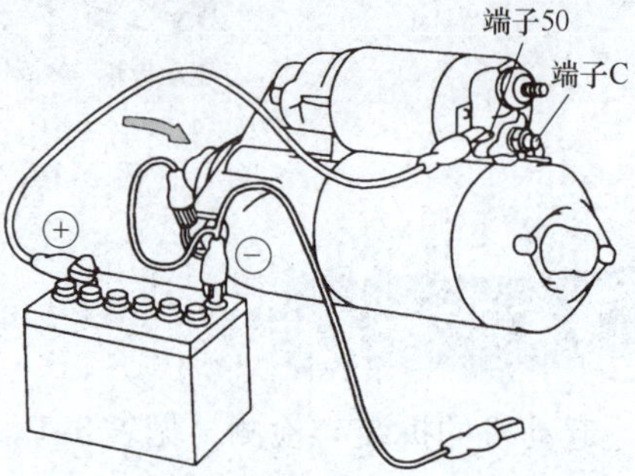 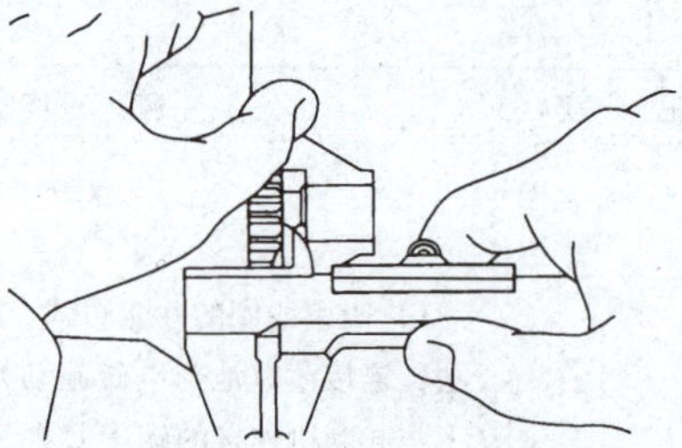 端子50 端子C
	5）空载测试： ① 固定起动机、按照右图的方法连接导线 ② 检查起动机应平稳运转，同时驱动齿轮应移出 ③ 读取安培表的数值，应符合标准值 ④ 断开端子后，起动机应立即停止转动，同时驱动齿轮缩回	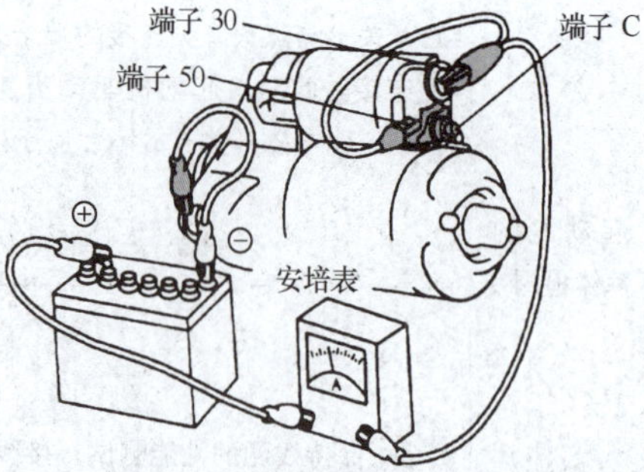 端子30 端子C 端子50 安培表
起动机的拆解	1）旋出防尘盖固定螺钉，取下防尘盖，用专用钢丝钩取出电刷；拆下电枢轴上止动圈处的卡簧（如右图所示）	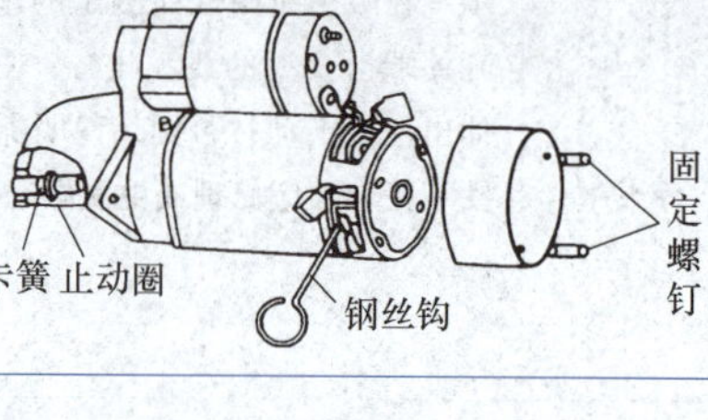 卡簧 止动圈 钢丝钩 固定螺钉

(续)

任 务	操 作	图 示
起动机的拆解	2）用扳手旋出两个紧固穿心螺栓，取下前端盖，抽出电枢（如右图所示）	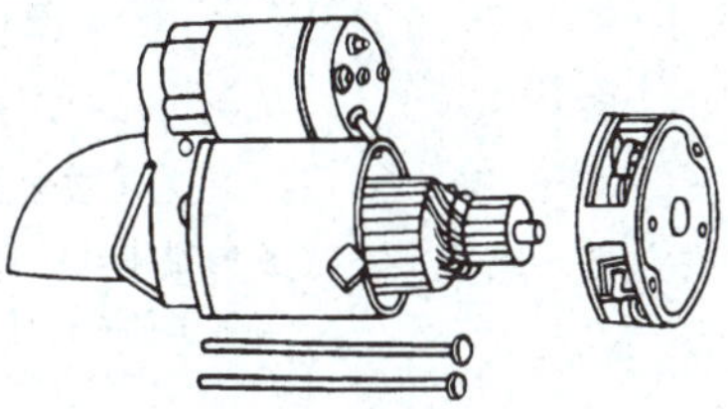
	3）拆下电磁开关主接线柱与电动机接线柱间的导电片；旋出后端盖上的电磁开关紧固螺钉，使电磁开关后端盖与中间壳体分离（如右图所示）	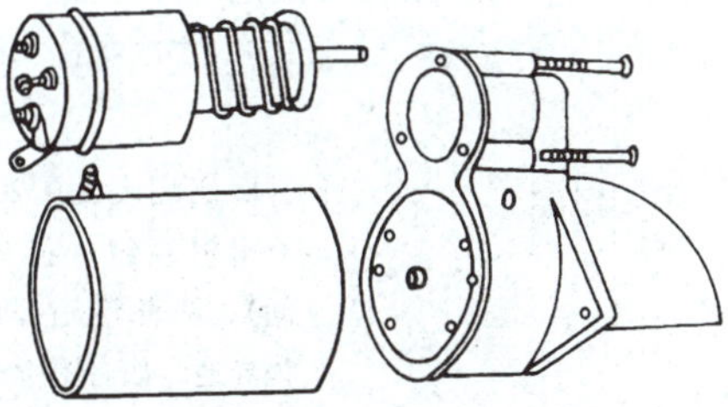
	4）从后端盖上旋下中间支承板紧固螺钉，取下中间支撑板，旋出拨叉轴销螺钉，抽出拨叉，取出离合器（如右图所示）	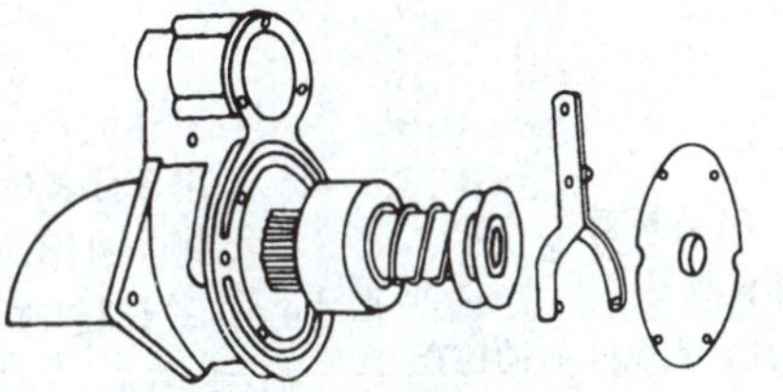
	5）将已解体的机械部分放入清洗液中清洗，电气部分用棉纱沾少量汽油擦拭干净	
起动机的装复	起动机的形式不同，具体装复的步骤也不完全相同，但基本原则是按分解时的相反顺序进行	
起动机解体检测 1）直流电动机的检测	① 励磁绕组的检测： 如右图所示，万用表放在导通档，用万用表检查励磁绕组两电刷之间应导通；用万用表检查励磁绕组和定子外壳不应导通	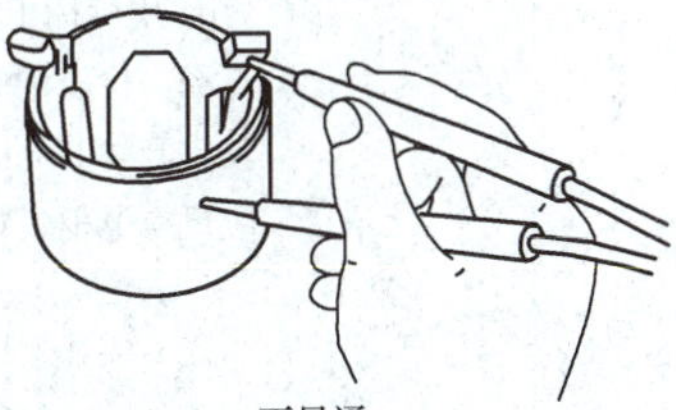 不导通 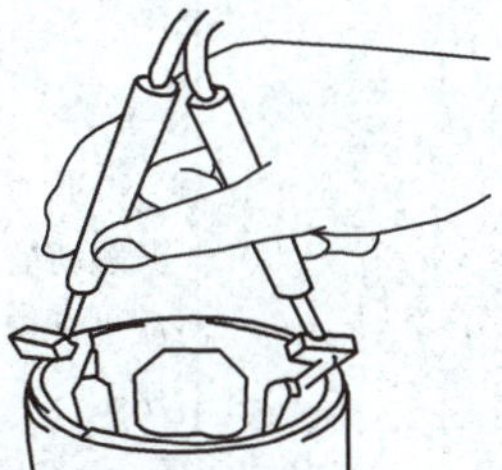 导通

(续)

任 务		操 作	图 示
起动机解体检测 1）直流电动机的检测	②电枢的检查	a. 万用表放在 2 兆欧姆档位，换向器和电枢线圈铁心之间不应导通，如右图所示	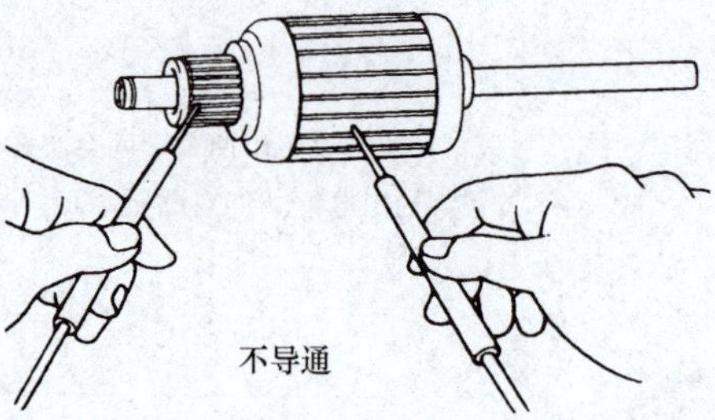 不导通
		b. 万用表放在 200 欧姆档位检查电枢绕组（换向片与换向片间），两表笔放在两整流片上，应该导通，如右图所示	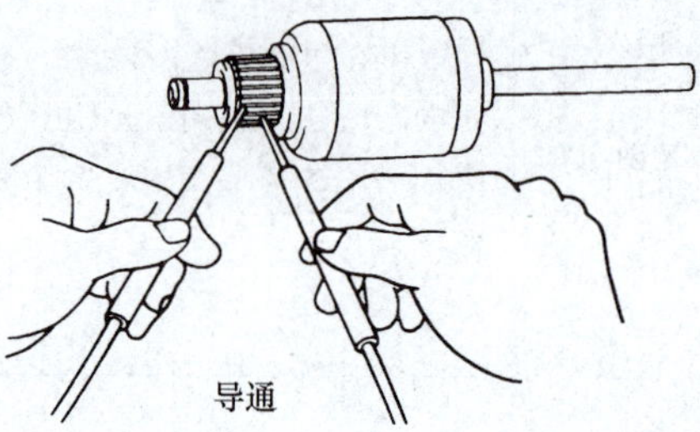 导通
		c. 用百分表检查换向器失圆，其失圆（圆跳动量）不应超过 0.03mm（最新的标准为 0.02mm），如右图所示	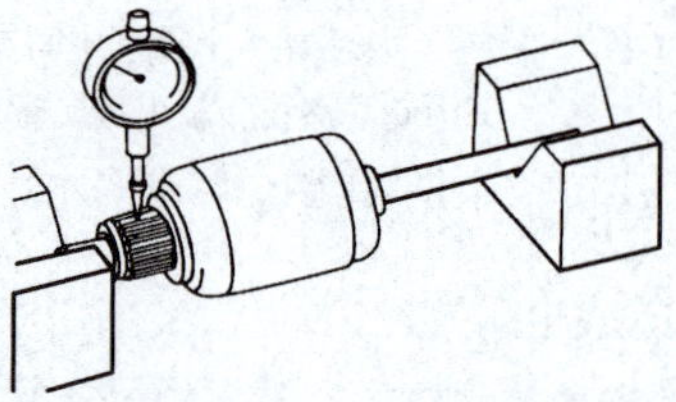
		d. 用游标卡尺检查换向器最小直径。检查时应和标准值进行比较，若测得的直径小于最小值，应更换电枢，如右图所示	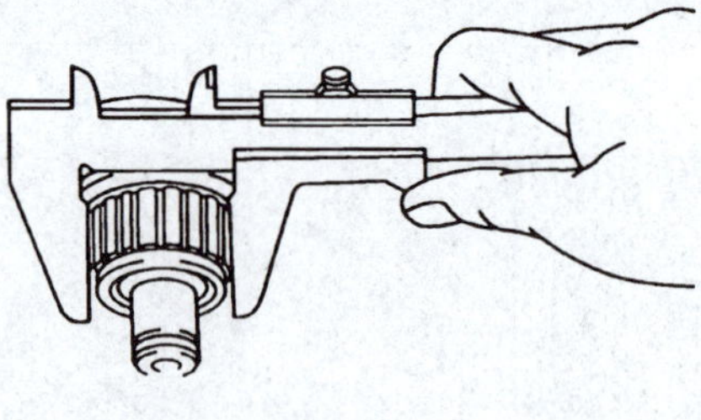
		e. 用百分表检查电枢轴跳动量，其跳动量不应大于 0.08mm，否则应进行校正或更换电枢，如右图所示	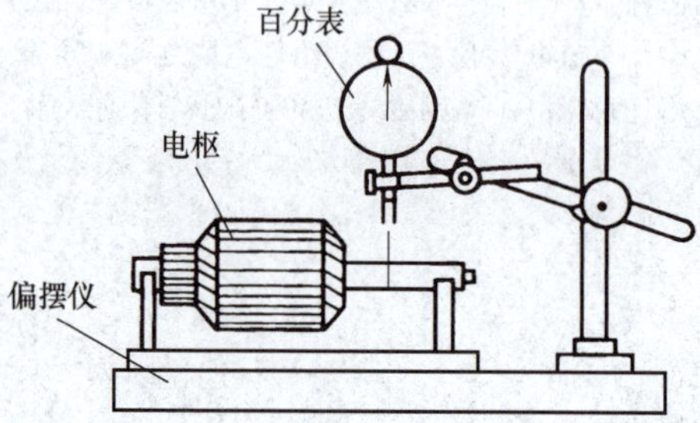 百分表 电枢 偏摆仪

(续)

任 务	操 作	图 示
起动机解体检测 1）直流电动机的检测	②电枢的检查 f. 换向器绝缘片的检查。换向片应洁净，无异物，绝缘片的深度为 0.5~0.8mm，最小深度为 0.2mm，太高应使用锉刀进行修正，如右图所示	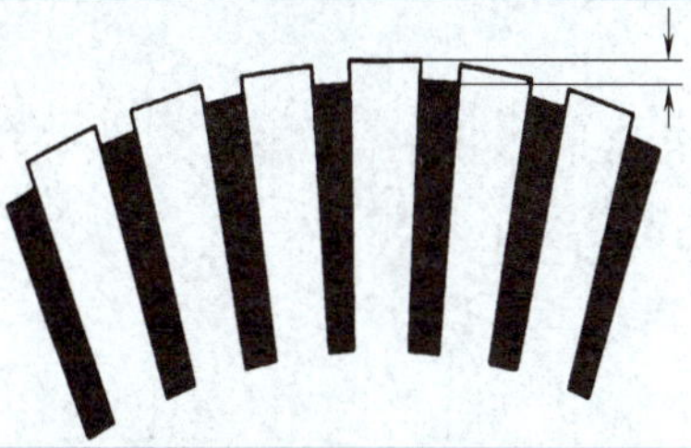
	③电刷、电刷架及电刷弹簧的检查 a. 用游标卡尺测量电刷长度。测量电刷的长度时要结合具体的标准，不小于最小长度标准即可，如右图所示	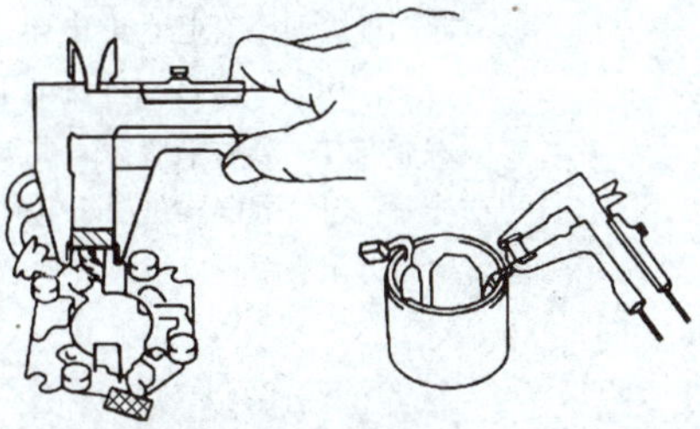
		b. 检查"+"电刷架 A 和"-"电刷架 B 之间是否导通。若导通，应进行电刷架总成的更换，如右图所示 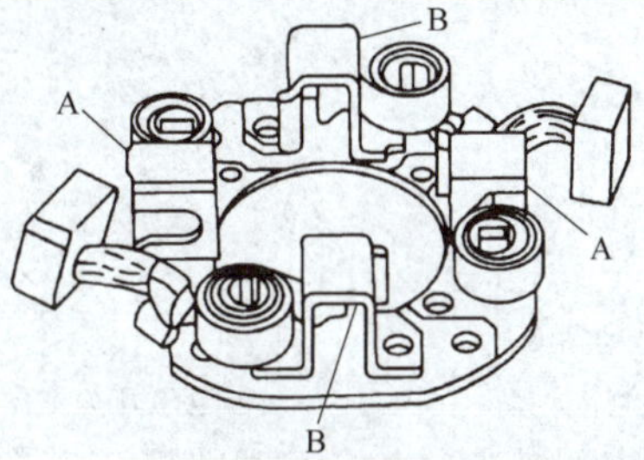
		c. 不同型号起动机的弹簧压力是不同的，若测得弹簧的张力不在规定的范围之内，应更换电刷弹簧，如右图所示 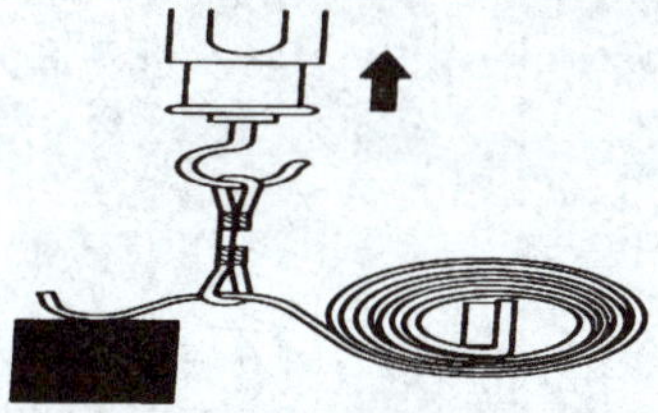
起动机解体检测 2）传动机构的检测	握住电枢，当转动单向离合器外座圈时，驱动齿轮总成应能沿电枢轴自如滑动，检查小齿轮和花键及飞轮齿圈有无磨损和损坏。在确保驱动齿轮无损坏的情况下，握住外座圈，转动驱动齿轮，应能自由转动；反转时应锁住，否则应更换单向离合器	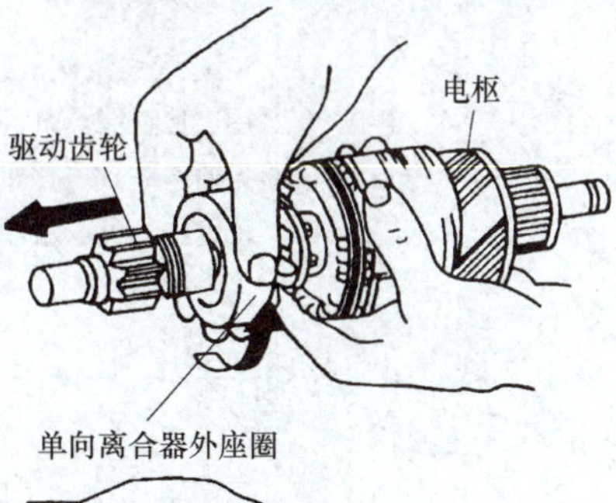 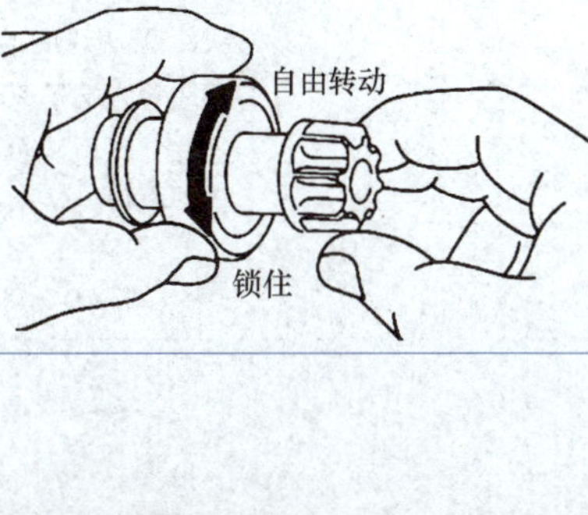

(续)

任 务	操 作	图 示
	起动机构如果有起动继电器，则需要对其进行检查，其检查项目和方法如下：当给继电器线圈通电时，其触点吸合，此时用万用表检查应导通；当给继电器线圈断电时，其触点打开，此时用万用表检查应不通（如右图所示）	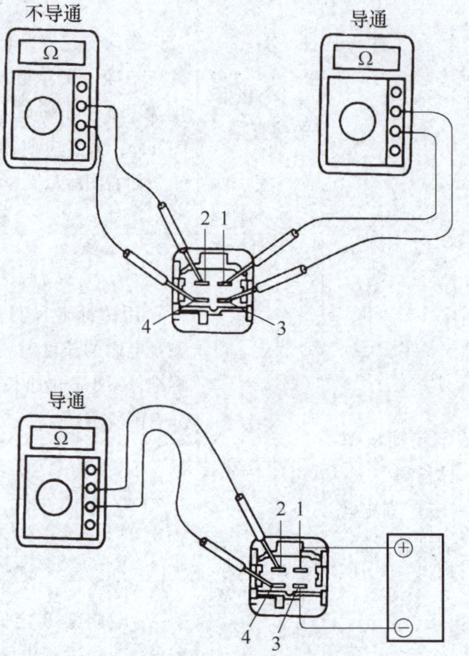
起动机解体检测 3）起动机构的检修	电磁开关在解体情况下检查的项目和方法如下： a. 活动铁心的检查。推入活动铁心，然后松开，活动铁心应能迅速回位	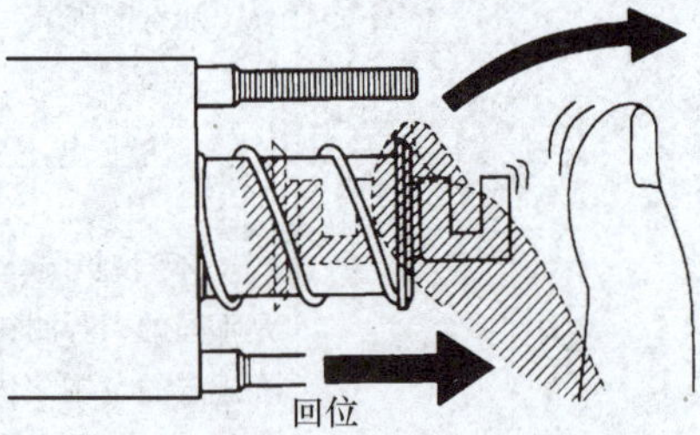
电磁开关的检查	b. 吸引线圈的开路检查。用万用表检查端子50和端子C之间应导通，并且电阻的阻值应在标准范围内，可以进行不解体检查	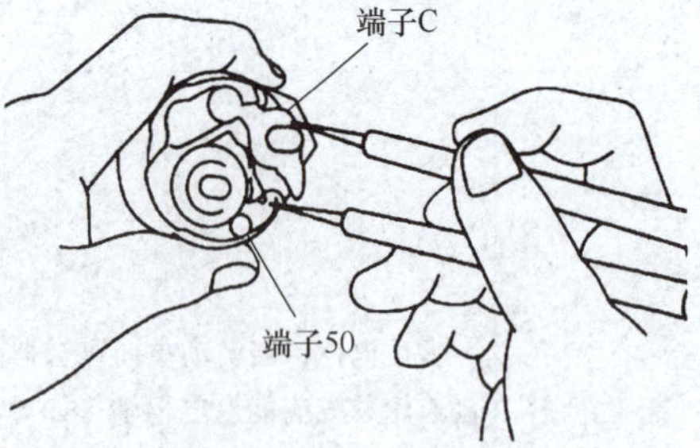
	c. 保持线圈的开路检查。用万用表检查端子50和搭铁之间应导通，并且电阻的阻值在标准范围内，可以进行不解体检查	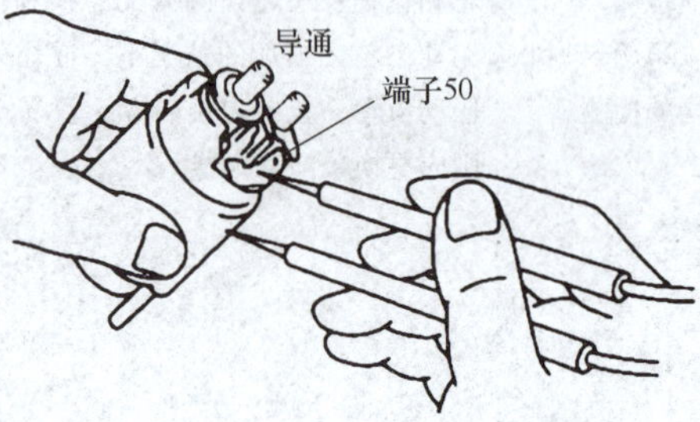

（续）

任 务	操 作	图 示
起动机解体检测 3）起动机构的检修	电磁开关的检查	d. 电磁开关接触片的检查。检查时，可用手推动活动铁心，使其触盘与两接线柱接触，然后用万用表检查端子30和端子C之间应导通，并且在正常情况下电阻的阻值为0	

解体检查结束之后，按照起动机装复的步骤进行装复。在装复之后，应进行性能测试

	考核项目	评分标准	学生自评	小组互评	教师评价	小计
知识目标	掌握起动系统的组成	能完整叙述				
	掌握起动机的组成及各部分的作用	能完整叙述				
技能目标	能够进行起动机的整体检测	会操作				
	能够进行起动机的分体检测	会操作				
素质目标	安全、规范操作	做到做好				
	操作步骤、流程正确完整	正确熟练				
	团队合作	是否和谐				
	现场6S	是否做到				
	总评					

1. 叙述起动机有哪些机构。
2. 电磁开关的两个线圈名称是什么？
3. 叙述用万用表如何检查电磁开关。
4. 叙述用蓄电池如何使电磁开关工作。

任务二　起动控制电路及其检修

目标类型	目标要求
知识目标	1. 了解起动系统的常用电路 2. 掌握起动系统电路的分析方法

(续)

目标类型	目标要求
技能目标	1. 能够分析起动系统控制电路 2. 能够进行起动系统常见故障的诊断和排除

一辆捷达轿车点火开关置于起动档，起动机无反应，要解决这个故障，需要掌握汽车起动系统控制电路的知识和相关维修技能。

一、起动电路概述

起动系统电路有两种形式：一种是不带起动附加继电器的，直接由点火开关起动档控制，如图3-17所示；另一种是带起动继电器的，如图3-18所示。

起动电路可以分为两个部分，一部分是主电路，另一部分为控制电路。

主电路是在起动机工作时为起动机励磁线圈和电枢绕组提供电能（流）的电路。其电路连接路线是：蓄电池正极→主触点1→起动机电磁开关内部的接触盘→主触点2→起动机励磁绕组→电枢绕组→起动机外壳→搭铁→蓄电池负极。

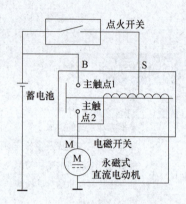

图3-17 不带起动继电器的起动电路

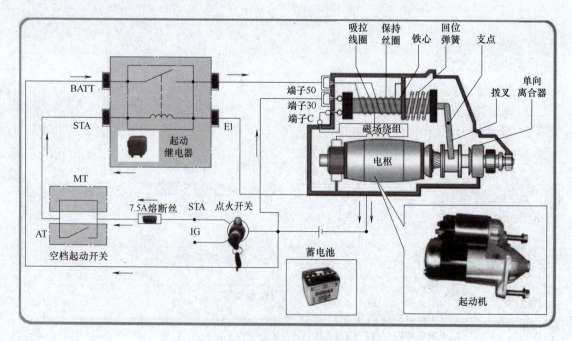

图3-18 带起动继电器的起动电路

控制电路的作用是控制起动机电磁开关动作,一方面使起动主电路接通,另一方面使起动机小齿轮与飞轮接合达到使起动机带动发动机飞轮齿圈转动的目的。不带起动继电器的起动控制电路通过点火开关直接控制起动机电磁开关工作,由于起动机电磁开关在工作时电流较大,容易使点火开关损坏,所以现在的汽车已很少采用。带起动继电器的起动控制电路通过控制起动继电器内的电磁线圈,使继电器内部的动合触点闭合而接通起动电磁开关电路,使起动电磁开关工作。

二、典型起动电路分析

1. 丰田轿车起动电路

如图 3-19 所示,起动继电器的线圈绕组受点火开关 ST2 的控制,如果轿车配置了自动变速器,起动继电器的线圈绕组还受停车/空档继电器的控制,也就是说,只有自动变速器的档位处于停车/空档时,才有可能起动发动机。此外,当点火开关旋到起动位置时,从点火开关的端子 ST2 给发动机 ECU 及组合仪表提供一个信号,用作与起动有关的其他控制或指示。

该图主要体现了起动系统的外部电路,便于查找起动系统电路故障。

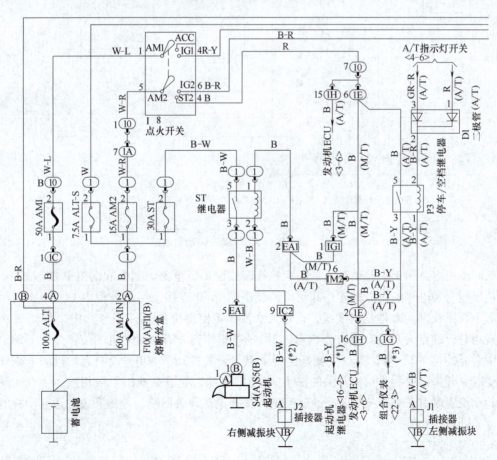

图 3-19 丰田轿车起动电路

2. 上海帕萨特 B5 轿车起动机电路

上海帕萨特 B5 轿车起动机电路如图 3-20 所示。

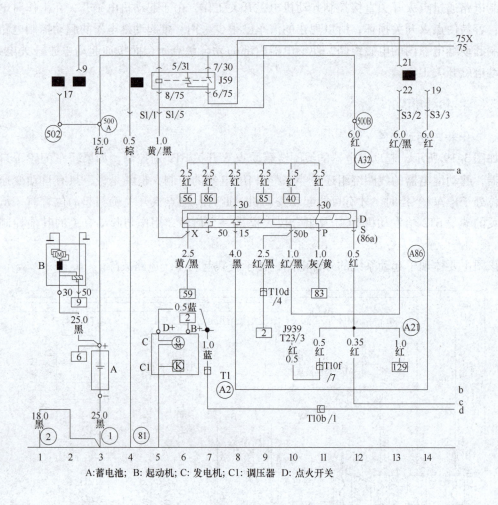

图 3-20 上海帕萨特 B5 轿车起动机电路

该起动机电路属于无起动继电器的直接控制式起动机电路。图中起动机 B 的端子 30 通过黑色导线与蓄电池的正极相连，起动机的控制端子 50 连接到一个方框内的"9"，表示连接最底下长横线（元器件位置横线，这是大众汽车电路图电路连接序号）中，与标有"9"号位置相对应的点火开关 D 上方框内有"2"的方框相连，因为起动机的位置是在下端位置横线中对应的是"2"号位置。也就是连到了点火开关的端子 50b，说明起动机的电磁开关直接受点火开关的控制。点火开关的端子 30 是常电源，与蓄电池的正极相连。当点火开关旋到起动位置时，点火开关的端子 50b 有电，接通电磁开关回路，电磁开关接通起动机的主电路，起动机工作。

3. 上海别克轿车起动电路

（1）点火开关运转档位 当点火开关调至点火档、点火开关信号传递到车身控制单元（BCM），车身控制单元识别点火开关合法后，通过网络线唤醒发动机等控制单元，如图 3-21

所示。

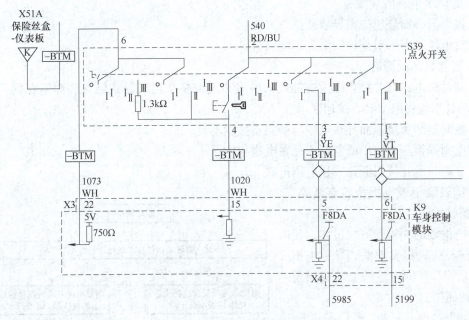

图 3-21 通用汽车点火开关电路

（2）起动档位　电路说明（钥匙起动），当点火开关置于起动档位置时，起动信号传递给车身控制单元，通知其点火开关已置于起动档位置。然后，车身控制单元通过网络线发送信息至发动机控制单元（ECM）。发动机控制单元通过网络线确认变速器置于驻车档或空档。若如此，则发动机控制单元向起动继电器的控制电路提供12V的电压。这时，蓄电池正极电压通过起动继电器的触点提供至起动机电磁线圈的1号端子，起动机开始正常工作。

起动系统常见故障主要有起动机不转、起动机运转无力等。

在诊断与排除起动系统的故障时，要根据控制电路的不同情况来具体分析。现以带起动继电器的控制电路为例进行起动系统故障的诊断与排除。

一、起动机不转的故障诊断与排除

1. 现象

将点火开关旋到起动位置，起动机不运转。

2. 故障原因

该故障可以归纳为电源及电路部分、起动继电器、起动机三类故障。

1）电源及电路部分的故障有：

① 蓄电池严重亏电。

② 蓄电池正、负极柱上的电缆插头松动或接触不良。

③控制电路断路。
2）起动继电器的故障有：
①继电器线圈绕组烧毁导致断路。
②继电器触点严重烧蚀或触点不能闭合。
3）起动机的故障有：
①起动机电磁开关触点严重烧蚀或两触点高度调整不当而导致触点表面不在同一平面内，使触盘不能将两个触点接通。
②换向器严重烧蚀而导致电刷与换向器接触不良。
③电刷弹簧压力过小或电刷卡死在电刷架中。
④电刷与励磁绕组断路或正电刷搭铁。
⑤励磁绕组或电枢绕组有断路、短路或搭铁故障。
⑥电枢轴的铜衬套磨损过多，使电枢轴偏心或电枢轴弯曲，导致电枢铁心"扫膛"（即电枢铁心与磁极发生摩擦或碰撞）。

3. 故障诊断与排除

检测之前保证蓄电池已充电，且电磁开关上的导线插头、发动机、车身与蓄电池负极之间接线良好，无氧化和烧蚀。起动机不转故障诊断流程如图3-22所示。

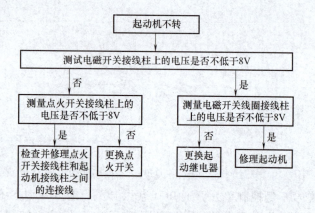

图3-22 起动机不转故障诊断流程图

二、起动机起动无力的故障诊断与排除

1. 现象

将点火开关旋至起动档时，起动机能运转，但功率明显不足，时转时停。

2. 故障原因

1）蓄电池储电不足或有短路故障致使供电能力降低。
2）起动机主回路接触电阻增大使起动机工作电流减小。接触电阻增大的原因包括：蓄电池正、负极柱上的电缆紧固不良；起动机电磁开关触点与导电盘烧蚀；电刷与换向器接触不良或换向器烧蚀等。
3）起动机磁场绕组或电枢绕组匝间短路使起动机输出功率降低。
4）起动机装配过紧或有"扫膛"现象。
5）发动机转动阻力矩过大。

3. 故障诊断与排除

在排除发动机故障导致转动阻力太大的基础上，按图3-23所示流程进行故障诊断。

三、起动机其他故障诊断与排除

起动机其他故障包含起动机空转、驱动齿轮与飞轮齿圈啮合异响、电磁开关异响等。

1. 起动机空转的故障诊断与排除

1）现象：起动发动机时，起动机运转且转速很高，响声较大而发动机不运转。

2）故障原因：单向离合器打滑，不能传递驱动转矩。

3）排除方法：更换单向离合器后故障即可排除。

2. 驱动齿轮与飞轮齿圈啮合异响的故障诊断与排除

1）现象：起动发动机时，驱动齿轮不能顺利啮入飞轮齿圈，有齿轮撞击声。

2）故障原因：

① 驱动齿轮轮齿或飞轮齿圈轮齿磨损严重或个别齿损坏。

② 起动机调整不当，驱动齿轮端面与端盖凸缘间的距离过小。当驱动齿轮与飞轮齿圈尚未啮合或刚刚啮合时，起动机主电路就已接通，于是驱动齿轮高速旋转着与静止的飞轮齿圈啮合而发出撞击声。

3）排除方法：若是齿轮磨损或个别齿损坏，则更换驱动齿轮、飞轮齿圈；若是起动机调整不当，则按要求调整好起动机。

3. 起动机电磁开关异响的故障诊断与排除

1）现象：起动发动机时，电磁开关发出"哒、哒、哒"的声音。

2）故障原因：

① 电磁开关保位线圈断路或搭铁不良。

② 蓄电池严重亏电或内部短路。

③ 起动继电器触点断开电压过高。

3）排除方法：起动发动机时，用万用表检测蓄电池电压，不得低于9.6V。如果电压过低，说明严重亏电或内部短路，应予以更换。若蓄电池没有问题，起动时电磁开关仍有"哒、哒、哒"的声音，应拆检电磁开关的保位线圈是否断路或搭铁不良；对于个别车型，还有可能是起动继电器的断开电压过高，应检查其断开电压。

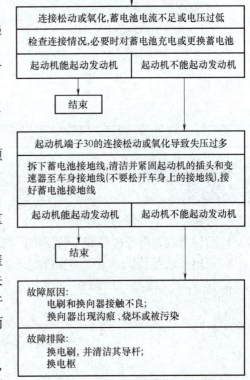

图 3-23　起动机起动无力故障诊断流程图

考 核 项 目		评 分 标 准	学生自评	小组互评	教师评价	小计
知识目标	掌握起动系统电路的种类及特点	能完整叙述				
	掌握带起动继电器的控制电路	能完整叙述				

(续)

考核项目		评分标准	学生自评	小组互评	教师评价	小计
技能目标	能够进行起动系统控制电路分析	会分析				
	能够进行起动系统常见故障诊断与排除	能够诊断、排除				
素质目标	安全、规范操作	做到做好				
	操作步骤、流程正确完整	正确熟练				
	团队合作	是否和谐				
	现场6S	是否做到				
总评						

1. 分析不带继电器的起动电路。
2. 简述带起动继电器的和不带继电器的起动电路的区别。
3. 简单叙述起动机不工作的检修步骤。

项目四

汽车照明系统的检修

▶【项目描述】

汽车照明系统主要用于汽车夜间行车照明、车厢照明、仪表照明。本项目主要学习汽车照明系统中前照灯、雾灯、示廓灯的组成、电路控制及故障检修。

▶【重点难点】

重点：汽车照明系统的组成、各种灯的拆装和电路分析与检修。
难点：汽车照明系统电路分析与检修。

任务一　汽车照明灯具检修

学习目标

目标类型	目标要求
知识目标	1. 了解汽车照明系统的组成与作用 2. 熟悉前照灯的作用、分类、构造及防炫目措施 3. 掌握常见照明系统电路图的识图和电路分析方法
技能目标	1. 能够正确分析照明系统电路图，能用前照灯检测仪对前照灯进行检测和调整 2. 能够对照明系统的常见故障进行检测、诊断和排除

一辆捷达轿车左前照灯不亮，要解决这个故障，需要掌握汽车照明系统的知识和相关的维修技能。

一、汽车照明系统概述

汽车照明灯是汽车夜间行驶必不可少的照明设备，为了提高汽车的行驶速度确保夜间行车的安全，汽车上装有多种照明设备。汽车照明灯根据安装位置和用途不同，一般可分为外部照明装置和内部照明装置。汽车照明灯的种类、特点及用途见表4-1。

表4-1　汽车照明灯的种类、特点及用途

种　类	外 照 明 灯			内 照 明 灯		
	前照灯	雾灯	牌照灯	顶灯	仪表灯	行李舱灯、门灯
工作时的特点	白色常亮，远近光变化	黄色或白色，单丝常亮	白色常亮	白色常亮	白色常亮	白色常亮
用途	为驾驶人安全行车提供保障	雨雪雾天气保证有效照明及提供信号	用于汽车尾部牌照照明	用于夜间车内照明	用于夜间观察仪表时的照明	用于夜间拿取行李物品时的照明

前照灯除了照亮车辆前方的道路和物体，确保行车安全外，还利用远光、近光交替变换作为夜间超车、会车信号。前照灯应能保证提供车前150m以内路面明亮、均匀的照明，并且不应对迎面来车的驾驶人造成炫目。随着高速公路的建成，汽车行驶速度的提高，要求汽车前照灯的照明距离也相应地增长，现代有些汽车的前照灯照明距离已达到250m。

二、前照灯的结构与工作原理

汽车前照灯一般由光源（灯泡）、反光镜、配光镜（散光镜）三部分组成。

1. 灯泡

目前汽车前照灯所用的灯泡有普通灯泡（白炽灯泡）、卤素灯泡和高压放电氙灯，如图 4-1 所示，前两种灯泡的灯丝均采用熔点高、发光强的钨制成。

（1）白炽灯泡 白炽灯泡灯丝用钨丝制成，将玻璃泡内空气抽出，然后充以 86% 的氩气和约 14% 的氮气的混合惰性气体以减少钨丝受热蒸发，延长其使用寿命，灯丝制成紧密的螺旋状。灯泡在长期使用后发黑，表明灯丝的损耗依然存在，因此并不能阻止钨丝的蒸发。目前已基本淘汰了。

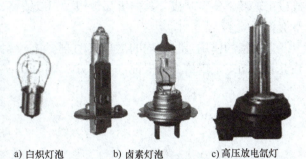

a) 白炽灯泡　　b) 卤素灯泡　　c) 高压放电氙灯

图 4-1　前照灯的灯泡

（2）卤素灯泡 常见为卤钨灯泡，卤钨灯是在惰性气体中加入了一定量的卤族元素（如碘、溴），使得从灯丝上蒸发出来的气态钨与卤族元素反应生成了一种挥发性的卤化钨，在扩散到灯丝附近的高温区域后又受热分解，使钨重新回到灯丝上，如此循环防止了钨的蒸发和灯泡黑化的现象。白炽灯泡发光效率一般为 8~12lm/W，卤素灯泡发光效率可达 18~20lm/W，比白炽灯泡高 50% 以上。由于卤钨灯泡体积小、耐高温、发光强度高、使用寿命长，故而目前得到广泛的应用。

（3）高压放电氙灯（图 4-2） 高压放电氙灯又称为气体放电式灯（HID），它用包裹在石英管内的高压氙气替代传统的钨丝，它利用配套电子镇流器，将汽车电池提供的 12V 直流电通过振荡电路转变为较高频率的交流电，起动瞬间通过升压变压器提升到 23kV 以上的触发电压，将氙气前照灯中的氙气电离形成电弧放电，通过灯泡里边的金属卤化物蒸发使电弧稳定发光，为汽车提供稳定的前照灯照明系统。高压放电氙灯的组件系统由弧光灯组件、电子控制器、升压器三部分组成。

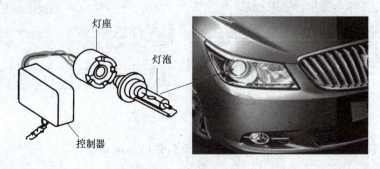

图 4-2　高压放电氙灯图

氙灯是采用高压电流激活氙气而形成一束电弧光，可在两电极之间持续放电发光。普通汽车灯泡的功率为 65W，要达到相同的光照条件，氙灯仅需 35W，功率减少近一半，氙灯可明显减轻车辆电力系统的负担。氙灯的色温为4000~6000K，远远高于普通灯泡。它亮度高，氙灯的光色有多种颜色可选，原装车上一般为4300K，因其色温与日光接近、穿透力强，可以提高夜间的行车安全性，还有助于缓解驾驶人夜间行驶的紧张与疲劳。从应用前景看，氙灯将会成为市场的主流。

2. 反射镜

反射镜的表面形状呈旋转抛物面，如图4-3所示，一般由0.6~0.8mm的薄钢板冲压而成或由玻璃、塑料制成。其内表面镀银、铝或镀铬，然后抛光处理。目前反射镜内面采用真空镀铝的较多。

反射镜的作用是将灯泡的散射（直射）光反射成平行光束，使光照度大大增强，可增强几百倍乃至上千倍，以保证汽车前方150~400m范围内足够的照明，如图4-4所示。

 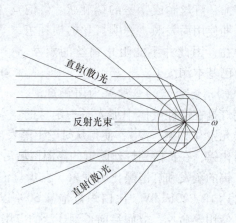

图4-3 半封闭式前照灯的反射镜　　　　图4-4 反射镜的作用

3. 配光镜

配光镜又称散光玻璃，由透光玻璃压制而成，是多块特殊棱镜和透镜的组合体，外形一般为圆形和矩形，如图4-5所示。

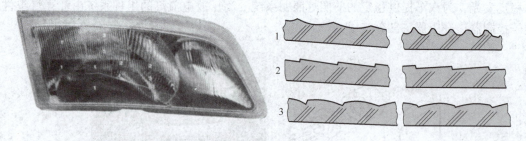

图4-5 配光镜及其剖面棱镜形状

配光镜的作用是将反射镜反射出来的光线进行折射与反射，以扩大光照的范围，使照射区域的光照度分布符合标准要求。

三、前照灯的种类

目前，前照灯的常用类型有半封闭式、全封闭式两种。半封闭式前照灯的散光玻璃与反射镜紧固结合为一整体,构成泡体,灯泡从泡体后端拆装,维修方便,是目前汽车上前照灯应用最为广泛的一种,如图 4-6 所示。全封闭式前照灯的散光玻璃与反射镜用玻璃制成整体,灯丝直接焊在反射镜的底座上,泡体内充入惰性气体,如图 4-7 所示。它可完全避免反射镜被污染,但灯丝损坏时需整体更换,维修成本高。

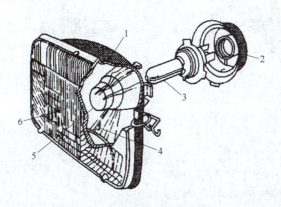 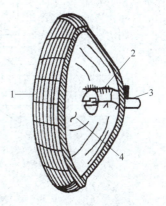

图 4-6 半封闭式前照灯
1—灯壳 2—灯泡卡盘 3—灯泡
4—反射镜 5—玻璃球面 6—配光镜

图 4-7 全封闭式前照灯
1—配光镜 2—灯丝
3—插片 4—反射镜

四、前照灯防炫目的措施

当前照灯射出的强光突然映射进人的眼睛时,会由于视神经受刺激而失去对眼睛的控制,本能地闭上眼睛,或只能看到亮光而看不见暗处物体的生理现象称为炫目。行车过程中驾驶人炫目时很易发生交通事故。为了避免前照灯的炫目作用,保证夜间行车安全,一般在汽车上都采用防炫目的措施。

1. 车外的防炫目措施

车外防炫目措施是指不给对方车辆造成炫目的措施,常用措施有如下几种。

(1) 采用带有遮光屏的双丝灯泡的前照灯 双丝灯泡的一根灯丝为"远光",另一根为"近光",如图 4-8 所示。远光灯丝功率较大,位于反射镜的焦点;近光灯丝功率较小,位于焦点上方(或前方)。当夜间行驶无迎面来车时,可用远光灯丝,使前照灯光束射向远方,便于提高车速。当两车会车时,用近光灯丝,使光束倾向路面,从而避免迎面来车驾驶人炫目,并使车前 50m 内的路面被照得十分清晰。

远光灯丝位于反射镜的焦点处,近光灯丝位于焦点前方且稍高出光学轴线,其下方装有金属配光镜,由近光灯丝射向反射镜上部的光线反射后倾向路面,而配光镜挡住了灯丝射向反射镜下半部的光线,故没有向上反射能引起炫目的光线,如图 4-9b 所示。

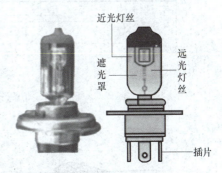

图 4-8 前照灯双丝灯泡

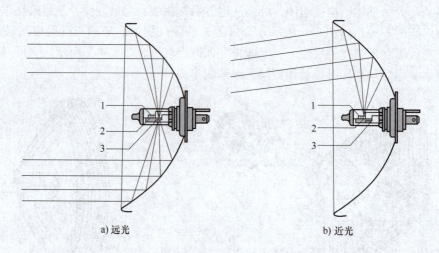

图 4-9 远光和近光反射效果
1—近光灯丝 2—配光镜 3—远光灯丝

（2）采用非对称配光　配光镜安装时偏转一定的角度，左侧边缘倾斜15°，使近光的光形有一条明显的明暗截止线，如图 4-10 所示，上方Ⅲ区是一个明显的暗区，该区点 B50L 表示相距 50m 处迎面驾驶人的眼睛位置，下方区域Ⅰ、Ⅱ、Ⅳ区及右上约 15°内是一个亮区，可有效地照亮车前道路和右侧人行道。会车时的灯光效果如图 4-11 所示。

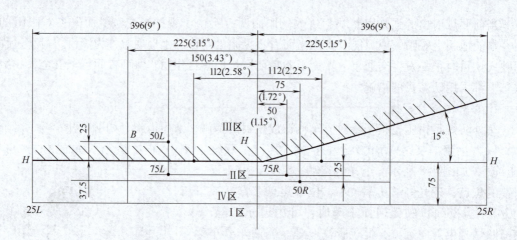

图 4-10　近光配光图（测定距离：25m 单位：cm）
Ⅰ、Ⅱ、Ⅳ—亮区　Ⅲ—暗区

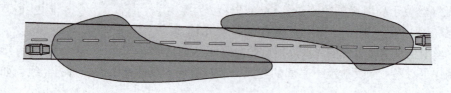

图 4-11　非对称配光会车时的灯光效果图

这种非对称形的配光性能，称为欧洲式配光，是比较理想的配光。

（3）采用前照灯自动变光器　汽车前照灯自动变光器是一种根据对方车辆灯光的亮度自动变远光为近光或变近光为远光的自动控制装置。它的优点是实现了自动控制，不需要驾驶人操纵，它的体积小，性能稳定可靠，且灵敏度高。

在夜间两车相对行驶，当相距 150～200m 时，对方的灯光照射到自动变光器上，自动变光器就立即自动变远光为近光，从而有效地避免了远光使对方驾驶人炫目，待两车相会后，变光器自动变近光为远光。

2. 车内的防炫目措施

车内防炫目是指当后方车辆的前照灯灯光照射进驾驶室内的后视镜上，通过反射对驾驶人造成的炫目。常用车内防炫目措施是使用防炫目后视镜。

（1）手动防炫目后视镜　手动防炫目后视镜的镜片不是一个厚度相同的平面镜，而是一个有 10° 左右夹角的楔形镜。其材质上端厚度要比下端厚，普通状态下光线通过背部的镜面镀膜折射后映入驾驶人的眼睛，而在扳动到防炫目后，整个镜面会向上调整 10° 左右（与镜子截面夹角相同），此时驾驶人观察到的实际上是后视镜半透镀膜透光层，它对光线的折射率较低，因此起到防炫目的效果。

（2）自动防炫目后视镜　后方车辆前照灯灯光照射在车内后视镜上时，如果后面灯光的发光强度大于前面灯光的发光强度，电子控制器将输出一个电压到导电层上，导电层上的这个电压改变镜面电化层颜色，电压越高，电化层颜色越深，此时即使再强的照射光照到后视镜上，经防炫目车内后视镜反射到驾驶人眼睛中都显示暗光，不会耀眼。镜面电化层根据后方光线的入射强度，自动持续变化以防止炫目。当车辆倒车时，防炫目车内后视镜防眩功能被解除，右外后视镜自动映像地面。

五、自适应前照灯

1. 左右调节前照灯（AFL）系统

AFL 系统主要由前照灯开关、前照灯控制模块及前照灯执行器等组成，它可以随着转向盘的转动自动调节前照灯左右照射的角度，且左前照灯可以左转 15°、右转 5°，右前照灯可以左转 5°、右转 15°，如图 4-12 所示。

2. 上下调节前照灯（AHL）系统

AHL 系统主要由前照灯开关、前照灯控制模块、高度传感器及高度调节器等组成，如图 4-13 所示。当车辆的载荷和行驶状态发生变化时，前照灯控制模块通过前、后高度传感器的输入信号进行判断，自动保持车辆的俯仰角度。

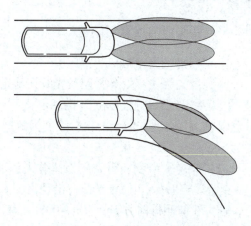

图 4-12　AFL 系统工作示意图

3. 自适应前照灯系统

自适应前照灯系统（Adaptive Front Lighting System，AFS）是指能自动改变两种以上的光型以适应车辆行驶条件变化的前照灯系统。AFS 是目前国际上在车灯照明领域最新的技术

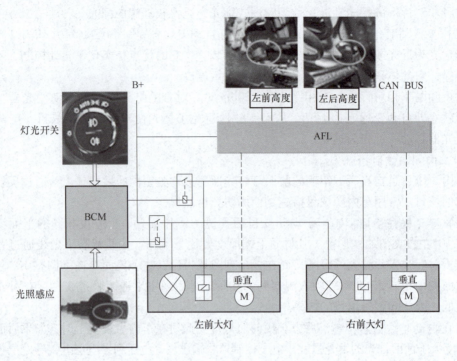

图 4-13 AHL 系统组成

之一，同时也是一个和行车安全息息相关的主动式安全系统。

一、前照灯的检查与调整

1. 前照灯的检验指标

（1）**发光强度** 发光强度是光线在给定方向上发光强弱的度量，其单位为坎德拉，用符号 cd 表示。按国际标准单位 SI 的规定，若一个光源在给定方向上发出频率为 540×10^{12} Hz 的单色辐射，且在此方向上的辐射强度为每球面度 1/683W 时，则此光源在该方向上的发光强度为 1cd。

（2）**照度** 照度表明受光物体被光源照明的程度，其单位为勒克斯，用符号 lx 表示。1 勒克斯等于 1.02cd 的点光源在半径为 1m 的球面上产生的光照度。在用前照灯检测仪测量时，通常在前照灯前方 3m、1m、0.5m、0.3m 的距离进行测量，并将该测量值当作前照灯前方 10m 处的照度，换算成发光强度进行检验。

（3）**光束照射方位的偏移值** 如果把前照灯最亮的地方看作是光束的中心，则它对水平、垂直坐标轴交点的偏离，即表示它的照射方位的偏移。其偏移的尺寸就是光束照射方位的偏移值，亦称光轴的偏斜量。

2. 前照灯检测仪

前照灯检测设备分为聚光式、屏幕式、投影式和自动追踪光轴式等类型，这些不同类型的前照灯检验仪都是由接收前照灯光束的受光器、使受光器与汽车前照灯对正的校准装置、前照灯发光强度指示装置、光轴偏斜方向和偏斜量指示装置以及支柱、底板、导轨、汽车摆正找准装置等组成。

（1）**聚光式前照灯检测仪** 聚光式前照灯检测仪如图 4-14 所示。它是在 1m 的测量距离内，用受光器的聚光透镜把前照灯的散射光束聚合起来，根据其对光电池的照射强度，来检验前照灯的发光强度和光轴偏斜量的。

检测方法：

① 将被检汽车驶近至规定距离，且与检测仪导轨垂直。

② 用车辆摆正找准器使检测仪与被测汽车对正。

③ 打开前照灯，用前照灯找准器使检测仪与前照灯对正。

④ 将光度、光轴转换开关扳向光轴侧。

⑤ 转动光轴刻度盘，使光轴偏斜指示计指零，此时光轴刻度盘上的指示值即为光轴偏斜量。

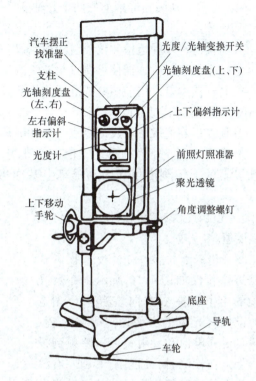

图 4-14 聚光式前照灯检测仪

⑥ 光轴刻度盘不动，将光度、光轴转换开关拨向光度侧，此时光度计的指示值即为前照灯的发光强度值。

（2）**屏幕式前照灯检验仪** 屏幕式前照灯检验仪如图 4-15 所示。在固定的屏幕上装有可以左右移动的活动屏幕，活动屏幕上装有能上下移动的内部带光电池的受光器。检验时，移动受光器和活动屏幕，使光度计的指示值最大，指示值即为发光强度值，当前位置即为主

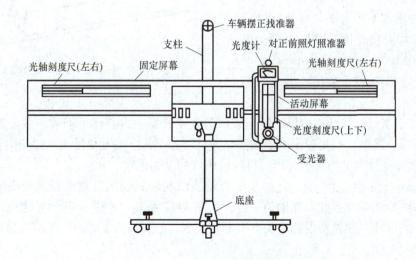

图 4-15 屏幕式前照灯检验仪

109

光轴照射位置,从装在屏幕上的两个光轴度尺即可读得光轴偏斜量。

检测方法:

① 将被测汽车驶近检测仪,且距检测仪 3m,方向垂直于检测仪导轨。

② 用车辆摆正找准器使检测仪与被测汽车对正。

③ 打开前照灯,用前照灯找准器使检测仪与前照灯对正(固定屏幕调整到和前照灯同样高度,受光器与前照灯中心重合)。

④ 使左、右光轴刻度尺的零点与活动屏幕上的基准指针对正。

⑤ 将受光器上下左右移动,使光度计指示达到最大值。此时受光器上基准指针所指活动屏幕的上下刻度值和活动屏幕上基准指针所指固定屏幕左右刻度值即为光轴的偏斜量。

⑥ 光度计上的指示值即为前照灯发光强度值。

(3) 投影式前照灯检验仪 投影式前照灯检验仪如图 4-16 所示。在聚光透镜的上下和左右方向装有 4 个光电池。前照灯光束的影像通过聚光透镜、光度计的光电池和反射镜后,映射到投影屏上。在检测时,通过上下和左右移动受光器使光轴偏斜指示计的指针指向零位,即上下与左右光电池的受光量相等,从而找到被测前照灯主光轴的方向。然后,根据投影屏上前照灯光束影像的位置,即可得出主光轴的偏斜量;同时,可从光度计的指示值得出发光强度。

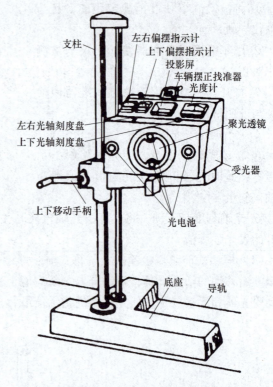

图 4-16 投影式前照灯检验仪

检测方法:

① 将被测汽车尽可能与导轨保持垂直方向驶近检验仪,使前照灯与检验仪受光器相距 3m。

② 用车辆摆正找准器使检验仪与被测车对正。

③ 开亮前照灯,移动检验仪,使光束照射到受光器上,并使上下和左右光轴偏斜指示计指示值为零。此时,根据投影屏上前照灯光束影像位置,即可得出光轴的偏斜量。

④ 根据光度计上的指示值,即可得出前照灯的发光强度。

(4) 自动追踪光轴式前照灯检验仪 自动追踪光轴式前照灯检验仪采用受光器自动追踪光轴的方法检测发光强度和光轴偏斜量,如图 4-17 所示。在受光器聚光透镜的上下与左右装有 4 个光电池,受光器内部也装有 4 个光电池,分别构成主、副受光器,透镜后中央部位装有中央光电池。

当前照灯光束照射到受光器上时,若前照灯光束照射方向偏斜,则主、副受光器上下或

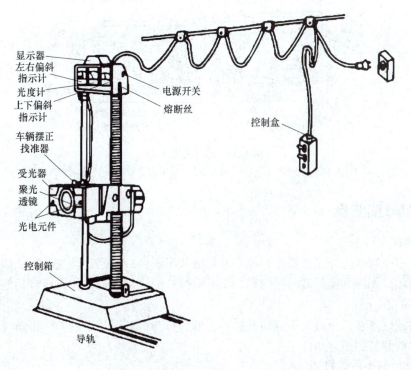

图 4-17 自动追踪光轴式前照灯检验仪

左右光电池的受光量不等,它们分别产生的电流失去平衡,由其电流的差值控制受光器上下移动的电动机或控制箱左右移动的电动机运转,并通过钢丝绳牵动受光器上下移动或驱动控制箱在轨道上左右移动,直至受光器上下、左右光电池受光量相等为止。这就是自动追踪光轴,追踪时受光器的位移由光轴偏斜指示计指示,发光强度由光度计指示。

自动追踪光轴式前照灯检验仪的检测方法较简单、方便,其检测的自动化程度和检测效率高,也便于和其他检测设备联成汽车全自动检测线。

检测方法:

① 将被测汽车尽可能与导轨保持垂直方向驶近检验仪,使前照灯与检验仪受光器相距 3m。

② 用汽车摆正找准器使检验仪与被测汽车对正。

③ 开亮前照灯,接通检验仪电源,用控制器上的上下、左右控制开关移动检验仪的位置,使前照灯光束照射到受光器上。

④ 按下控制器上的测量开关,受光器随即追踪前照灯光轴,根据光轴偏斜指示计和光度计的指示值,即可得出光轴偏斜量和发光强度。

3. 前照灯的调整

如前照灯光束照射位置不正确,应按厂家规定的方法予以正确调整,使之符合技术标准。前照灯的调整一般分为外侧调整和内侧调整两种,如图 4-18 所示。

目前有些汽车上面采用了电动调节前照灯技术,即在驾驶室内设调节旋钮,通过控制电路控制步进电机的进、出,从而改变前照灯的照射位置。

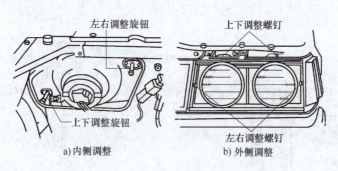

图 4-18　前照灯的调整

1—左右调整螺钉　2—上下调整螺钉　3—左右整钮　4—上下调整钮

二、前照灯的更换

1. 更换真空灯芯

前照灯不亮时,首先要查看是否插座和导线状况不良,或是熔丝烧断了。如果确定是前照灯灯泡损坏,先拆下前照灯的装饰罩,卸下前照灯的固定螺钉,如果还有其他配件妨碍拆卸,应一并卸下。

取下前照灯灯芯,小心拔下导线及插头,然后按与拆卸时相反的顺序将新灯芯装复。装复后应调整前照灯的照射角度。

2. 更换前照灯卤素灯泡

当卤素灯泡烧坏时,拆下前照灯的导线和插头,取下防尘盖、橡胶灯座和烧坏的卤素灯泡。然后,按与拆卸时相反的顺序将灯泡装复。

考核项目		评分标准	学生自评	小组互评	教师评价	小计
知识目标	掌握照明系统的组成	能完整叙述				
	掌握前照灯的组成与种类	能完整叙述				
技能目标	能够进行前照灯的检测	会操作				
	能够进行前照灯的调整与更换	会操作				
素质目标	安全、规范操作	做到做好				
	操作步骤、流程正确完整	正确熟练				
	团队合作	是否和谐				
	现场 6S	是否做到				
	总评					

1. 前照灯的种类有哪些?
2. 远光和近光的区别主要是什么?
3. 如何检查前照灯?

任务二　汽车照明系统控制电路检修

 学习目标

目标类型	目标要求
知识目标	1. 了解汽车照明系统控制电路的组成与作用 2. 熟悉前照灯的控制元件的种类与结构 3. 掌握常见照明系统控制电路图的识图和电路分析方法
技能目标	1. 能够正确分析照明系统电路图，能用前照灯检测仪对前照灯进行检测和调整 2. 能够对照明系统的常见故障进行检测、诊断和排除

一辆雪弗兰轿车左前照灯不亮，要解决这个故障，需要掌握汽车照明系统的知识和相关维修技能。

汽车照明系统由电源、照明灯具、控制装置等组成。普通前照灯控制装置主要由灯光开关、变光开关、前照灯继电器及前照灯组成，目前有很多车灯是由车身控制单元控制。前照灯控制电路一般有3个档位，即关闭（Off）、示廓灯档（Park）、前照灯档（Head）。示廓灯档控制示廓灯、牌照灯和仪表灯，前照灯档控制远光灯和近光灯。

一、前照灯控制装置检修

1. 灯光开关

灯光开关有拉杆式、旋转式和组合式等多种形式，现代汽车上应用较多的是一体式组合开关。

图4-19所示为一种丰田汽车使用的组合开关。转动开关端部，便可依次接通尾灯（包括位灯）和前照灯，将开关向下压，由近光变为远光，将开关向上扳，可变为远光（此位置用来作为行车时的超车信号），松手后开关自动弹回近光位置，前、后扳动开关，可使左、右转向灯工作。

灯光开关与前照灯电路灯光开关在Off档时，关闭所有灯电路，如图4-20

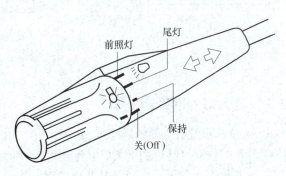

图4-19　丰田汽车使用的组合开关

所示；在 Park 档时，接通接线柱 3 接通示廓灯、尾灯、牌照灯和仪表灯；在 Head 档时，接通接线柱 2 接通前照灯电路，Park 档电路继续接通；仪表灯的亮度调节旋钮是一个变阻器组成，可单独安装在仪表板上，也可以安装在灯光开关上。在灯光开关上有两个接线柱 1 和 5，分别给前照灯电路和示廓灯电路供电，防止当一个电路出现断路故障时，全车灯均不亮。

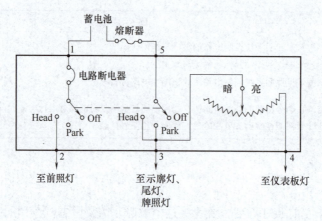

图 4-20　灯光开关的结构

2. 前照灯继电器

前照灯的工作电流较大，若用车灯开关直接控制前照灯，车灯开关易烧坏，因此在前照灯电路中设有灯光继电器。它由一对触点和一个磁化线圈组成，有 4 个引脚，为常开式继电器，如图 4-21 所示。

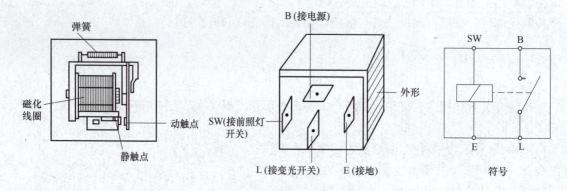

图 4-21　前照灯继电器

二、前照灯的控制电路

1. 带有前照灯继电器的照明电路

随着汽车前照灯亮度的增大，其远光灯丝功率较大，为了保护车灯照明开关，避免触点烧蚀，大多数汽车采用了灯光继电器来控制，如图 4-22 所示。

从电路可知：所有照明灯的控制方式与上述电路基本相同，只有前照灯的供电电流经过前照灯继电器的触点。

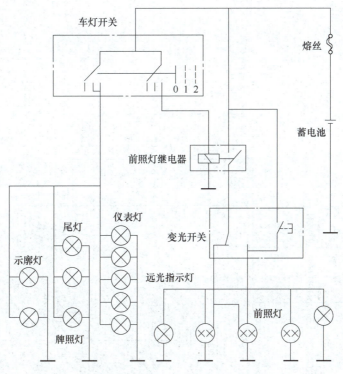

图 4-22　带前照灯继电器的照明电路

2. 车身控制单元控制的照明电路

随着电控技术的不断发展，目前一些汽车的照明灯电路也采用电子控制形式，如 2013 款雪弗兰轿车照明电路，如图 4-23 所示。

前照灯远光继电器始终由蓄电池电压供电。按下转向信号/多功能开关，使转向信号/多功能开关信号电路搭铁。车身控制模块（BCM）通过向前照灯远光继电器控制电路提供搭铁，使远光继电器通电。当前照灯远光继电器通电时，继电器开关触点闭合，通过远光灯熔丝提供蓄电池电压至远光灯电源电压电路，从而使远光灯亮。

当前照灯开关置于近光位置时，车身控制模块（BCM）通过相应的电源电压电路向前照灯提供电压。

三、雾灯的控制电路

雾灯一般采用波光较长的黄色、橙色或红色光，其穿透能力强，用来在雨雾天气行车时道路的照明和发出警示。雾灯有前雾灯和后雾灯两种。前雾灯装于汽车前部比前照灯稍低的位置，左、右各一个。后雾灯装于汽车尾部，有些车辆只一个后雾灯，如桑塔纳轿车（左后方规格 12V/21W）。常用的雾灯系统控制电路如图 4-24 所示。

工作过程：按下雾灯开关，雾灯继电器磁化线圈有电流通过，其动合触点闭合；蓄电池电流经雾灯继电器动合触点至雾灯接地，雾灯亮。雾灯一般由车灯开关和雾灯开关控制。

2013 款雪弗兰轿车雾灯是用车身控制模块控制的，其雾灯控制电路如图 4-25 所示。

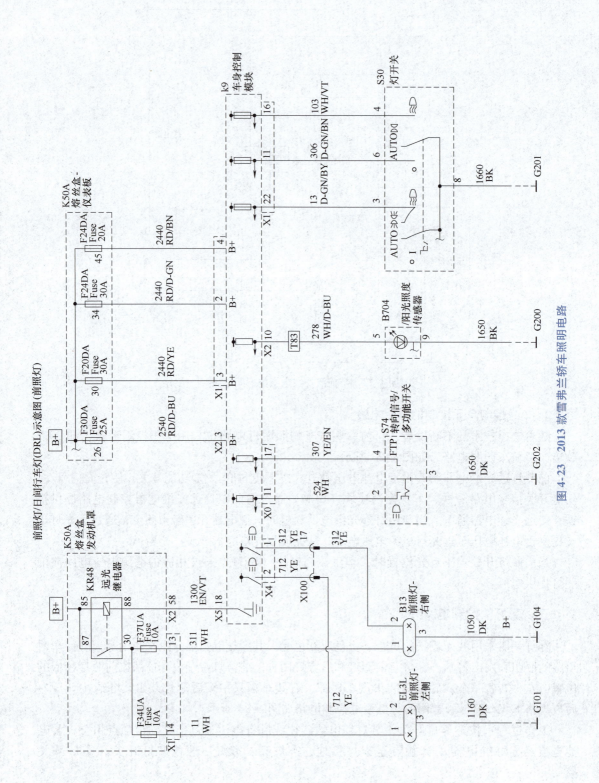

图 4-23 2013 款雪兰轿车照明电路

图 4-24 常用的雾灯系统控制电路

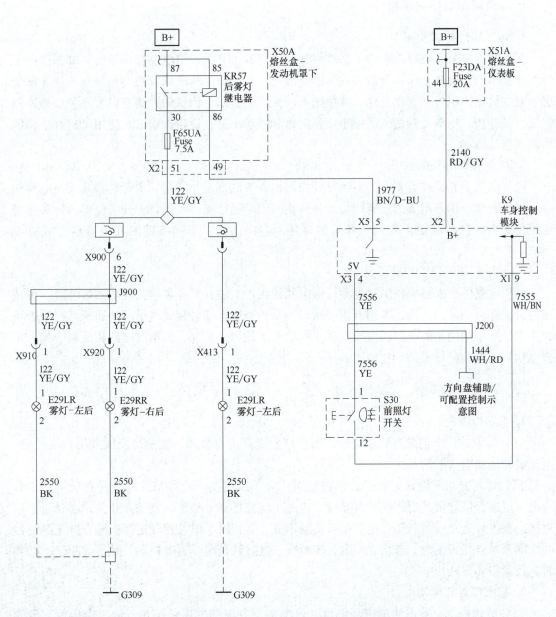

图 4-25 2013 款雪弗兰轿车雾灯控制电路

前雾灯继电器始终由蓄电池电压供电。通过按下前雾灯开关，使前雾灯开关信号电路瞬时搭铁。车身控制模块（BCM）通过向前雾灯继电器控制电路提供搭铁，使前雾灯继电器通电。当前雾灯继电器通电时，继电器开关触点闭合，通过前雾灯熔丝提供蓄电池电压至前雾灯电源电压电路，从而使前雾灯亮。

按下后雾灯开关，后雾灯开关信号电路瞬时通过电阻器搭铁，车身控制模块（BCM）使后雾灯电源电压电路通电，从而使后雾灯亮。

一、照明系统诊断检查

1. 电气线路故障检查

照明装置电气系统故障中除了部件损坏，如灯具、开关、继电器损坏等，一部分是由于导线连接不当引起的，这部分故障称为线路故障。线路故障有断路、短路和接触不良3种情况。有些故障可以外部直观发现，有些则需用测试法查出。测试的方法有以下几种：搭铁划火法、试灯法、电源短接法，适用于检查断路和接触不良；逐段拆检法，适用于检查电路的搭铁短路故障。

2. 电气线路开关的检查

电气线路中开关种类繁多，但各种开关的检查方法都是相同的。即都是将开关与电路的多端插头断开，用万用表的欧姆档检查各插头间的导通情况，根据每一开关位置各插头间的电阻值是否符合标准值，来判断开关的好坏。但需注意：不同车型的开关接线形式有所不同。

3. 照明电路控制继电器的检查

照明电路中有大量的控制继电器，继电器相当于电磁开关。在检查继电器好坏时，可使用与开关检查相同的方法，即用万用表欧姆档来检查继电器各接线端子间的通断情况是否符合要求，所不同的是继电器还应检查其工作状态下的导通情况，即给继电器相应端子接入工作电压后，观察其导通的变化情况。

二、常见故障诊断

1. 前照灯不亮

（1）**故障原因** 前照灯熔丝烧断，前照灯变光开关有故障，前照灯配线或搭铁有故障，电源线松动和脱落断路。

（2）**诊断方法** 检查熔丝，如果有熔断，应予以更换。检查车灯电源线有无电压，若有电，应检查灯丝及其搭铁线；若无电，应逐步向前排查，检查灯光变光开关，必要时予以更换。检查灯光总开关前照灯档位是否接触不良，必要时予以修理和更换。检查灯光继电器的线圈及触点是否正常，若均无问题，应检查各处接线情况是否有松动、脱落或断路，必要时进行紧固和更换。

2. 前照灯灯光暗淡

（1）**故障原因** 蓄电池端电压降低；发电机不发电或发电量不足，输出电压低；散光玻璃或反射镜太脏；开关、导线等处有插头松动和锈蚀现象，使电阻增大。

（2）诊断方法 检查蓄电池，如果电压不足，应进行补充充电。检查前照灯电源线电压是否过低，若正常，检查其搭铁情况是否良好，良好则检查前照灯是否反射镜、配光镜过脏（拆开前照灯，予以清洁，灯座的接触部位和插头部位也应清洁处理），必要时予以更换；若车灯电源线电压过低，则应逐步往前排查开关、继电器及导线，看是否有接触不良致使电压降过大；均无问题，应检查发电机的传动带松紧度，修复或更换发电机，检查电压调节器，必要时予以调整、修理或更换。

3. 前照灯变光时，远光灯或近光灯有一只不亮

（1）故障原因 灯泡烧毁，接线板或插接器到灯泡的导线断路，灯泡与灯座之间接触不良。

（2）诊断方法 更换同型号的灯泡；修理灯座、清除污垢、锈蚀，使其接触良好；检修电路并接牢。

4. 前照灯远、近光不全

（1）故障现象 灯光开关在前照灯档位时，只有远光亮而近光不亮，或只有近光亮而远光不亮。

（2）故障原因 变光开关损坏；远、近光的一条导线断路；双丝灯泡中某灯丝烧断。检查近光灯熔丝或远光灯熔丝。如果熔丝烧断，则更换熔丝。将灯开关转到Ⅱ档时，检测变光开关接线柱的对地电压。如果变光开关在近光灯或远光灯位置时，接线柱无电压，则说明变光开关有故障，需予以更换；如果变光开关在近光灯或远光灯位置时，接线柱有蓄电池电压，则需检修相关电路；若电路正常，则需更换近光灯或远光灯灯泡。

考核项目		评分标准	学生自评	小组互评	教师评价	小计
知识目标	掌握照明控制电路	能完整叙述				
	掌握照明控制元件的种类与特点	能完整叙述				
技能目标	能够进行照明系统的检查	会操作				
	能够进行照明系统常见故障的诊断与排除	会操作				
素质目标	安全、规范操作	做到做好				
	操作步骤、流程正确完整	正确熟练				
	团队合作	是否和谐				
	现场6S	是否做到				
	总评					

1. 分析前照灯的控制电路。
2. 分析雾灯的控制电路。
3. 简单叙述两个前照灯远光不亮的故障诊断步骤。

项目五

汽车信号系统的检修

【项目描述】

汽车信号系统作用：在正常行车过程中利用灯光声音等信号，提示车辆或行人注意安全。汽车信号系统主要由转向灯、制动灯、倒车灯以及喇叭等组成，此项目我们主要学习信号系统电路的组成、分析和故障检修。

【重点难点】

重点：汽车信号系统各种灯和喇叭的控制电路。
难点：汽车信号系统控制电路分析方法和检修步骤。

任务一　　汽车灯光信号系统检修

目标类型	目标要求
知识目标	1. 了解汽车信号系统的组成、作用及要求 2. 熟悉灯光信号系统控制元件的种类与结构 3. 掌握常见灯光信号系统控制电路图的识图和电路分析方法
技能目标	1. 能够正确分析灯光信号系统电路图 2. 能够对信号系统的常见故障进行检测、诊断和排除

一辆奇瑞轿车左转向灯不亮，要解决这个故障，需要掌握汽车信号系统的知识和相关维修技能。

汽车信号装置包括灯光信号装置和声音信号装置两部分，主要作用是通过声、光信号向环境（如人、车辆）发出警告、示意信号，以引起有关人员注意，确保车辆行驶的安全。

一、灯光信号系统的组成及要求

1. 转向信号灯

转向信号灯的用途是在车辆转向、路边停车、变更车道、超车时发出明暗交替的闪光信号，给前后车辆、行人等提供行车信号。

前、后转向信号灯的灯光光色为琥珀色。要求前、后转向信号灯灯光白天距 100m 内均可见，侧转向信号灯灯光白天距 30m 内均可见。转向信号灯的闪光频率应控制在 1.0~2.0Hz，起动时间应不大于 1.5s。

2. 危险警告信号灯

当车辆出现故障停在路面上时，按下危险警告开关，全部转向灯同时闪亮，危险警告灯常与转向信号灯共用，其使用要求与转向信号灯相同。

3. 倒车灯

倒车灯装于汽车尾部，左右各一只，灯光光色为白色，用于照亮车后路面，并警告车后的车辆和行人，该车正在倒车。有的车辆配有语音提醒功能。

4. 制动灯

制动灯提供车辆的制动或减速信号。制动灯安装在车尾两侧，两制动灯应与汽车的纵轴线对称并在同一高度上，制动灯灯光光色为红色，应保证白天距 100m 内均可见。

5. 示廓灯

示廓灯安装在汽车头部和尾部的左、右侧的边缘。大型车辆的中部、驾驶室外侧还增设了一对示宽灯，用于夜间行驶时指示汽车宽度。示廓灯灯光标志夜间距 300m 内均可见，前示廓灯的灯光光色为白色，后示廓灯的灯光光色多为红色。

二、转向信号装置

转向信号装置由转向信号灯、闪光器和转向开关等组成。

1. 汽车转向信号灯

汽车转向信号灯用以显示车辆行驶方向。前转向灯灯光光色为橙色，后转向灯灯光光色为橙色或红色。转向信号灯的闪光频率规定为 60～120 次/min，而且亮暗时间比（通电率）在 3∶2 为佳。

2. 闪光继电器

转向信号灯由转向开关控制，其闪光频率一般是由闪光器控制。常见闪光器有电热式、电容式和电子式 3 类，其中电热式分为直热翼片式和旁热翼片式两种，电子式分为晶体管式和集成电路式两类。电热式闪光器结构简单、成本低，但闪光频率不够稳定，使用寿命短，已被淘汰。电容式闪光器闪光频率稳定，但是由于在触点接触和分离时会有电火花，会干扰无线电信号，目前应用较少。电子式闪光器具有性能稳定、可靠等优点，故被广泛应用。

电子式闪光器分为晶体管式和集成电路式两类。

（1）**晶体管式电子闪光器**　晶体管式电子闪光器如图 5-1 所示。

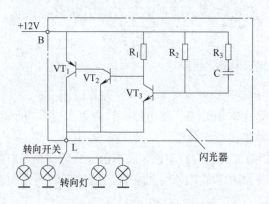

图 5-1　晶体管式电子闪光器电路

工作原理：接通转向开关，+12V 电源→B 接柱→R_2→VT_3 发射结→L 接柱→转向开关→转向灯→搭铁→电源负极。VT_3 饱和导通，VT_2、VT_1 截止。由于 VT_3 的发射极电流很小，此时转向灯较暗。同时，电源通过 R_3 对 C 充电，使得 VT_3 的基极电位下降，达一定值时，VT_3 截止。VT_3 截止后，VT_2 通过 R_1 得到正向电流而饱和导通，VT_1 随之饱和导通，+12V 电源→VT_1→L 接柱→转向开关→转向灯→搭铁→电源负极。转向灯中有较大电流通过而变亮。同时，电容 C 经 R_3、R_2 放电，一段时间后，随着电容 C 放电电流减小，VT_3 基极电位逐渐升高，当高于其正向导通电压时，VT_3 导通，VT_2、VT_1 截止，转向信号灯由亮变暗。

如此循环，使转向灯闪烁。电容 C 的充放电时间决定闪光频率。

（2）集成电路式电子闪光器　集成电路的成本很低，汽车上广泛使用集成电路式闪光器。上海桑塔纳轿车装用的电子闪光器即为集成电路式闪光器，其电路如图 5-2 所示。它的核心器件 ICU243B 是一块低功耗、高精度的汽车电子闪光器专用集成电路。U243B 的标称电压为 12V，实际工作电压范围为 9~18V，采用双列 8 脚直插塑料封装。内部电路主要由输入检测器 SR、电压检测器 D、振荡器 Z 及功率输出级四部分组成。输入检测器用来检测转向信号灯开关是否接通。振荡器由一个电压比较器和外接 R_4 及 C_1 提供一个变化的电压，从而形成电路的振荡。

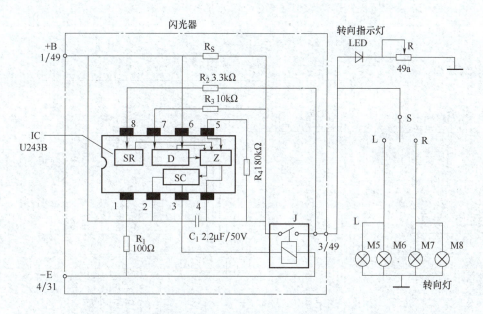

图 5-2　桑塔纳轿车集成电路式电子闪光器电路

SR—输入检测器　D—电压检测器　Z—振荡器　SC—输出级　R_S—取样电阻　J—继电器

随着电控技术的不断发展，目前有些汽车转向信号灯的闪烁是由车身控制模块控制的。2013 款雪弗兰轿车转向灯控制电路如图 5-3 所示。

当转向信号/多功能开关置于右转或左转位置时，通过右转向或左转向信号开关电路向车身控制模块（BCM）提供搭铁。随后，车身控制模块通过相应的电源电压电路向前转向、侧转向和后转向信号灯提供电压。

三、危险警告信号装置

汽车在行驶中出现紧急情况或意外事故时，应使用危险警告信号灯。危险警告信号灯在转向信号灯电路中通过危险警告开关控制。当接通危险警告开关后，全部转向信号灯同时闪烁，发出危险警告信号。

危险警告信号在汽车出现紧急情况时使用，例如制动失灵等意外的情况。通常左、右转向信号灯同时闪烁来发出危险警告信号。左、右转向信号灯同时闪烁由闪光器产生，但由独立的危险警告开关控制。危险警告信号与转向信号共用一个闪光器（图 5-4），但也有个别汽车单独安装危险警告用闪光器。

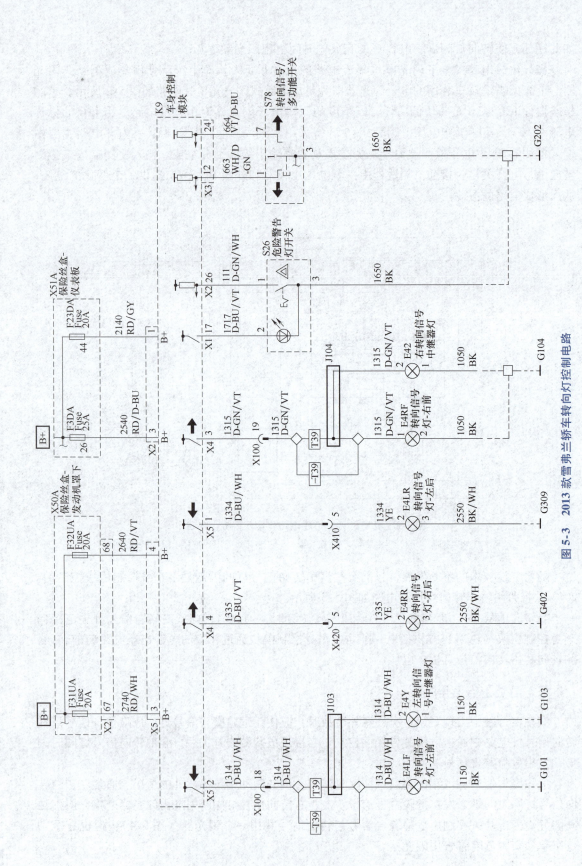

图 5-3 2013 款雪弗兰轿车转向灯控制电路

危险警告信号工作原理如图5-4所示,接通危险警告开关时,两侧转向灯电路同时接通,前、后、左、右转向灯及仪表板上的左右转向指示灯同时闪烁。

由于危险警告开关将闪光器直接与蓄电池连接,因此危险警告信号在点火开关切断(停车)时也可使用。

四、制动信号装置

制动信号装置由制动信号灯、制动灯开关及连接线路等组成。

车辆制动时,制动开关接通制动灯电源,制动信号灯亮,警示车后行人和车辆。除了在车尾灯处的制动信号灯外,有的汽车还装有高位制动信号灯,使制动信号更加醒目。制动信号灯开关有液压式和气压式两种。

1. 液压式制动信号灯开关

液压式制动灯信号灯开关用于采用液压制动系统的汽车,通常安装在液压制动主缸的前端,其结构如图5-5所示。当踩下制动踏板时,由于制动系统的液压增大,膜片向上拱曲,接触片同时接通接线柱6和7,接通制动信号灯电源,制动信号灯亮。松开制动踏板时,制动系统液压降低,接触片在回位弹簧作用下复位,切断制动灯电源。

2. 气压式制动信号灯开关

气压式制动信号灯开关用于采用气压制动系统的汽车,通常安装在制动阀上,其结构如图5-6所示。制动时,制动压缩空气推动橡胶膜片上拱,使触点闭合,接通制动灯电路。防抱死制动系统采用的制动开关安装在制动踏板上方,踏下制动踏板时制动开关接通制动信号灯电源,制动信号灯和防抱死制动系统工作,使开关触点闭合,接通制动灯电路。

五、倒车警告装置

倒车警告装置的作用是提醒行人及其他车辆驾驶人本车将要倒车。倒车警告装置主要由倒车信号灯、倒车信号灯开关及线路组成,有些车还配有语音提示。倒车时,装在变速器上的倒车信号灯开关触点接通倒车信号灯电路,倒车信号灯亮。与此同时,倒车蜂

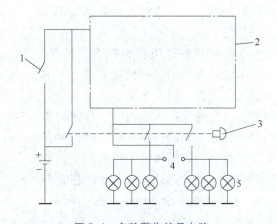

图5-4 危险警告信号电路
1—点火开关 2—闪光器 3—危险警告开关
4—转向开关 5—转向灯及转向指示灯

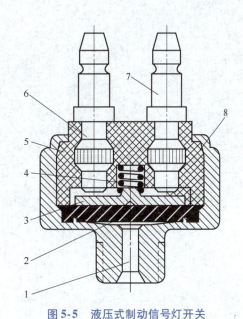

图5-5 液压式制动信号灯开关
1—通制动液主缸 2—膜片 3—接触片 4—回位弹簧
5—胶木底座 6、7—接线柱 8—壳体

鸣器间歇发声，以警告行人和其他车辆驾驶人的注意。

倒车信号灯控制电路如图5-7所示。倒车信号灯开关一般装在变速器盖上，其结构及工作原理如图5-8所示。平时钢球被顶起，当变速器挂入倒档时，变速杆将倒档变速叉轴拨到倒档位置时，倒档轴叉上的凹槽恰好对准钢球，钢球被放松，在弹簧的作用下带动膜片和接触盘下移，使静触点与接触盘接触，倒车灯亮。同时，接通倒车警告器电路，使警告器发出声响。

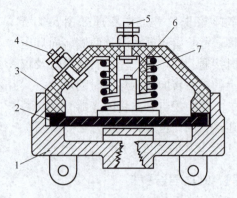

图 5-6 气压式制动信号灯开关
1—外壳 2—膜片 3—胶木壳
4、5—接线柱 6—触点 7—弹簧

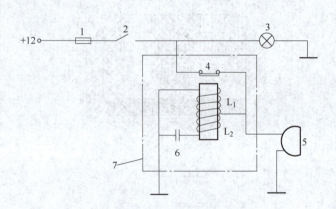

图 5-7 倒车警告信号电路
1—熔丝 2—倒车信号灯开关 3—倒车灯
4—继电器触点 5—蜂鸣器 6—电容器
7—倒车信号间歇发生控制器

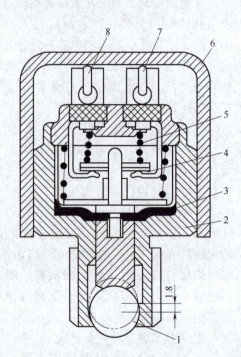

图 5-8 倒车开关
1—钢球 2—壳体 3—膜片 4—触点
5—弹簧 6—保护罩 7、8—接线柱

一、捷达轿车转向及危险警告电路分析

捷达轿车转向及危险警告电路如图5-9所示，电路工作原理如下。

1. 转向信号

当点火开关处于I档时，拨动转向开关，蓄电池正极→点火开关触点→熔断器S15→转向指示灯→转向开关的触点49a→转向开关→左（或右）侧转向灯→搭铁→蓄电池负极，转向指示灯亮。由于这一电流较小，故转向信号灯不亮。当闪光器触点闭合时，转向信号灯亮，其电流由蓄电池正极→点火开关→熔断器S17→危险警告灯开关动断触点→闪光器接点49→49a→转向开关左（或右）触点→转向灯→搭铁→蓄电池负极。这时转向指示灯两端电位差为零，转向指示灯灭。因此，转向指示灯的频闪状态与转向信号灯相反。

2. 危险警告

当汽车有紧急情况时，按下危险警告开关，则所有转向信号灯一起闪烁，其电流由蓄电池正极→危险警告开关（图左）→闪光器接点49→49a→危险警告开关（图右）→所有转向信号灯→搭铁→蓄电池负极。从这一电路可知，无论点火开关处于什么位置，只要按下危险警告开关，危险警告灯（即转向信号灯）都可以工作。

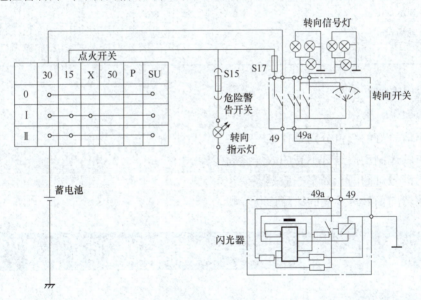

图5-9 捷达轿车转向及危险警告电路图

二、信号系统电路常见故障的诊断与排除

1. 转向信号灯和危险警告灯故障

常见故障：转向信号灯均不亮，转向信号灯闪光频率不正常等。

故障原因：熔断器熔断，闪光继电器损坏，转向信号灯开关损坏，导线接触不良，灯泡功率不当或某一边灯泡烧坏等。

所有的转向信号灯都不亮，一般是闪光器电源线或保险装置断路所致。

转向信号灯闪光频率不正常，一般是闪光器、转向信号灯开关接线松动，闪光器故障所致。

2. 倒车信号灯故障

故障现象：倒车时倒车信号灯不亮。

故障原因：一般是倒车信号灯的灯泡损坏、倒车信号灯开关损坏或电路有断路故障所致。

考核项目		评分标准	学生自评	小组互评	教师评价	小计
知识目标	掌握信号系统的组成	能完整叙述				
	掌握灯光信号系统的控制电路、主要部件的结构	能完整叙述				
技能目标	能够进行灯光信号电路的检测	会检测				
	能够进行常见故障的诊断与排除	会操作				
素质目标	安全、规范操作	做到做好				
	操作步骤、流程正确完整	正确熟练				
	团队合作	是否和谐				
	现场6S	是否做到				
总评						

1. 汽车信号灯的颜色分别是什么？
2. 简单叙述制动信号灯不亮的故障诊断步骤。
3. 转向信号灯的闪光频率一般是多少？
4. 叙述转向信号灯不亮的故障诊断步骤。

 任务二　汽车声响信号装置检修

目标类型	目标要求
知识目标	1. 了解汽车声响信号装置的作用、构造和工作过程 2. 熟悉电喇叭的种类、结构及工作原理 3. 掌握常见声响信号装置故障的分析、判断及调整方法
技能目标	1. 能够正确分析声响装置的控制电路图，会检测、调整电喇叭 2. 能够对声装置常见故障进行检测、诊断和排除

一辆奇瑞轿车喇叭不响，要解决这个故障，需要掌握汽车信号系统的知识和相关维修技能。

汽车声响信号装置主要包括电喇叭、倒车蜂鸣器等。它们的作用是发出声响以警告行人和其他车辆。汽车喇叭只发出单音调，它的构造与扬声器是不同的。扬声器靠纸盘膜片振动发声，而汽车喇叭靠金属膜片振动发声。

一、汽车喇叭的结构及种类

目前，汽车上所装用的喇叭多为电喇叭，电喇叭按外形分有螺旋形、筒形、盆形三种，如图 5-10 所示。电喇叭按有无触点可分为普通电喇叭和电子电喇叭。普通电喇叭主要是靠触点的闭合和断开，控制电磁线圈激励膜片振动而产生声响的；电子电喇叭中无触点，它是利用晶体管电路激励膜片振动产生声响的。

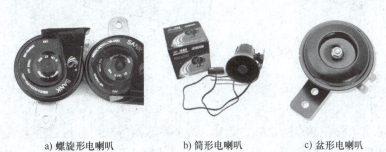

a) 螺旋形电喇叭　　b) 筒形电喇叭　　c) 盆形电喇叭

图 5-10　电喇叭实物图

1. 盆形电喇叭

盆形汽车电喇叭不带扬声筒，形状扁平、体积较小，重量轻且安装方便，音质略逊但使用广泛。

盆形电喇叭由铁心、磁性线圈、触点、衔铁、膜片等组成，如图 5-11 所示。当按下喇叭按钮时，喇叭线圈的供电电路为蓄电池正极→喇叭线圈→触点→喇叭按钮→搭铁→蓄电池负极。喇叭线圈通电后产生电磁吸力，吸动上铁心及衔铁下移，带动膜片向下变形。同时，衔铁下移将触点打开，线圈断电，电磁力消失，上铁心及衔铁在膜片弹力的带动下复位，触点再次闭合。周而复始，使膜片与共鸣板产生共鸣发声。

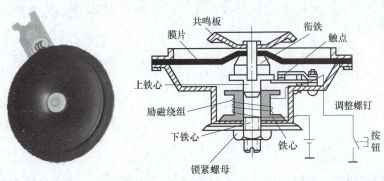

图 5-11　盆形电喇叭的结构

2. 筒形、螺旋形电喇叭

筒形、螺旋形电喇叭的结构如图 5-12 所示，主要由铁心、线圈、衔铁、膜片、共鸣板、扬声筒、触点以及电容器等组成。膜片和共鸣板借中心杆与衔铁、调整螺母、锁紧螺母联成一体。通过线圈的通断使得膜片不断振动，从而发出一定音调的声波，由扬声筒加强后传出。

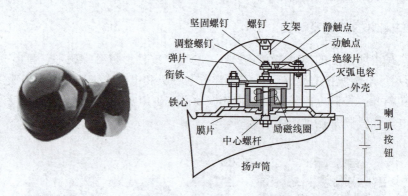

图 5-12 筒形、螺旋形电喇叭的结构

3. 电子电喇叭

由于普通电喇叭存在触点易烧蚀、氧化，故障率较高等缺陷，现已用无触点的电子电喇叭替代普通电喇叭，其电路如图 5-13 所示。工作原理：VT_1、VT_2 和 C_1、C_2 及 $R_1 \sim R_8$ 组成多谐振荡电路；VT_3、VT_4、VT_5 组成功率放大电路；VD_2 向多谐振荡电路提供稳压电源，VD_1 有温度补偿作用，使振荡频率稳定，VD_3 防止电源反接，起保护作用；C_3 防止电磁波干扰；R_6 可用于调节喇叭的音量。

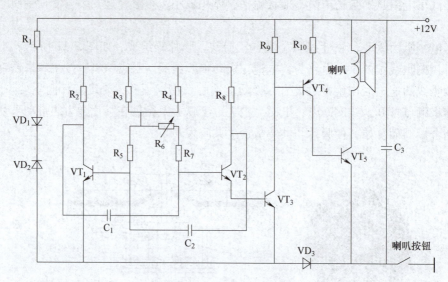

图 5-13 电子电喇叭电路

当按下喇叭按钮时，电路通电，VT_1、VT_2 都有导通的可能。由于电路参数不可能完全一致，设在电路接通瞬间 VT_1 先导通，VT_1 的集电极电位先下降，则会产生如下正反馈过程：VT_1 的集电极电位下降经 C_1 使 VT_2 基极电位下降，引起 VT_2 的集电极电位上升，经 C_2 使 VT_1 基极电位升高。这样就使 VT_1 迅速饱和导通，而 VT_2 迅速截止，电路进入暂时稳态。同时，C_1 充电使 VT_2 的基极电位升高，当达到 VT_2 的导通电压时，VT_2 开始导通，电路形成正反馈过程，使 VT_2 迅速导通，而 VT_1 迅速截止，电路进入新的暂时稳态。同时，C_2 的充电使 VT_1 的基极电位升高，使 VT_1 导通，电路又产生一个正反馈过程，使 VT_1 迅速饱和导通，而 VT_2 迅速截止。周而复始，形成自激振荡。VT_2 截止时，VT_3 也截止，VT_4、VT_5 导通，喇叭线圈中有电流通过，产生电磁力吸动膜片，喇叭发出声响。VT_2 导通时，VT_3 也导通，VT_4、VT_5 截止，喇叭线圈中无电流通过，膜片复位。

4. 喇叭继电器

为了得到更加悦耳的声音，在汽车上常装有两个不同音调（高、低音）的喇叭，其中高音喇叭膜片厚、扬声筒短，低音喇叭则相反。有的汽车上甚至装用 3 个（高、中、低）不同音调的喇叭。装用单只喇叭时，喇叭电流是直接由按钮控制的，按钮大多装在转向盘的中心。当汽车装用双喇叭时，因为消耗电流较大（喇叭继电器 15～20A），用按钮直接控制时，按钮容易烧坏。为了避免这个缺点，采用喇叭继电器，其构造和接线方法如图 5-14 所示。

电喇叭一般制成不可调整式。螺旋形、盆形电喇叭调整一般有铁心气隙调整和触点与压力调整两项，前者调整喇叭的音调，后者调整喇叭的音量。

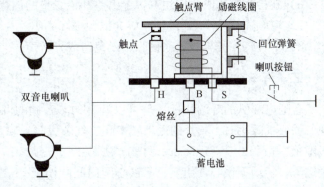

图 5-14 喇叭继电器

二、倒车警告器

倒车警告器电路如图 5-15 所示，其工作原理：当变速杆拨至倒车档时，+12V→熔丝→倒车警告开关→动断继电器触点→蜂鸣器→电源负极，蜂鸣器发出声响。同时，电流还通过线圈 L_2 对电容器进行充电，由于流入线圈 L_1 和 L_2 的电流大小相等，方向相反，电磁吸力互相抵消，故继电器触点继续闭合。随着电容器两端的电压逐渐上升，L_2 产生的电磁吸力减小，而线圈 L_1 产生的电磁吸力不变，当吸力差大于触点的弹簧拉力时，触点被吸开，警告器停止发出声响。在继电器触点打开时，电容器通过线圈 L_2 和 L_1 放电，使线圈产生磁力，触点仍继续打开。当电容两端电压下降到一定值时，触点重新闭合，警告器通电发出声响，电容器开始充电。如此反复，继电器触点不断开闭，倒车警告器发出断续的声响。

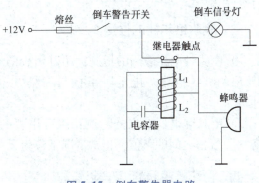

图 5-15 倒车警告器电路

一、汽车喇叭的维护

1）经常保持喇叭外表清洁，各接线要牢靠。
2）经常检查、紧固喇叭和支架的固定螺钉，保证其搭铁可靠。
3）喇叭的固定方法对其发音影响较大，为了使喇叭的声音正常，喇叭不能做刚性安装，因而要固定在缓冲支架上，即在喇叭与固定支架之间要装有片状弹簧或橡胶垫。
4）经常检查发电机输出电压。若电压过高，会烧坏喇叭触点；若电压过低（低于喇叭的额定电压），喇叭将发出异常声音。
5）洗车时，不能用水直接冲洗喇叭扬声筒，以免水进入喇叭扬声筒而使喇叭不响。
6）在检修喇叭时，应注意各金属垫和绝缘垫的位置，不可装错。
7）喇叭连续发声不得超过 10s，以免损坏喇叭。
8）不可将各类异物放入喇叭，以免造成异常声。

二、汽车喇叭的调整

普通电喇叭的音调和音量是可以调节的。音调的调整靠调整衔铁与铁心间的气隙来实现。铁心气隙小时，膜片的振动频率高，气隙大时，膜片的振动频率低（即音调低）。铁心气隙值一般为 0.7~1.5mm。调整方法是：松开锁紧螺母，转动下铁心，使上、下铁心间的间隙调至合适量，拧紧锁紧螺母即可，如图 5-16 所示。

音量的调整靠调整喇叭内触点顶压力（即控制喇叭线圈的电流大小）来实现，触点的接触压力增大时，喇叭的音量变大，反之音量变小。调整方法是：旋转音量调节螺钉，逆时针方向转动时，触点压力增大，音量增大；顺方向转动时，触点压力减小，音量减小，如图 5-16 所示。

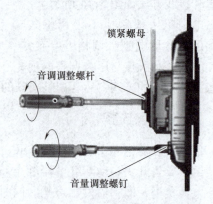

图 5-16 喇叭音调及音量的调整

三、喇叭继电器的检测

1）喇叭继电器线圈的检测：用万用表的 R×1 档检测喇叭继电器"电池"接柱与"搭铁"接柱之间的电阻值，正常情况下应有一定阻值。
2）喇叭继电器触点的检测：用万用表的 R×10k 档检测喇叭继电器"电池"接柱与"搭铁"接柱之间的阻值，正常情况下应为无穷大，否则为触点粘连故障。

四、倒车蜂鸣器的就车检测

1）将点火开关置于"ON"位置，并将变速器操纵杆置于倒车位，此时倒车蜂鸣器应发出鸣叫，且倒车指示灯亮，否则为倒车蜂鸣器自身或电路故障。

2）用万用表电压档检测蜂鸣器电源电压，正常时为蓄电池电压，否则为蜂鸣器电源电路故障。

3）用万用表 R×1 档检测蜂鸣器的搭铁情况，正常时应为 0Ω，否则为蜂鸣器搭铁电路故障。

五、汽车喇叭常见故障的排除

喇叭不响或声音嘶哑的主要原因有蓄电池存电不足、喇叭继电器和按钮损坏、喇叭损坏等，具体如下：

1）检查喇叭的鸣声，如果感到鸣声不清脆，低沉而弱，一般是接点接触不良。

2）反复地按动喇叭的开关，如果喇叭有时鸣响，有时不鸣响，一般是按动开关内部的接点接触不好。

3）左右转动转向盘，如果有较大的"嘶嘶"摩擦声，可以向相关的接点部位喷注一些润滑脂。

4）如果喇叭完全不鸣响，首先检查熔丝是否熔断，然后拔下喇叭插头，用万用表测量在按喇叭开关时此处是否有电。如果没有电，应检查喇叭线束和喇叭继电器；如果有电，则是喇叭本身故障，此时也可以试着调节喇叭上的调节螺母看是否能发声，如果还是不响，则需要更换喇叭。

5）如果喇叭的鸣声沉闷，很可能是喇叭自身有故障，这时只要敲一敲喇叭，大都能得到改善；其他原因是插头接触不良，特别是转向盘周围的线，由于使用频繁，容易出现磨损的情况。

6）密封不严易受潮。虽然喇叭的内部是密闭的，但如果密封不严就去洗车，容易进入雾气或导致内部空间空气中有水蒸气，水蒸气很容易导致触点受潮而无法正常工作。

7）喇叭的工作情况在汽车低速时与蓄电池的工作情况有关，如果蓄电池的能量降低，则喇叭的声响也降低，要检查蓄电池蓄电量是否正常。

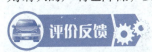

	考核项目	评分标准	学生自评	小组互评	教师评价	小计
知识目标	掌握电喇叭的功用	能完整叙述				
	掌握喇叭的结构特点	能完整叙述				
	掌握电喇叭的工作原理	能正确识读				
技能目标	能够进行电喇叭的调整	会操作				
	能够进行常见故障的检查	会操作				
素质目标	安全、规范操作	做到做好				
	操作步骤、流程正确完整	正确熟练				
	团队合作	是否和谐				
	现场 6S	是否做到				
	总评					

1. 叙述盆形喇叭发声的工作过程。
2. 简单叙述喇叭音调和音量的调整步骤。
3. 简述喇叭继电器的作用。

项目六

汽车仪表与报警系统的检修

【项目描述】

汽车仪表与报警系统主要用于检测汽车各系统工作状态,向驾驶人提供汽车各个系统工作状态信息,其主要由转向指示灯、驻车制动指示灯、机油压力警告灯、发动机电控系统故障指示灯以及燃油表、发动机转速表和车速仪表等组成。本项目主要学习汽车仪表与报警系统的组成和基本功能及其控制电路检修。

【重点难点】

重点:分析与检修汽车仪表与报警系统的控制电路。

难点:汽车机油压力警告灯控制电路故障检修和燃油表故障检修。

 任务一　汽车仪表系统检修

目标类型	目标要求
知识目标	1. 熟悉常用汽车仪表的作用与类型 2. 掌握常用汽车仪表的结构与工作原理
技能目标	1. 能够进行常用汽车仪表的检修 2. 能够进行常用汽车仪表常见故障的诊断与排除

一辆别克君威轿车燃油表始终显示燃油箱需要加油,要解决这个故障,需要掌握汽车仪表指示系统的知识和相关维修技能。

为了使汽车驾驶人及时获知汽车各系统的工作状态,在驾驶人易于观察的仪表板上都装有仪表、警告灯等装置。汽车常用仪表主要包括车速表、转速表、电流表、机油压力表、发动机冷却液温度表和燃油表等。

一、汽车仪表系统的组成及分类

汽车仪表系统一般由传感器、显示装置及连接导线组成,其中传感器安装在需要检测的部位,显示装置安装在驾驶室的仪表板上。工作时,传感器将检测值以电信号的形式通过导线传送给显示装置,由显示装置将电信号转换成相关的显示值显示在仪表盘上。

目前,汽车仪表板上安装的仪表多为组合形式,即将各仪表封装在一个壳体内,由面罩、边框、表芯、印制电路板、插接器、警告灯、指示灯及仪表照明灯等部件组成。有些组合仪表内还有稳压器和蜂鸣器。

组合仪表内主要有燃油表、冷却液温度表、发动机转速表及车速里程表等,不同车型有所不同。按照显示装置显示形式的不同,汽车仪表系统可分为传统仪表、电子仪表和数字仪表。

1. 传统仪表

传统仪表又称机械仪表,如图6-1所示。除了机械转鼓计数式里程表和磁感应式车速表外,其他传统仪表都是利用电流的热效应或磁场和电流(或磁场)之间的作用,通过罗盘指示

图6-1　传统仪表

表的机械指针和刻度盘将电流、电压、发动机转速及传感器输出的模拟信号直接显示出来。

2. 电子仪表

电子仪表是当今时代汽车采用最多的仪表形式，为配合汽车的样式和产品定位，厂家一般都会在功能之外更多考虑美观的因素。电子仪表采用组合式仪表，有罗盘和液晶显示屏两大区域，功能齐全，且一目了然，各种不同的设计也给汽车内饰注入很多时尚元素，如图 6-2 所示。

图 6-2　电子仪表

3. 数字仪表

数字仪表是未来仪表的发展趋势，应用代表车型有荣威 550 等。数字仪表摒弃传统的指针，改用科技感十足的数字量化显示，时速表采用全数字液晶屏，发动机转速表采用先进的数字化罗盘，如图 6-3 所示。

图 6-3　数字仪表

二、传统仪表的结构及原理

1. 燃油表

燃油表用来指示燃油箱内燃油的储存量。燃油表有电磁式、动磁式和电热式 3 种，传感器均为可变电阻式。

燃油表由一个装在燃油箱中的传感器和仪表板上的燃油显示表构成。燃油表与冷却液温度表及其指示灯共用一个稳压电源，仪表工作电压为 9.5～10.5V。

2. 机油压力表

机油压力表用来检测和显示发动机主油道的机油压力的大小，以防因缺机油而造成拉缸、烧瓦的重大故障发生。机油压力表由机油压力传感器和机油压力指示表两部分组成。机油压力指示表可分为电热式、电磁式和弹簧式 3 种，机油压力传感器可分为双金属片式和可变电阻式两种。

电磁式机油压力表与可变电阻式机油压力传感器组合构成传统的机油压力表，其基本结构如图 6-4 所示。

如图 6-5 所示，当油压降低时，机油压力传感器的电阻值增大，线圈 L_1 中的电流减小，线圈 L_2 中的电流增大，磁铁转子带动指针随合成磁场的方向逆时针转动，指向低油压；当油压升高时，机油压力传感器的电阻值减小，线圈 L_1 中的电流增大，线圈 L_2 中的电流减小，磁铁转子带动指针随合成磁场的方向顺时针转动，指向高油压。

3. 冷却液温度表

冷却液温度表用来检测和显示发动机水套中冷却液的工作温度，以防因冷却液温度过高而使发动机过热。冷却液温度表由冷却液温度指示表和冷却液温度传感器组成。冷却液温度指示表可分为电热式、电磁式和动磁式 3 种，冷却液温度传感器可分为双金属片式和热敏电阻式两种。常用的组合方式是电热式冷却液温度指示表配双金属片式传感器、电热式冷却液温度指示表配热敏电阻式传感器和电磁式冷却液温度指示表配热敏电阻式传感器3种。

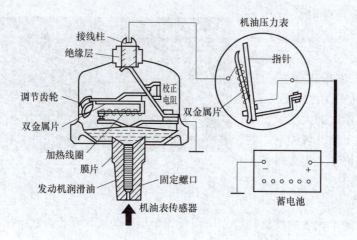

图6-4 机油压力表与机油压力传感器

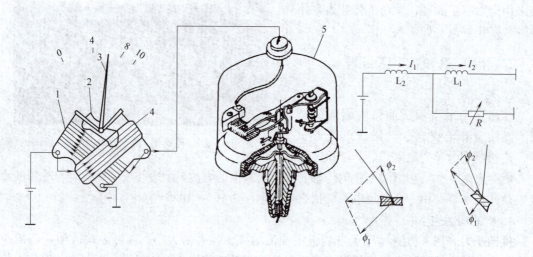

图6-5 电磁式机油压力表与可变电阻式机油压力传感器组合的机油压力表
1—L_1线圈 2—铁磁转子 3—指针 4—L_2线圈 5—可变电阻式机油压力传感器

电磁式冷却液温度表与热敏电阻式传感器组合的冷却液温度表结构如图6-6所示。热敏电阻式传感器的主要元件为负温度系数的热敏电阻。

当点火开关置于ON位置时,电流从蓄电池正极→点火开关→线圈L_1→搭铁;另一路当点火开关置于ON位置时,电流从蓄电池正极→点火开关→线圈→热敏电阻式冷却液温度传感器→传感器外壳→搭铁→蓄电池负极。

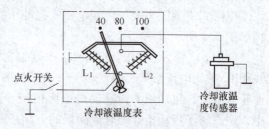

图6-6 电磁式冷却液温度表与热敏电阻式传感器组合的冷却液温度表

当发动机冷却液温度较低时,传感器的热敏电阻阻值大,电路中电流的平均值小,线圈

L_2 通过电流小产生磁场强度小,指针指向低温。反之,当冷却液温度升高时,热敏电阻阻值小,电路中电流的平均值大,温度表的线圈 L_2 通过电流大产生磁场强度大,而通过线圈 L_1 的电流不变磁场强度不变,因此指针指向高温。

4. 车速里程表

车速里程表是用来指示汽车行驶速度和累计行驶里程数的仪表。传统的车速里程表是磁感应式的。

磁感应式车速里程表由变速器(或分动器)内的蜗轮蜗杆经软轴驱动,其基本结构如图 6-7 所示。车速表由与主动轴紧固在一起的永久磁铁、带有轴及指针的铝碗、磁屏和紧固在车速里程表外壳上的刻度盘等组成。里程表由蜗轮蜗杆机构和 6 位数字的十进位数字轮组成。

车速表不工作时,铝碗在盘形弹簧的作用下使指针指在刻度盘的零位。当汽车行驶时,主动轴带着永久磁铁旋转,永久磁铁的磁力线穿过铝碗,在铝碗上感应出涡流,铝碗在电磁转矩作用下克服盘形弹簧的弹力向永久磁铁转动的方向旋转,直至与盘形弹簧弹力相平衡。由于涡流的强弱与车速成正比,指针转过角度与车速成正比,指针便在刻度盘上指示出相应的车速。

汽车行驶时,软轴带动主动轴,主动轴经 3 对蜗轮蜗杆(或一套蜗轮蜗杆和一套减速齿轮系)驱动里程表最右边的第 1 个数字轮。第 1 个数字轮上的数字为 1/10 km,每两个相邻的数字轮之间

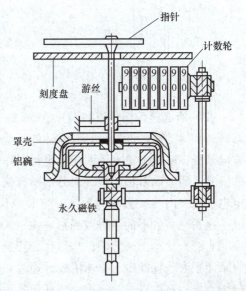

图 6-7 磁感应式车速里程表

的传动比为 1:10。即当第 1 个数字轮转动 1 周,数字由 9 翻转到 0 时,便使相邻的左面第 2 个数字轮转动 1/10 周,成十进位递增。这样汽车行驶时,就可累计出其行驶里程数,最大读数为 99999.9km。

三、电子仪表结构与工作原理

电子仪表与传统仪表采用的传感器结构和原理基本相同,二者的本质区别在于指示表(显示装置)的结构和工作原理不同。电子仪表借助于各种电子显示器件和有关电路,实现数字显示、模拟指针显示、图像和曲线显示等不同显示形式。

1. 常用显示器件

(1) **发光二极管**(LED) 发光二极管是应用最为广泛的低压显示器件,如图 6-8 所示。正、负极加上合适的正向电压后,其内半导体晶片发光,通过带颜色透明的塑料外壳显示出来。发光的颜色有红、绿、黄、橙等,可单独使用,也可用来组成数字、字母、发光条图。

发光二极管一般用于指示灯、数字符号段或点数不太多的光杆图形显示,如图 6-9 所示。

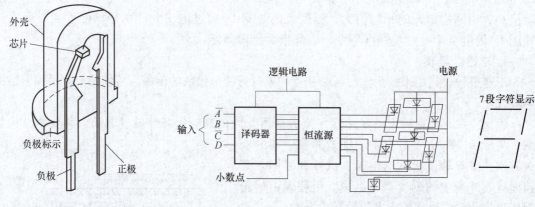

图 6-8　发光二极管（LED）　　　　图 6-9　汽车用七段字符显示器

(2) 液晶显示器件（LCD） 液晶是一种有机化合物，在一定温度范围和条件下，既具有普通液体的流动性，也具有晶体的某些光学特性。如图 6-10 所示，它有两块厚约 1mm 的玻璃基板，基板上涂有透明的导电材料作为电极，一面电极为图形。两基板间注入 10μm 厚的液晶，两玻璃基板的外表面分别贴有偏光板，四周密封。当两电极通一定电压时，位于通电电极范围内（要显示的数字、图形等）的液晶分子重新排列，这样，通电部分电极就形成了在发亮背景下的字符或图形。由于 LCD 为非发光型显示器件，所以夜间显示必须采用照明光源，汽车上通常用白炽灯作为背景光源。液晶显示器件具有工作电压低（3V 左右）、显示面积大、耗能少、显示清晰、通过滤光镜可显示不同颜色、在阳光直射下不受影响、电极图形设计自由度极高、设计成任何显示图形的工艺都很简单等优点，现被广泛应用在中、高档轿车上。

(3) 真空荧光管（VFD） 真空荧光管实际上是一种真空低压管，它由钨丝、栅极、涂有磷光物质的玻璃组成，如图 6-11 所示，其发光原理与电视机中的显像管相似。当屏幕接电源正极、灯丝接电源负极时，便获得正向电压，电流通过灯丝并加热，在电场力的作用下发射电子，由栅极控制电子流加速，射向屏幕。当电子高速碰撞数字板荧光材料时，数字板发光，通过前面平板玻璃的滤色镜显示出数字。真空荧光管（VFD）为发光型显示器件，具有色彩鲜艳、可见度高、立体感强等优点，但由于真空管需要一定厚度玻璃外壳制成，故障复杂的图形用 VFD 制作成本较高、体积大。汽车上常用它作数字显示器。

2. 电子式机油压力表的结构与工作原理

电子式机油压力表由机油压力传感器（滑动变阻式或双金属片式）、LM339 集成电路、发光二极管、警报器和显示器等组成。机油压力传感器装在发动机主油道上，它与电阻 R_1 组成测量电路，LM339 集成电路采用窗口比较器接法。

图 6-12 所示为电子式机油压力表电路。当机油压力过低时，双金属片式机油压力传感器产生的脉冲信号频率最低，红色发光二极管亮，发光警告显示，同时声音警报器发出声响报警信号；当发动机机油压力正常时，绿色发光二极管亮，表示发动机润滑系统油压正常；当油压过高时，机油压力传感器产生的脉冲信号频率较高，黄色发光二极管亮，提醒驾驶人注意润滑系统的故障。

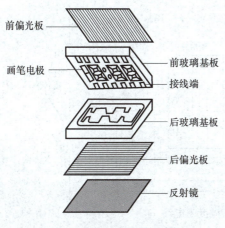
图 6-10 液晶显示器件（LCD）

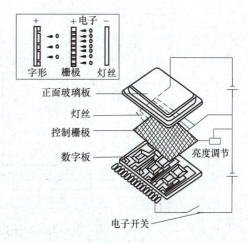
图 6-11 真空荧光管（VFD）显示器

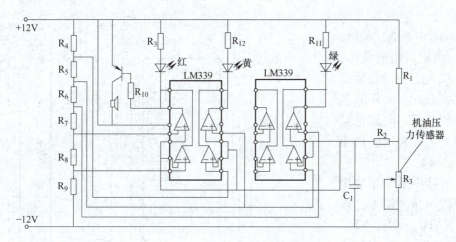
图 6-12 电子式机油压力表电路

3. 电子式冷却液温度表的组成和工作原理

汽车发动机冷却液温度表主要由冷却液温度传感器（NTC 热敏电阻型）、LM339 集成电路、发光二极管、警报器和显示器等组成。冷却液温度传感器装在发动机水套内，它与电阻 R_1 组成冷却液温度测量电路，LM339 集成电路采用窗口比较器接法。

图 6-13 所示为电子式冷却液温度表电路。当冷却液温度低于 40℃ 时，黄色发光二极管亮，黄色显示；当冷却液温度在正常工作温度（85～95℃）时，绿色发光二极管亮，绿色显示；当冷却液温度超过 95℃ 时，发动机属过热状态，红色发光二极管亮，发光报警，同时由晶体管控制的声音报警器发出报警声响信号。

4. 电子燃油表的组成和工作原理

电子燃油表由浮子式滑线电阻传感器、两块 LM324 及相应的电路和 7 个发光二极管（VD_1～VD_7）组成。

图 6-14 所示为电子燃油表电路图。R_1 和稳压管 VD 组成的串联稳压电路为各运算放大器提供基准电压，输入集成电路 IC_1 和 IC_2 组成的电压比较器反向输入端，燃油液位传感器

141

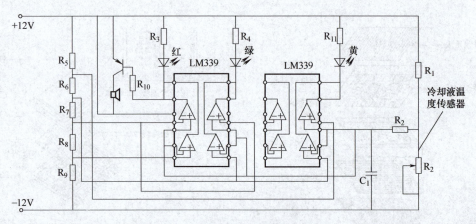

图 6-13 电子式冷却液温度表电路

R_x 输入到 IC_1 和 IC_2 的同向输入端,并与基准电压进行比较放大后,控制发光二极管的通断状态。

当燃油箱中燃油加满时,传感器 R_x 的有效阻值最小,由 IC_1 和 IC_2 电压比较器输出为低电平,此时,6 只绿色发光二极管都亮,而红色发光二极管熄灭,表示燃油箱中的燃油已满。

当燃油箱中燃油量减少后,显示器中绿色发光二极管按 VD_7、VD_6、VD_5、VD_4、VD_3、VD_2、VD_1,依次熄灭。燃油量越少,绿色发光二极管亮的个数越少。

当燃油箱中燃油量达到下限,R_x 的有效阻值最大,R_3 左端点电位最高,集成块 IC_2 的第 5 脚电位高于第 6 脚的基准电位,6 只绿色发光二极管全部熄灭,红色发光二极管 VD_7 亮,提醒驾驶人补充燃油。

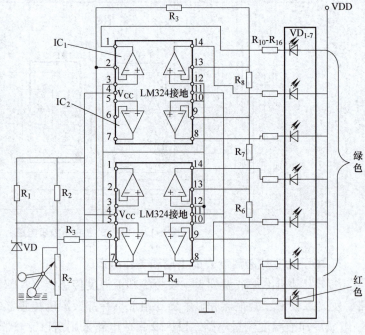

图 6-14 电子燃油表电路图

5. 电子式车速里程表的组成和工作原理

车速里程表包括车速表和里程表,根据结构与原理不同可以分为电子式和磁感应式。

桑塔纳 2000 系列轿车采用电子式车速里程表,其结构如图 6-15 所示。它主要由动圈式车速测量机构、行星齿轮减速传动机构带动的十进制记录里程数字轮、处理与速度有关的脉冲信号的线路板、接收与速度有关的霍尔型转速传感器以及步进电动机等组成。

安装在变速器后部的车速传感器将车速转化为脉冲信号,经由电子元器件组成的电路处理后,输出电流驱动动圈式车速测量机构,带动指针偏转一定的角度。由于车速传感器产生的脉冲频率经电路处理后与输出的电流相对应,因此指针指示相应的车速。输入的脉冲频率由电路分频处理后,驱动步进电动机,经行星齿轮减速累计行驶里程。

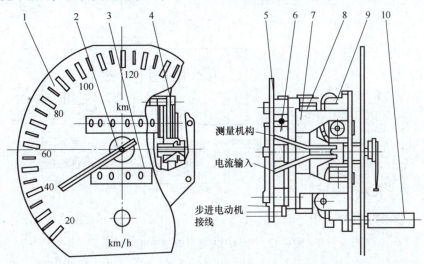

图 6-15 桑塔纳 2000 系列轿车电子式车速里程表的结构
1—刻度盘 2—指针组合 3—里程计数器 4—行星齿轮系 5—线路板 6—步进电动机
7—座架 8—动圈式车速测量机构 9—计数器组合 10—日程复位机构

6. 发动机转速表

目前,大多数车型采用电磁感应式发动机转速表,其由装在飞轮壳或曲轴传动轮附近的转速传感器和装在仪表板上的转速表表头(包括电子电路)组成。电磁感应式转速传感器由永久磁铁、感应线圈、心轴、壳体等组成,如图 6-16 所示。

当飞轮转动时,齿顶与齿底不断地通过心轴,空气隙的大小发生周期性变化,使穿过心轴的磁通随之发生周期性变化,于是在感应线圈中感应出交变电动势,该交变电动势的频率与心轴中磁通变化的频率成正比,也即与通过心轴端面的飞轮齿数成正比,从而可显示发动机的转速。

图 6-17 所示为指针式发动机转速表电路。它由发动机转数传感器、LM2917 电路板和电流表组成。来自电磁感应式传感器的信号经 LM2917 的 1 管脚输入集成电路系统,经过整形、比较后从 5 管脚输出一个与发动机转数成正比的电流信号,驱动电路表指针偏转,指示发动机的转速。

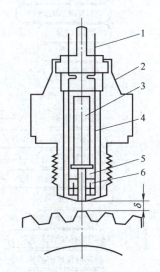

图 6-16 电磁感应式转速传感器
1—接线柱 2—壳体 3—永久磁铁
4—连接线 5—心轴 6—感应线圈
δ—空气隙

7. 电子组合仪表

电子组合仪表显示的数据来自各系统的传感器,其电路与多路传输系统各 ECU 和仪表测量微机系统连接。仪表测量微机系统将各测量系统组合在一起,形成总的仪表测量系统。

仪表测量微机系统包括 A-D 转换器、多路传输、CPU、存储器及 I/O 接口等。测量时,各传感器的输出信号经 A-D 转换器和多路传输输入微机信号处理系统,通过 I/O 接口与仪表板显示器相连,分时循环显示或同时在不同区域显示各种测量参数。

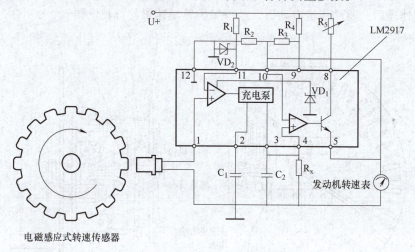

图 6-17 指针式发动机转速表电路

汽车电子组合仪表主要包括各种传感器、开关和显示器等,如图 6-18 所示。

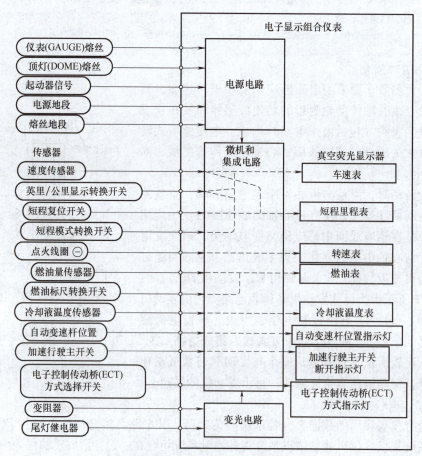

图 6-18 汽车电子组合仪表组成图

一、熟悉传统仪表系统常见故障及其原因

汽车传统仪表系统常见故障及原因详见表 6-1。

表 6-1　汽车传统仪表系统常见故障及原因

	故障现象	故障原因
车速里程表	车速表和里程表指针均不动	1）主轴减速机构中的蜗杆或蜗轮损坏使软轴不转 2）软轴或软管断裂 3）主轴处缺油或氧化而卡住不动 4）表故障
	车速表指针跳动、不准，里程表指针正常	1）指针轴磨损或已断 2）轴向间隙过大 3）速度盘与磁铁相碰 4）游丝失效或调整不当
	车速表和里程表指示值失准	1）永久磁铁的磁性衰减或消失 2）游丝折断或弹性衰减 3）里程表的蜗轮、蜗杆磨损
	车速表正常而里程指针不动	自车速表驱动轴至计数轴之间的任何一对减速蜗轮磨损而打滑
	里程表正常而车速表指针不动	1）金属速度盘或指针卡住 2）磁铁失效
燃油表	接通电源，指针不动，无论存油量是多少，其示值均为"0"	1）指示表电源线断路 2）燃油表内部断路或接触不良 3）指示表至传感器间导线断路 4）燃油箱内浮子被卡住
	无论存油量是多少，其示值总为"1"或偏高	1）指示表下接线柱至传感器之间的连线断脱 2）传感器可变电阻损坏，滑片与可变电阻接触不良，滑动触点臂折断
	指示表指针大幅度摆动，指示表示值失准	1）接头松动，搭铁不良 2）传感器滑片与电阻接触不良或中间电阻磨断 3）仪表未配套，使用性能不良 4）传感器浮子使用过久，防油能力差，失去规定浮力，激烈震动，使柱杆弯曲
冷却液温度表	接通电源后，指示表指针不动或指示数值偏高	1）蓄电池至点火开关接线柱一段公用电路断路 2）点火开关至指示表连线断路 3）指示表电热线圈损坏或指示表至传感器之间连线断路 4）传感器损坏或搭铁不良

145

(续)

	故 障 现 象	故 障 原 因
冷却液温度表	接通电源后,指针指示数值偏低	1) 指示表至传感器之间连线有搭铁 2) 传感器内部有搭铁
	指针指示数值不正确	1) 指示表与传感器未正确配套 2) 指示表或传感器性能不良(如电热线圈烧坏造成短路或传感器的热敏电阻衰老变质)

二、电子仪表的检测与维修

1. 分体式电子仪表的检测

现代汽车电子仪表显示系统的故障部位一般在传感器、插接器、导线、电路板及显示器。检修时，应先将传感器电路断开或拆下，用检测设备分别对它们进行检测。

(1) 传感器的检测 断开传感器和电路板之间的插接器，分别对相应的传感器进行检查。各种电阻式传感器（如冷却液温度传感器、燃油表传感器等）的检查，通常用测量其电阻值的大小与标准电阻值相比较的方法来判断它的好坏，若所测的值小于或大于规定的数值，表明传感器内部短路、断路或接触不良。对于脉冲信号的传感器，可用发光二极管连接传感器的输出端，转动传感器的转子，二极管应闪烁，否则传感器已损坏。传感器若有故障只能更换新件。

(2) 插接器的检查 电子仪表采用插接器把线束连接到仪表板上，这些插接器采用不同颜色，以便识别它连接的电路。插接器上都设有闭锁装置以保证其连接牢固、可靠。检查时，可用眼看、手摸来确定插接器装置是否齐全、完好；插头、插座应接触可靠、无锈蚀；仪表电路工作时，用手触摸插接器，应没有明显的过热感觉，若温度过高，说明该插接器接触不良，应查明原因予以排除。在用手晃动插接器时，不应出现仪表波动现象，否则为插接器有故障。

(3) 仪表故障检测 若电子仪表板上某仪表发生故障，应检查与此仪表相关的各个部分。应检查各导线的接触情况，包括各插接器的接触状况，导线是否破损、电路是否短路或断路等。用检测设备分别对该仪表的连接电路和显示器件进行检测。

2. 组合仪表的检测与维修

以大众车系为例说明组合仪表的检测与维修。

1) 检修仪表时，必须首先进行自诊断，使用 V. A. G1551 或 V. A. G1552 读取存储信息。

2) 组合仪表的自诊断步骤如下：

① 诊断前确保电源电压正常（至少9.0V），熔丝正常，接地线良好。

② 车载诊断系统功能模式的进入：点火开关置于 OFF 位置，将适配器电缆（VAG1551/3 或 VAG1552/3）一端连于读码器，一端连于 DLC 插头；点火开关置于 ON 位置，按下"1"键，进入"快速数据传输"模式；输入地址 17，进入"组合仪表"模式；按下 Q 键确认输入；按下"→"键即可进入车载诊断系统功能模式。

③ 进入功能模式后进行检测。

④ 输入功能代码 06，进入"结束输出"功能模式；按下 Q 键确认输入，退出车载诊断

系统；点火开关置于 OFF 位置，断开 V. A. G1551 故障阅读仪并安装数据传输插头 DLC 的护盖。

3）组合仪表是整体不可拆的，某仪表有故障，应该整体更换。

4）对于新换的组合仪表，必须使用 V. A. G1551 故障阅读仪设置车速里程表读数和维护间隔显示。

	考核项目	评分标准	学生自评	小组互评	教师评价	小计
知识目标	汽车仪表的种类	能完整叙述				
	汽车电子式燃油表组成	能完整叙述				
	大众汽车仪表自诊断步骤	能正确识读				
技能目标	仪表拆装	会操作				
	大众汽车仪表自诊断操作步骤	会操作				
素质目标	安全、规范操作	做到做好				
	操作步骤、流程正确完整	正确熟练				
	团队合作	是否和谐				
	现场6S	是否做到				
	总评					

1. 汽车仪表显示的内容有哪些？
2. 叙述电子汽车仪表故障的检修步骤。

 任务二　　汽车报警系统检修

目标类型	目标要求
知识目标	1. 熟悉常用汽车报警系统的作用与类型 2. 掌握常用汽车报警系统的结构与工作原理
技能目标	1. 能够进行常用汽车报警系统的检修 2. 能够进行常用汽车报警系统常见故障的诊断与排除

一辆别克君威轿车机油指示灯始终显示需加机油，要解决这个故障，需要掌握汽车报警

系统的知识和相关维修技能。

现代汽车为了保证行车安全和提高车辆的可靠性，安装了许多报警装置。例如在制动系统气压过低、真空助力制动系统真空度不足、机油压力过低、冷却冷却液温度过高、制动液液面高度不足、发电机不充电、燃油箱燃油储存量过少以及汽车电控系统发生故障时，汽车的报警装置将及时使安装在组合仪表上相应的指示灯发出报警信号，提醒驾驶人注意或停车检修。报警装置一般由传感器和安装在组合仪表面板上的红色、黄色和蓝色的警告指示灯组成。

一、燃油量报警装置

燃油量报警装置的作用是当燃油箱内燃油减少到规定值以下时，仪表板上的燃油量警告灯亮起，提醒驾驶人注意。热敏电阻式燃油量报警装置由热敏电阻式传感器和警告灯组成。当燃油多时，具有负温度特性的热敏电阻浸泡在燃油中散热快，其温度较低、电阻值大，所以电路中电流很小，警告灯不亮。当燃油减少到规定值以下时，热敏电阻露出油面，散热慢，温度升高，电阻值减小，电路中电流增大，警告灯亮。

二、机油压力报警装置

机油压力直接影响到汽车的使用性能与工作的可靠性，因此许多汽车设置了机油压力警告灯。机油压力警告灯电路由安装在发动机主油道的膜片式油压警告灯开关和安装在仪表板上的红色警告灯组成。下面以膜片式机油压力警告灯为例加以介绍。

如图 6-19 所示，当机油压力正常时，机油压力推动膜片向上弯曲，推杆将触点打开，机油压力警告灯熄灭；当机油压力低于标准值时，膜片在弹簧压力的作用下向下移动，从而使触点闭合，机油压力警告灯亮，警告驾驶人机油压力不足。

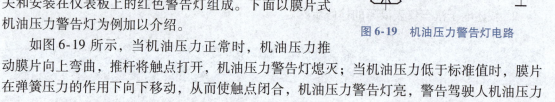

图 6-19　机油压力警告灯电路

三、制动液面报警装置

制动液面报警装置的作用是当制动液面过低时，警告灯发出报警信号，防止制动效能下降而出现事故。制动液面报警装置由传感器和警告灯组成。传感器安装在制动液储液罐内，其结构如图 6-20 所示，舌簧开关外壳内装有舌簧开关，舌簧开关的两个接线柱分别与警告灯、电源相连接，在浮子上安装有永久磁铁。

在制动液充足时，浮子的位置较高，此时

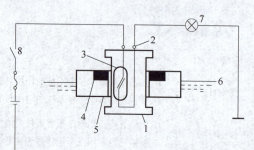

图 6-20　制动液面报警装置
1—舌簧开关外壳　2—接线柱　3—舌簧开关
4—永久磁铁　5—浮子　6—制动液面
7—警告灯　8—点火开关

永久磁铁高于舌簧开关的位置，舌簧开关处于断开状态，警告灯电路断开，警告灯不亮。当浮子随着液面下降到规定值以下时，永久磁铁接近舌簧开关，吸动开关使之闭合，接通警告灯电路，警告灯发光报警。

四、冷却液温度报警装置

冷却液温度报警装置的作用是当发动机冷却液的温度低于或超过规定温度时，驾驶室仪表板上的冷却液温度警告灯就亮起报警，提醒驾驶人及时停车检查和对发动机进行冷却。

冷却液温度报警电路根据结构可分为单触点式和双触点式。单触点式冷却液温度报警装置的结构如图6-21所示。单触点式冷却液温度报警电路只能在冷却液温度高过设定值时，双金属片向下弯曲，其左端的触点与静触点接合是电路导通，警告灯亮；而双触点式冷却液温度报警装置除了具有以上功能外，还能在冷却液温度低于设定值时，双金属片向上弯曲，接合绿灯（冷却液温度过低指示灯）所在电路，提示驾驶人注意暖机。只有当冷却液温度在正常范围内时，指示灯都不亮，说明冷却系统工作正常。

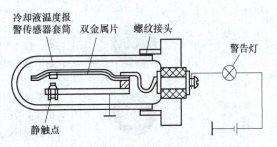

图6-21　单触点式冷却液温度报警装置

五、制动系统低压报警装置

在采用气压制动的汽车上，一旦制动气压低于最小允许值时，制动系统将不能正常工作而危及安全。所以此种汽车需装备制动系统低压报警装置，当气压过低时警告灯随即亮起，以引起驾驶人注意。低气压报警传感器（开关）装在制动系统储气筒或制动阀压缩空气输入管道中，警告灯装在仪表板上。低气压报警传感器的结构如图6-22所示。当电源接通后，制动系统气压下降到340～370kPa时，由于作用在膜片上的压力减小，于是在复位弹簧的作用下触点闭合，电路接通，警告灯亮。当气压升高到400kPa以上时，由于膜片所受推力增大，压缩复位弹簧使触点打开，电路切断，警告灯熄灭。

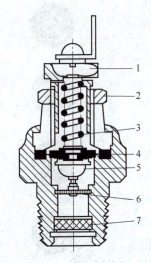

图6-22　低气压报警传感器
1—调整螺钉　2—锁紧螺母　3—复位弹簧
4—膜片　5—动触点　6—静触点　7—滤网

一、认知仪表板上各指示灯

了解并掌握仪表盘上各指示灯及其含义，详见表6-2。

表 6-2　仪表指示灯及其含义

名　称	仪表指示灯	含　义
机油指示灯	🛢️	用来显示发动机内机油的压力状况。打开钥匙门，车辆开始自检时，指示灯亮，发动机起动后指示灯熄灭。该指示灯常亮，说明该车发动机机油压力低于规定标准，需要维修
ABS指示灯	(ABS)	用来显示 ABS 的工作状况。当打开钥匙门，车辆自检时，ABS 灯会亮数秒，随后熄灭。如果未闪亮或者起动后仍不熄灭，表明 ABS 出现故障
蓄电池指示灯	🔋	用来显示蓄电池的使用状态。打开钥匙门，车辆开始自检时，该指示灯亮，起动后自动熄灭。如果起动后蓄电池指示灯常亮，说明该蓄电池出现了使用问题，需要更换
燃油量指示灯	⛽	用来显示燃油箱内储油量的多少。当钥匙门打开，车辆进行自检时，该燃油量指示灯会短时间亮，随后熄灭。如果发动机起动后该指示灯亮，则说明燃油箱内燃油量已不足
车门指示灯	🚗	用来显示车辆各车门的状况。任意车门未关闭或者未关好，相应的车门指示灯都亮，提示车主车门未关好；当车门关闭或关好时，相应车门指示灯熄灭
安全气囊指示灯	👤	用来显示安全气囊的工作状态。当打开钥匙门，车辆开始自检时，该指示灯自动亮数秒后熄灭。如果常亮，则安全气囊出现故障
制动盘指示灯	(!)	是用来显示车辆制动盘磨损的状况。一般该指示灯为熄灭状态，当制动盘出现故障或磨损过度时，该灯亮，制动盘修复后该灯熄灭
驻车指示灯	(!)	用来显示车辆驻车制动器的状态，平时为熄灭状态。当驻车制动器被拉起后，该指示灯自动亮。驻车制动器被放下时，该指示灯自动熄灭。有的车型若行驶中未放下驻车制动器会伴随有警告音
冷却液温度指示灯	🌡️	用来显示发动机内冷却液的温度。钥匙门打开，车辆自检时，会亮数秒，后熄灭。冷却液温度指示灯常亮，说明冷却液温度超过规定值，需立刻暂停行驶，冷却液温度正常后指示灯熄灭
发动机故障指示灯	CHECK	用来显示车辆发动机的工作状况。当打开钥匙门，车辆自检时，该指示灯亮后自动熄灭。如果该灯常亮，则说明车辆的发动机出现了机械故障，需要维修
转向指示灯	⬅➡	用来显示车辆转向灯所在的位置，通常为熄灭状态。当驾驶人转向时转向灯亮，相应方向的转向指示灯也会亮，转向灯熄灭后，该指示灯自动熄灭

(续)

名　称	仪表指示灯	含　义
远光指示灯		用来显示车辆远光灯的状态，通常的情况下该指示灯为熄灭状态。当驾驶人打开远光灯时，该指示灯会同时亮，以提示驾驶人车辆的远光灯处于开启状态
玻璃清洁液指示灯		用来显示车辆所装玻璃清洁液的多少，平时为熄灭状态，该指示灯点亮时，说明车辆所装载玻璃清洁液已不足，需添加玻璃清洁液。添加玻璃清洁液后，指示灯熄灭
雾灯指示灯		用来显示前后雾灯的工作状况，当前后雾灯点亮时，该指示灯相应的标志就会点亮。关闭雾灯后，相应的指示灯熄灭
示廓指示灯		用来显示车辆示廓灯的工作状态，平时为熄灭状态，当示廓灯打开时，该指示灯随即亮。当示廓灯关闭打开前照灯时，该指示灯自动熄灭
内循环指示灯		用来显示车辆空调系统的工作状态，平时为熄灭状态。当车辆关闭外循环，空调系统进入内循环状态时，该指示灯自动亮。内循环关闭时该灯熄灭
VSC 指示灯		用来显示车辆 VSC（电子车身稳定系统）的工作状态，多出现在日系车上。当该指示灯亮时，说明 VSC 系统已被关闭
TCS 指示灯		用来显示车辆 TCS（牵引力控制系统）的工作状态，多出现在日系车上。当该指示灯亮时，说明 TCS 系统已被关闭
EPC 指示灯		常见于大众品牌车型中。打开钥匙门，车辆开始自检时，该灯会亮数秒，随后熄灭。如果车辆起动后该灯仍不熄灭，说明车辆电子节气门出现故障
O/D 档指示灯		用来显示自动档的 O/D 档（Over-Drive）超速档的工作状态。当 O/D 档指示灯闪亮，说明 O/D 档已锁止，此时加速能力获得提升，但会增加油耗
安全带指示灯		用来显示安全带是否处于锁止状态。当该灯亮时，说明安全带没有及时的扣紧，有些车型会有相应的提示音。当安全带被及时扣紧后，该指示灯自动熄灭

二、分析仪表指示灯、警告灯电路

1. 仪表电路分析

仪表与报警系统电路的特点可归纳如下：

1）所有的电气仪表都要受点火开关控制，在点火开关位于工作档（ON）与起动档（ST）时与电源接通，在点火开关位于附件专用档（ACC）时与电源断开。

2）汽车仪表常用双金属片电热丝式结构，表头一般只有2根线；也有双线圈十字交叉，中间有一个磁性指针的，多为3条线引出，其中一条接点火开关15号线（IG线），另一条线搭铁，还有一条线接传感器。

3）各仪表的表头与其传感器串联，燃油表、冷却液温度表一般串有电源稳压器。

4）指示灯、警告灯常与仪表装配在一个总成内或在附近布置，它们与仪表一起受点火开关控制。点火开关在ON档时，能检验大多数仪表、指示灯、警告灯是否良好。

5）指示灯与警告灯灯泡一般是由点火开关的15号线或IG线供电，外接传感开关，开关接通则搭铁构成通路，灯亮。

三、熟悉轿车常用报警系统故障的诊断方法

1. 冷却液温度表显示冷却液温度高且报警装置不报警的检查与排除

冷却液温度过高主要有3个原因：发动机冷却系统有故障、电控散热系统有故障和冷却液温度监控系统有故障。冷却液温度检测系统故障原因有：

1）冷却液温度传感器损坏（短路、断路或变值），冷却液温度表显示不正常。可用专用测量工具检测冷却液温度的测量基点和范围，如果不正常，则需要换冷却液温度表。

2）正常情况下，稳压电源输出应在 9.5~10.5V 范围内。如果输出电压过高或过低，也会使冷却液温度表显示不准确，可能显示冷却液温度过高，以至警告灯亮。

3）电路本身线路故障也会使冷却液温度表显示错误，一般线路连接最大电阻不应超过 1.5Ω。

2. 冷却液温度警告灯常亮故障的诊断

（1）故障现象 汽车在行驶过程中，发动机无论冷态还是热态，冷却液警告灯均常亮。

（2）故障原因

1）冷却液温度报警开关故障。

2）电路中有搭铁处。

3）储液罐中冷却液液面过低（带冷却液液位监测）。

4）冷却液液位开关故障。

（3）故障诊断 首先检查发动机冷却液温度是否真的过高，储液罐液面是否过低。如果这些都正常但仍然报警，可拔下储液罐液位开关插头，如果警告灯熄灭，说明故障在液位开关。若仍然亮，可接好液位开关插头，拔下冷却液温度报警开关插头，如果警告灯熄灭，说明故障在冷却液温度报警开关。若仍然亮，则说明电路中有搭铁处。

3. 机油压力警告灯常亮故障的诊断

（1）故障现象 汽车在行驶过程中，发动机机油压力警告灯常亮。

（2）故障原因

1）机油压力报警开关故障（有的车辆采用两个报警开关同时监控，如桑塔纳、捷达、奥迪轿车装有低压 30kPa 报警开关和高压 180kPa 报警开关）。

2）润滑油路压力达不到规定要求。

3）线路故障。

（3）故障诊断 下面以桑塔纳轿车发动机为例介绍机油压力警告灯常亮故障的诊断方法。

桑塔纳轿车发动机机油压力警告灯受安装在发动机缸盖油道的低压报警开关（30kPa 开关）和安装在机油滤清器附近的高压报警开关（180kPa 开关）控制。发动机工作时，当低压报警开关处油压低于 30kPa 时，低压报警开关触点闭合，警告灯亮；当发动机转速超过 2000r/min 时，如果高压报警开关处的油压低于 180kPa，高压报警开关的触点即被断开，仪表板内的控制单元控制警告灯亮起，同时蜂鸣器发出响声以示警告。

当出现机油压力警告灯常亮故障时，首先要区分是润滑系统故障还是报警系统自身故障，通常采用测量油压的方法进行诊断。

1）拆下低压开关（30kPa 开关），将其拧入检测仪。把检测仪拧到气缸盖上的机油低压开关处，并将检测仪的褐色导线接地。

2）用辅助导线将二极管测试灯接到蓄电池正极及低压开关（30kPa 开关）上时，发光二极管亮。起动发动机，慢慢提高转速，压力达到 15～45kPa 时，发光二极管应熄灭；若不熄灭，则说明低压开关有故障。发动机怠速运转，机油压力应大于 45kPa，发光二极管应熄灭；若压力低于 15kPa，则说明润滑系有故障。

3）将二极管测试灯连接到高压开关（180kPa 开关）上，慢慢提高发动机转速。当机油压力达到 160～200kPa 时，发光二极管必须亮，若不亮则说明高压开关有故障。进一步提高转速，转速达到 2000r/min 时，油压至少应达到 200kPa，若达不到则说明润滑系统有故障。

考核项目		评分标准	学生自评	小组互评	教师评价	小计
知识目标	汽车制动液面报警装置的结构	能完整叙述				
	汽车机油压力报警装置的结构	能完整叙述				
	汽车仪表报警指示灯的含义	能正确识读				
技能目标	桑塔纳轿车发动机机油压力检测	会测量机油压力				
	桑塔纳轿车发动机机油压力警告灯常亮故障的诊断方法	故障排除步骤会操作				
素质目标	安全、规范操作	做到做好				
	操作步骤、流程正确完整	正确熟练				
	团队合作	是否和谐				
	现场 6S	是否做到				
总评						

1. 简述机油压力表传感器的工作原理。
2. 说出常见的几种报警指示灯。
3. 简述警告灯不亮故障诊断的检测思路。

项目七

汽车风窗清洁系统的检修

【项目描述】

汽车风窗清洁系统用来刮除汽车风窗玻璃上的灰尘、污垢、雨水和雪花,以保证驾驶人有良好的视野,确保行车安全。一般汽车的前风窗玻璃上安装两个刮水器,部分汽车在后风窗玻璃也装有一个刮水器。汽车风窗清洁系统主要由电动刮水器和洗涤器组成。本项目主要学习汽车风窗清洁系统的组成和其控制电路的检修。

【重点难点】

重点:汽车刮水器的组成和控制电路,检修洗涤器控制电路。
难点:检修刮水器档位控制电路以及洗涤器与刮水器联动控制电路。

 任务一　汽车刮水系统检修

 学习目标

目标类型	目标要求
知识目标	1. 熟悉汽车刮水系统的作用与类型 2. 掌握汽车刮水系统的组成与工作原理 3. 掌握汽车刮水器控制电路的工作原理
技能目标	1. 能够进行汽车刮水器的检修 2. 能够进行汽车刮水系统常见故障的诊断与排除

 任务描述

一辆别克君威轿车刮水器不能摆动，要解决这个故障，需要掌握汽车刮水系统的相关知识。

知识准备

一、电动刮水器的概述

1. 刮水器的作用

刮水器是用来清除风窗玻璃上的雨水、雪或尘土，保证汽车在雨雪天气行驶时，驾驶人有良好的视线，确保行驶安全。目前汽车上广泛使用的是电动式刮水器。刮水器一般安装在汽车前风窗，部分汽车后风窗也装有刮水器。

2. 电动刮水器的组成及工作原理

电动刮水器主要由刮水器支架、电动机、联动机构和刮水片等组成，如图7-1所示。

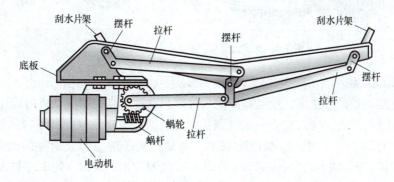

图7-1　电动刮水器结构

1）刮水器支架：用于将刮水器安装在汽车风窗玻璃前以及刮水器系统各部件的安装，

包括刮水片架、刮水器臂等。

2）电动机：其为直流变速电动机，内有快、慢两个线圈，电动机输出经蜗轮减速器减速并改变输出方向。

3）联动机构：把电动机的旋转输出运动传递到刮水臂，并转化为摆动运动。联动机构主要包括蜗轮蜗杆减速机构、摇臂、拉杆和摆杆。

4）刮水片：最终完成刮水作用的橡胶片。

电动刮水器工作时，电动机旋转，带动蜗轮蜗杆减速机构，使与蜗轮轴相连的摇臂带着两侧拉杆作往复运动，拉杆则通过摆杆带着左、右刮水架作往复摆动，安装在刮水架上的橡胶刮水片便刷去风窗玻璃上的雨水、雪和灰尘等。

二、电动刮水系统主要部件

1. 电动刮水永磁直流电动机的结构

汽车电动刮水系统使用的直流电动机功率较小，一般为15-50W，适于采用永磁励磁方式，且多采用铁氧体永磁（也称陶瓷永磁）材料，其典型结构如图7-2所示。永磁直流电动机具有结构简单、体积小、重量轻、省电、可靠性高等优点，现在的汽车电控刮水器大多采用永磁式直流电动机。

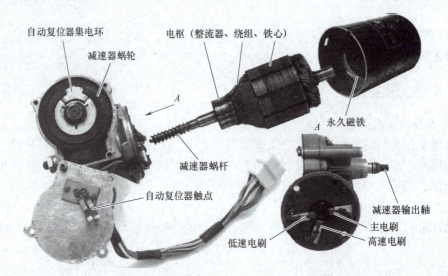

图7-2 电动刮水永磁直流电动机的结构

2. 永磁式电动刮水器的变速原理

电动刮水器一般设有快速、慢速和间歇3种刮水速度，靠控制电动机的转速实现。目前多用永磁式刮水电动机，所以重点介绍三刷式永磁电动机变速原理，如图7-3所示。

当刮水器开关拨向L时，电刷相隔180°，电动机转子绕组形成对称的两条并联支路，电流分流，每条回路串联的有效线圈各4个，串联线圈数相对较多，反电动势较大，电动机以较低转速稳定运转。

当刮水器开关拨向H时，电刷偏置，由于线圈8与线圈1~4绕向相反，线圈8产生的电动势抵消线圈1~4产生的部分电动势，电动机转子有效绕组匝数减少，因而正、负电刷

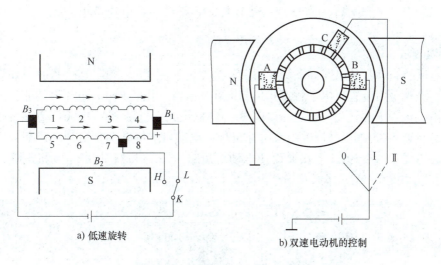

图 7-3 刮水器电动机变速原理

间的反电动势减小,电枢电流增大,引起电动机的转矩增大,在负载不变的情况下,使电动机获得某一较高的转速。

三、刮水器变速控制电路

1. 慢速刮水

刮水器变速控制电路如图 7-4 所示,当接通电源开关,变速开关置于"Ⅰ"档位置时,电流由蓄电池正极→电源开关→熔丝→电刷 B_3→电枢绕组→电刷 B_1→接线柱②→接触片→接线柱③搭铁→蓄电池负极。此时,电动机低速运转。

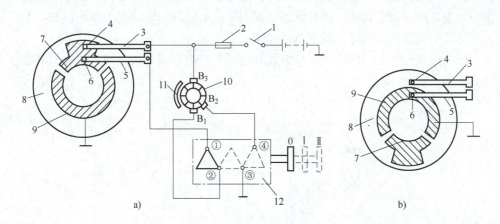

图 7-4 刮水器变速控制电路
a) 刮水器自动回位时铜环位置 b) 刮水器连续刮水时铜环位置
1—电源开关 2—熔丝 3、5—触点臂 4、6—触点 7、9—铜环
8—涡轮 10—电枢 11—永久磁铁 12—变速开关

2. 快速刮水

当变速开关置于"Ⅱ"档位置时,电流由蓄电池正极→电源开关→熔丝→电刷 B_3→电

枢绕组→电刷 B_2→接线柱④→接触片→接线柱③→搭铁→蓄电池负极。此时，电动机快速运转。

3. 停机复位

刮水电动机自动复位电路如图 7-5 所示。当变速开关置于"0"档位置时，如果刮水片未停在风窗玻璃下沿位置，由于触点 6 仍与铜环 9 接触（图 7-4b），电流继续流经电枢，电流从蓄电池正极→电源开关→熔丝→电刷 B_3→电枢绕组→电刷 B_1→接线柱②→接触片→接线柱①→触点臂 5→铜环 9→搭铁→蓄电池负极，电动机继续转动。当刮水片摆到风窗玻璃下沿时，触点臂 3、5 与铜环 7 接通而使电动机短路（图 7-4a），切断电动机电流，刮水器停止运转。

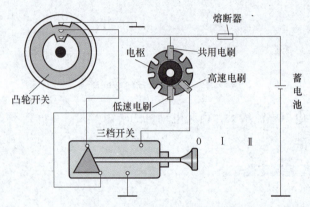

图 7-5　刮水电动机自动复位电路

4. 刮水片的间歇控制

汽车在小雨或雾天行驶时，若刮水器快速反复刮动不但没有必要，反而影响驾驶人的视线，因而增设了间歇刮水功能，使刮水器每刮刷一次后停歇一段时间。刮水器的间歇控制电路有多种形式，间歇刮水通过间歇继电器来实现。

刮水器的间歇控制是利用自动复位装置和电子振荡电路或集成电路实现的，其控制电路如图 7-6 所示。

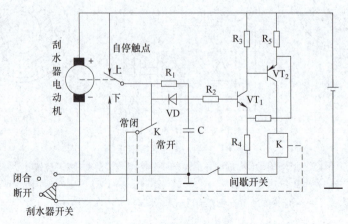

图 7-6　间歇刮水控制电路

当刮水器开关在断开位置（0档）、间歇开关接通时，电源向电容器C充电，充电电流从蓄电池正极经自停触点的上触点→电阻R_1→电容器C→搭铁至蓄电池负极形成回路。

当电容器两端电压上升到VT_1的导通电压时，VT_1导通，VT_2随之导通，继电器K因电流通过而动作，使K的动断触点分开，动合触点闭合，从而接通了刮水器电动机的搭铁电路，使刮水器开始工作。

刮水器电动机与刮水片定位停止凸轮联动，当刮水器电动机转动至自停触点的上触点断开、下触点接通时，电容器C便通过VD迅速放电，使VT_1的基极电位下降。当C两端的电压下降至VT_1的导通电压以下时，VT_1截止，VT_2随之截止，继电器K断电，其动合触点断开、动断触点接通。此时由于自停触点的下触点接通，因此电动机仍然通电，刮水片继续摆动。

只有当刮水片摆回原位后，刮水片定位停止凸轮将自停触点下触点断开、上触点接通时，刮水器电动机的电枢被短路而停转。接着电源对C充电，进入下一个循环，使刮水器间歇工作。

每次间歇时间长短取决于C的充电时间，改变R_1和C的参数值即可改变刮水器间歇时间。

一、风窗玻璃清洗装置控制电路分析

丰田轿车风窗玻璃清洗装置控制电路如图7-7所示。

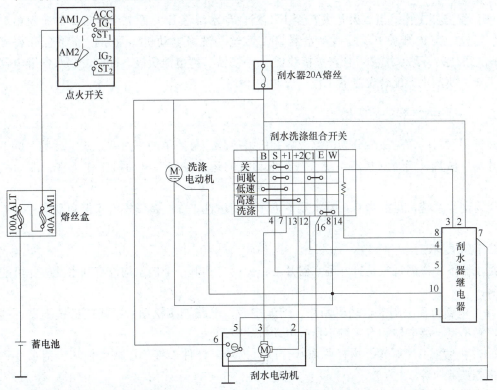

图7-7　丰田轿车风窗玻璃清洗装置控制电路

工作过程如下:

(1) 刮水器低速工作　当点火开关拨至 IG1 档且刮水开关置于低速位时,电流由蓄电池正极→熔丝→点火开关 IG1 档→刮水器 20A 熔丝→刮水洗涤组合开关 B 接线柱→低速开关→接线柱 7→刮水电动机低速电刷→电枢→公共电刷→搭铁→蓄电池负极,形成电流回路,刮水电动机低速运转。

(2) 刮水器高速工作　当点火开关拨至 IG1 档且刮水开关置于高速位时,电流由蓄电池正极→熔丝→点火开关 IG1 档→刮水器 20A 熔丝→刮水洗涤组合开关 B 接线柱→高速开关→接线柱 13→刮水电动机高速电刷→电枢→公共电刷→搭铁→蓄电池负极,形成电流回路,刮水电动机高速运转。

(3) 刮水器间歇工作　当点火开关拨至 IG1 档且刮水开关置于间歇位时,电流由蓄电池正极→熔丝→点火开关 IG1 档→刮水器 20A 熔丝→刮水器继电器 2 脚→刮水器继电器 5 脚→刮水洗涤组合开关接线柱 4→间歇开关→刮水洗涤组合开关接线柱 7→刮水电动机低速电刷→电枢→公共电刷→搭铁→蓄电池负极,形成电流回路,刮水电动机低速运转。刮水器继电器控制间歇时间。

(4) 刮水器停机复位　当刮水器开关拨至"关"位置时,若刮水片没有停在规定位,则刮水器电动机内复位装置将端子 5 与 6 接通,电流由蓄电池正极→熔丝→点火开关 IG1 档→刮水器 20A 熔丝→刮水电动机端子 6→刮水电动机端子 5→刮水器继电器 1 脚→刮水器继电器 5 脚→刮水洗涤组合开关接线柱 4→"关"开关→刮水洗涤组合开关接线柱 7→刮水电动机低速电刷→电枢→公共电刷→搭铁→蓄电池负极,形成电流回路,直至刮水器处在规定的停止位置上。

(5) 洗涤器工作　当点火开关打至 IG1 档且刮水洗涤开关置洗涤位时,电流由蓄电池正极→熔丝→点火开关 IG_1 档→刮水器 20A 熔丝→洗涤电动机→刮水洗涤组合开关接线柱 8→洗涤开关→刮水洗涤组合开关接线柱 16→搭铁→蓄电池负极。同时,刮水器继电器被触发工作,使刮水器配合洗涤器工作一段时间。

二、风窗刮水器的故障检修

风窗刮水器的常见故障分为电路故障和机械故障。最简单的方法就是从电动机上拆下连接刮片的机械臂,接通刮水器系统,观察电动机的运行。如果电动机工作正常,即为机械故障。

风窗刮水系统常见故障有:刮水器不工作、间歇性工作、持续操作不停和刮水片不能复位等。

1. 刮水器不工作

刮水器不工作的现象是打开刮水器开关,无论打到哪一个档位均没有刮水反应,可能的原因有:

(1) 电路方面　刮水电动机断路、熔丝烧毁、电路连接松动、断线或搭铁不良、刮水开关接触不良、继电器触点接触不良或电动机故障。

(2) 机械部分　蜗轮、蜗杆脱离啮合或者损坏,杆件连接松脱或者损坏,刮水片和传动机构等被卡住等。

刮水器在所有档位不工作时,可按图 7-8 所示步骤进行检查。

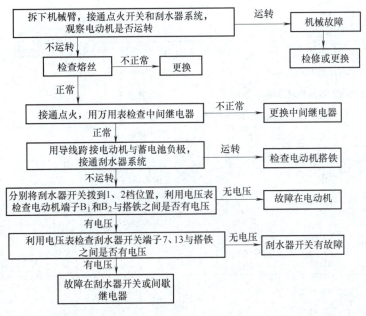

图7-8 刮水器在所有档位不工作故障诊断流程图

2. 刮水速度比正常慢或转动无力

电路或机械故障都可引起刮水速度比正常慢,首先要按上述办法确定故障在哪个部分。机械故障主要在电动机轴承和涡轮组两个部位。

电路故障多是由于接触电阻大而引起的。如果表现为所有档位速度都慢,应检查电源到刮水开关之间的电路,主要是中间继电器、熔丝和刮水器开关连接线端子插接是否牢固可靠。如果电源供电正常,则应检查刮水器开关中有无接触不良的现象。

如果电源供电回路正常,则应检查刮水电动机的搭铁回路是否正常。方法是将电压表的正表笔接电动机的搭铁端(或电动机壳体),负表笔接蓄电池负极,测得电压降不应超过0.1V,否则应修复电动机搭铁回路。

3. 间歇刮水系统不正常

如果刮水系统只是在间歇档位工作不正常,应首先检查间歇继电器的搭铁是否良好;如果搭铁正常,用万用表欧姆档检查继电器到刮水器开关之间的电路;如果电路也是良好的,则应更换间歇继电器。

4. 刮水器不能复位

刮水器不能复位可能是复位开关故障,也可能是刮水器开关内接触片变形所致。最常见的与复位开关有关的故障是当开关断开时,刮水器能停在该位置。首先要拆下电动机端盖,接通刮水开关,观察复位开关的工作情况。当关闭刮水器开关时,复位开关应能使其动断触点闭合到位,否则应更换复位开关。

三、刮水片的检测

刮水器支架的压力应适当且均匀,刮水片不应出现表面磨损与老化,与玻璃表面接触状态应良好。刮水器开关断开时,支架应能自动停止在要求位置,否则应旋松刷架进行调整。

考核项目		评分标准	学生自评	小组互评	教师评价	小计
知识目标	掌握汽车电动刮水系统的组成与功能	能完整叙述				
	掌握电动刮水器的控制原理与电路	能完整叙述				
	掌握汽车风窗玻璃清洁装置的组成与原理	能正确识读				
技能目标	能够进行主要部件的检测	会操作				
	能够进行电动刮水器常见故障的检测	会操作				
素质目标	安全、规范操作	做到做好				
	操作步骤、流程正确完整	正确熟练				
	团队合作	是否和谐				
	现场6S	是否做到				
总评						

1. 叙述电动刮水系统的组成。
2. 简单描述电动刮水器自动回位的工作原理。
3. 叙述刮水器不能正常工作的检修步骤。

任务二　汽车风窗洗涤装置检修

目标类型	目标要求
知识目标	1. 熟悉汽车洗涤装置的作用与类型 2. 掌握汽车洗涤装置的组成与工作原理 3. 掌握汽车洗涤控制电路
技能目标	1. 能够进行汽车洗涤装置的检修 2. 能够进行汽车洗涤装置常见故障的诊断与排除

一辆别克君威轿车不能清洗风窗，要解决这个故障，需要掌握汽车风窗玻璃清洗装置的相关知识。

汽车上增加风窗玻璃清洗装置，是为了更好地消除附在风窗玻璃上的灰尘污物，它与刮

水器配合使用，可保证驾驶人有良好的视线，同时避免划伤玻璃。

一、风窗玻璃清洗装置的组成及工作过程

风窗玻璃清洗装置的组成如图7-9所示，主要由储液罐、洗涤泵、软管、三通和喷嘴等组成。

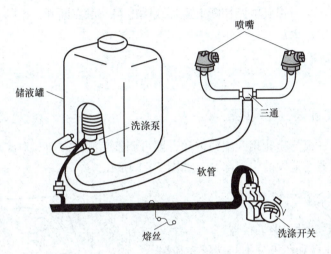

图7-9 风窗玻璃清洗装置的组成

洗涤泵由永磁直流电动机和离心式液片泵组装成为一体，安装在储液罐上或管路内，喷射压力达70~88kPa。喷嘴安装在风窗玻璃下面，其喷射方向可以调整，使水喷射在风窗玻璃的合适位置。使用时，应先开洗涤泵后开刮水器。洗涤泵连续工作的时间一般不超过1min，在喷水停止后，刮水器应继续刮2~5次，以达到较好的洗涤效果。

二、风窗除霜装置

汽车风窗玻璃在下雪天、气温较低的情况下易结霜，刮水器是无法清除的，这会严重影响驾驶人视线，因此汽车上安装有除霜装置。汽车前、侧风窗玻璃上的霜层通常是利用空调系统中产生的暖气进行清除的，后风窗玻璃多使用电热式除霜。

目前一些汽车上采用了自动控制除霜装置。自动控制除霜装置主要由除霜器、除霜器开关及指示灯、连接线路组成，如图7-10所示。传感器安装在后风窗玻璃上，采用热敏电阻，结霜越厚，阻值越小。电热丝采用正温度系数的细小镍铬丝，自身具有一定电流调节功能。

工作过程如下：

1）除霜开关置于"关"位置时，控制电路及指示灯电路被断开，除霜装置及指示灯均不工作。

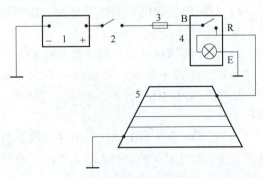

图7-10 后风窗玻璃电热式除霜装置组成示意图
1—蓄电池 2—点火开关 3—熔丝 4—除霜器开关及指示灯 5—除霜器（电热丝）

2）除霜开关置于"手动"位置时，继电器线圈可经手动开关直接搭铁，继电器触点闭合，使除霜电路及指示灯接通，除霜装置及指示灯均工作。

3）除霜开关置于"自动"位置时，若结霜达到一定厚度，传感器电阻值急剧减小到某一设定值，控制电路使继电器线圈通电，继电器触点闭合。由点火开关 IG 接线柱向电阻丝供电，同时使仪表板上的指示灯亮，表示除霜装置正在工作。当玻璃上结霜减少到某一程度时，传感器电阻值增大，控制电路切断继电器线圈电路，触点断开，电阻丝断电，除霜装置停止工作，同时指示灯灭。

一、风窗喷洗器喷射位置调整

在喷嘴内插入一根与喷孔相匹配的钢丝，即可调整喷洒的方向。对准喷嘴，以便喷洗器喷洒清洗液在刮水器的范围的中间部分，如图 7-11 所示。

二、洗涤器电动机的检测

1）拔下洗涤器电动机的插接器。

2）将蓄电池正极和负极分别与端子 2 和端子 1 相连，此时洗涤器电动机应该开始工作且喷嘴开始喷水，如图 7-12 所示。此测试动作必须要快（20s 以内），以防电动机烧损。

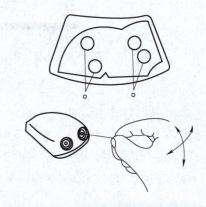

图 7-11 风窗喷洗器喷射位置调整示意图

三、风窗洗涤装置的故障诊断及排除

许多风窗洗涤装置的故障都是因输液系统引起的。因此，应先拆下泵体上的水管，然后使电动机工作，如果电泵能够喷出清洗液，则故障在输液系统。否则，按照下列步骤查找故障：

1）目测储液罐内的液体存储量，检查熔丝和电路连接是否良好。

2）打开洗涤器开关，同时观察电动机。如果电动泵工作但不喷液，需要检查泵内有无堵塞，排除泵体内的任何异物。如果没有堵塞，需更换电动泵。

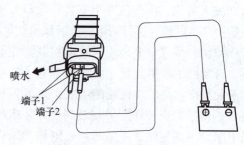

图 7-12 洗涤器电动机检测

3）如果电动泵不工作，用电压表或试灯检查开关闭合时洗涤泵电动机上有无电压。若有电压，用万用表欧姆档检查搭铁回路。若搭铁回路良好，需更换电动泵。

4）在3）中，如果电动机上没有电压，须沿电路向开关查找，检测开关工作是否正常。如果开关有电压输入，但没有输出，需更换开关。

四、风窗除霜装置故障诊断及排除

除霜器的常见故障是电阻丝断路、电阻丝搭铁不良以及开关损坏等。电阻丝断裂较短时，可用环氧树脂为基料的导电材料进行补接，然后用胶带纸贴盖。若断裂较长不易补接，则应更换后风窗玻璃。除霜器不工作或断续工作一般是由搭铁不良、开关损坏、继电器故障、电阻丝断路等引起的。

考核项目		评分标准	学生自评	小组互评	教师评价	小计
知识目标	掌握车用洗涤、除霜装置的功用	能完整叙述				
	掌握车用洗涤、除霜装置的组成与结构	能完整叙述				
	掌握车用洗涤器的工作原理	能正确识读				
技能目标	能够进行洗涤器电动机的检测	会操作				
	能够进行洗涤器常见故障的检测	会操作				
素质目标	安全、规范操作	做到做好				
	操作步骤、流程正确完整	正确熟练				
	团队合作	是否和谐				
	现场6S	是否做到				
总评						

1. 叙述风窗洗涤系统的组成。
2. 叙述风窗洗涤泵不工作的检修步骤。

项目八

汽车电动车窗系统的检修

➡【项目描述】

汽车电动车窗系统是汽车必备舒适装置之一,现在汽车基本都是电动车窗,以往的手动机械式车窗已被淘汰。本项目主要学习电动车窗的组成和控制电路的检修方法。

➡【重点难点】

重点:汽车电动车窗控制电路分析的步骤和方法以及电动车窗的拆装。

难点:电动车窗电路检修和车窗防夹功能控制过程。

任务一　电动门窗系统检修

学习目标

目标类型	目标要求
知识目标	1. 熟悉汽车电动门窗升降装置的作用与类型 2. 掌握汽车电动门窗升降装置的组成与工作原理 3. 掌握汽车电动门窗升降装置的控制电路
技能目标	1. 能够进行汽车电动门窗升降装置的检修 2. 能够进行汽车电动门窗升降装置常见故障的诊断与排除

一辆别克君威轿车前排乘员侧的门窗不能下落，要解决这个故障，需要掌握汽车电动门窗升降装置的相关知识。

一、汽车电动门窗升降系统概述

1. 作用

电动门窗可以使驾驶人更加集中精力驾驶，方便驾驶人及乘员的操作。驾驶人操作时，可以使 4 个门窗中的任意一个上升或下降，乘员只能使所在侧的门窗上升或下降。

2. 组成

电动门窗主要由门窗玻璃、门窗玻璃升降器、驱动电动机和控制开关等部件组成。门窗玻璃升降器主要有钢丝滚筒式升降器、齿扇式升降器及齿条式升降器等。

为操纵方便，电动门窗装有两套控制开关，一套分布在汽车仪表板或驾驶人侧车门上，由驾驶人控制；一套分布在对应的车门上，方便乘员使用。

二、主要部件的结构及工作原理

1. 门窗玻璃升降器

汽车门窗玻璃升降器是车门系统中实现门窗玻璃升降运动的车门附件，是调节门窗开度大小的专用部件，其功能是保证门窗玻璃平稳升降，并顺利地开启和关闭。

当升降器的外加控制撤销时，玻璃应能停在任意位置上，既不能自动下滑，也不能由于汽车的颠簸而上下跳动。一般通过玻璃升降器带动玻璃托架上下运动，从而使门窗玻璃沿着窗框的导槽或导轨作升降运动。目前主要应用的是电动门窗玻璃升降器。

电动门窗玻璃升降器从其结构特点上分，大致可分成三大类：绳轮式、叉臂式和软轴式。其结构特点及应用车型详见表 8-1。

表 8-1 电动门窗玻璃升降器的类型、结构特点及应用车型

类型	动力源	结构特点及应用车型	图片
绳轮式	动力源是直流微电动机,由开关改变电动机极性,作正反向旋转,带动机构作上下运动。由电动机传动轴带动卷丝筒旋转,卷丝筒带动钢丝绳在导轨上作上下运动,钢丝绳带动导轨上的传动掣(用以固定窗玻璃)作上下运动,起到升降玻璃的作用	结构运行平稳,噪声小,适用车型范围广,应用车型有雅绅特、奥迪、捷达、富康、别克、雅阁、帕萨特等	
叉臂式	动力源是直流微电动机,由开关改变电动机极性,作正反向旋转,带动机构作上下运动。由电动机传动轴上的小齿轮带动叉臂中的长臂上的扇形齿轮在一定角度内旋转,改变长臂与短臂的夹角,起到升降玻璃的作用	该结构能适用负载较大的门窗玻璃,结构简单、制造成本低,用于门窗玻璃弧度较小的车门,应用车型有金杯海狮、三菱MPV、夏利等	
软轴式	动力源是直流微电动机,由开关改变电动机极性,作正反向旋转,带动机构作上下运动。由电动机传动轴上小齿轮带动螺旋形钢丝软轴在导向管内作上下运动,软轴上的传动掣带动玻璃作上下运动,起到升降玻璃的作用	该机构简单,制造工艺比较复杂。应用车型有切诺基、依维柯等	

2. 升降控制开关

电动门窗的操作开关主要有总开关(主控开关)和门窗开关(分控开关)等。

(1) **总开关** 电动门窗总开关控制整个电动门窗系统,即可以控制所有门窗。每个门窗的电动机都要通过总开关搭铁,即电流不但通过每个门窗上的分开关,还通过驾驶人侧车门的总开关;断开总开关上的锁止开关,分开关就不起作用。

(2) **门窗开关** 门窗开关安装在每个车门上,控制各自门窗玻璃;在门窗锁止开关锁止时,分开关不起作用;部分汽车上,只有当点火开关在"ON"或"ACC"位置时,分开

关才起作用；大多无自动功能。

3. 升降电动机

升降电动机一般采用双向直流电动机，每个车门各有一个电动机，有永磁式和双绕组串励式两种。永磁式电动机通过控制电枢电流方向而正转或反转，双绕组串励式电动机通过控制通电的励磁绕组正转或反转，从而控制玻璃的升降。

为了防止电动机过载，在电路或电动机内装有一个或多个热敏电路开关，用来控制电流。当门窗玻璃上升到极限位置或由于结冰而使门窗玻璃不能自由移动时，即使操纵控制开关，热敏开关也会自动断路，避免电动机通电时间过长而烧坏。

三、电动门窗的控制电路及工作原理

1. 电动门窗的基本工作原理

不同汽车电动门窗的控制电路不同，按电动机是否直接搭铁分为电动机不直接搭铁和电动机直接搭铁两种。

电动机不直接搭铁的控制电路中，电动机的搭铁受开关控制，通过改变电动机中电流方向来改变电动机的转向，从而实现门窗的升降。电动机不直接搭铁的电动门窗控制电路如图 8-1 所示。

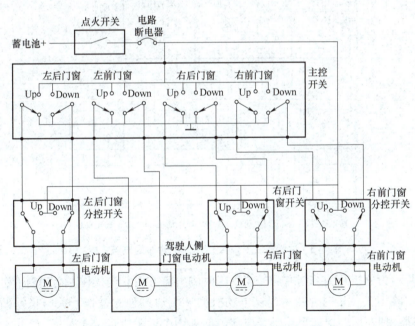

图 8-1 电动机不直接搭铁的电动门窗控制电路

电动机直接搭铁的控制电路中，电动机一端直接搭铁，电动机有两组磁场绕组，通过接通不同的磁场绕组，使电动机的转向不同，从而实现门窗的升降。电动机直接搭铁的电动门窗控制电路如图 8-2 所示。

图 8-3 所示为主控开关控制左后门窗上升时的电流方向。驾驶人操作主控开关中的左后门窗开关，使其在"升"的位置时，左后门窗电动机的一端通过主控开关与搭铁断开后接电源而通电转动，使左后门窗向上运动，其电流方向如图中箭头所指。

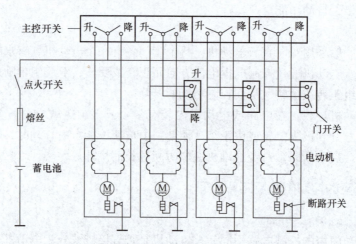

图 8-2 电动机直接搭铁的电动门窗控制电路

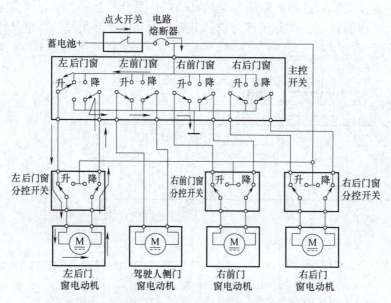

图 8-3 主控开关控制左后门窗上升时的电流方向

图 8-4 所示为分控开关控制左后门窗下降时的电流方向。当操作左后门窗的独立操作开关，使其在"降"的位置时，左后门窗电动机的一端通过独立操作开关与搭铁断开后接电源而通电转动，使左后门窗向下运动，电流方向如图中箭头所指。

可见，电动门窗控制电路中，一般都设有驾驶人集中控制的主控开关和每一个门窗的分控开关，每个门窗的操作开关可由乘员自己操作。但是，有些汽车的主控开关备有锁止开关，可以切断其他各门窗的电源，使每个门窗的操作开关不起作用，这个开关只能由驾驶人操作。

2. 自动升降电动门窗的工作原理

图 8-5 所示为自动升降电动门窗的控制电路。当点火开关处于 ON 位置时，电动门窗主继电器工作，触点闭合，给电动门窗电路提供了电源，门窗可随时进入工作状态。要使门窗

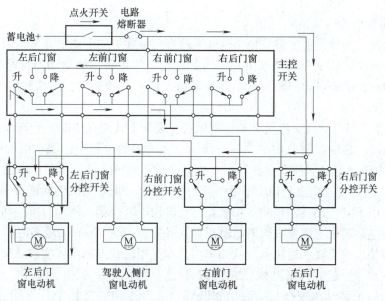

图 8-4　分控开关控制左后门窗下降时的电流方向

自动完全关闭，可将开关彻底拉起，驾驶人侧的"UP"信号被输入 IC，同时一个"AUTO"信号也被输入到 IC。因为 IC 内部有定时电路，当"自动上升"信号被输入时，定时器电路开始工作，通过定时器电路使 T_{r1} 和 T_{r2} 导通。此时有电流流过 UP 继电器线圈，电流流向为：蓄电池正极→T_{r1}→UP 继电器线圈→T_{r2}→搭铁，线圈中产生磁场，使继电器的触点由 A 点切换到 B 点。这时电动门窗电动机通电，具体电流流向为：蓄电池正极→UP 继电器触点 B→电动→DOWN 继电器触点 B→搭铁→蓄电池负极，构成闭合电路，电动机工作，使门窗上升。因为定时电路保持 T_{r1} 和 T_{r2} 导通的时间有 10s，所以即使开关被松开后电动机也能继续转动。如果驾驶人侧门窗完全关闭并且 IC 检测到来自电动门窗电动机的速度传感器和限位开关的锁止信号，或者定时器电路关闭时，电动门窗电动机将停止转动。当需要门窗完全打开时，驾驶人将开关按到底，IC 内部的定时电路使 T_{r1} 和 T_{r3} 导通后，电动机中有反向电流流

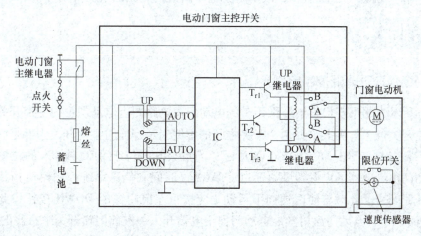

图 8-5　自动升降电动门窗的控制电路

过而使门窗打开。

3. 防夹功能电动门窗

电动门窗使用十分方便，但是如果驾驶人没有注意乘员的手或物品伸出窗口而操作主控开关时，就容易使其被上升的玻璃夹住。为此，现在许多轿车的电动门窗都增加了防夹功能。目前，汽车的防夹电动门窗（包括防夹电动天窗）的防夹功能的实现需要"触觉"和"视觉"的配合。

"触觉"就是当电动门窗机构感触到有异物在玻璃上升路径中时，会自动停止玻璃上升动作。防夹电动门窗的控制原理如图 8-6 所示。在关闭的过程中，驱动机构中有电控单元（ECU）及霍尔传感器（脉冲发生器）时刻检测电动机的转速，当霍尔传感器检测到转速有变化时就会向 ECU 传送信息，ECU 向继电器发出指令，使电动机停转或反转（下降），门窗就停止上升或下降。还有一种防夹功能是驱动机构中电控单元驱动门窗电动机工作，当电控单元检测到电动机中电流变大同时玻璃离最高端只有 15～20cm 的距离时，电控单元使门窗电动机反转使玻璃下降，通用和大众的车型基本是用这种控制模式实现玻璃防夹功能。

"视觉"是一套光学控制系统，它检测有无异物在电动门窗移动范围内，从而控制玻璃移动，无需异物直接接触到玻璃。这个光学控制系统的主要元件是光学传感器，它由红外线发射器和接收器组成，安装在门窗的内饰件上，能连续精确地扫描指定的区域。这个区域一般指门窗玻璃向上移动时，距离门窗开口框上边缘 4～200mm 范围内。一旦检测到有异物，传感器会把信息反馈至 ECU，ECU 发出指令使电动机停止运转。由于这种装置小巧、装嵌隐蔽、控制技术先进，所以还被称为"智能无接触防夹玻璃"。

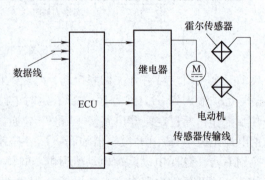

图 8-6　防夹电动门窗的控制原理

一般普通轿车的防夹电动门窗只有"触觉"，具有一定档次的轿车才有"视觉"。如果有"触觉"和"视觉"二重监测，汽车防夹电动门窗就能保证乘员安全。

一、门窗玻璃升降器控制电路分析

图 8-7 所示为北京现代索纳塔乘用车的电动门窗电路图。电动门窗的主控开关用虚线框标记，主控开关位于驾驶人侧。两个开关之间的虚线表示操作时主控开关内部是联动关系。

（1）手动控制玻璃升降　如图 8-8 所示，当点火开关位于 ACC 或 ON 的位置时，电流便经过电动门窗继电器的电磁线圈，通过 ETACM（时间和信息系统控制模块）搭铁，门窗继电器的开关闭合。此时若使门窗向下运动，应按下左前门窗的 DOWN 按钮，此时电流的流向为：电源 +B→电动门窗熔丝→电动门窗继电器开关→左前门窗开关中右侧的 DOWN 端子→电动门窗主开关端子 6→左前电动机端子 2→左前电动机端子 1→电动门窗主开关端子 5→左前门窗开关中左侧的 DOWN 端子→电动门窗主开关端子 10→搭铁。此时电动机工作，门窗玻璃向下运动。玻璃上升时的电流流向此处不再重复，与此时电动机中的电流方向相反，其运动方向也相反。门窗上升或下降的中途若松开开关，开关就自动回到 OFF 位置，电动机停止工作。

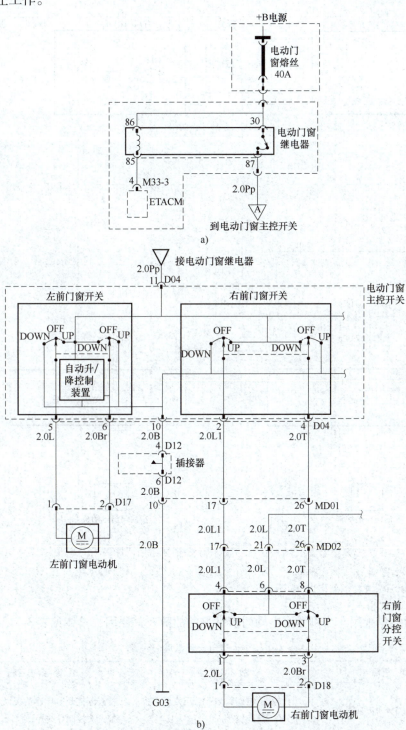

图 8-7 北京现代索纳塔乘用车的电动门窗电路图（一）

(2) 自动控制玻璃升降　按下自动按钮后，自动升降控制装置起作用，电流流向参照手动控制玻璃升降装置确定。

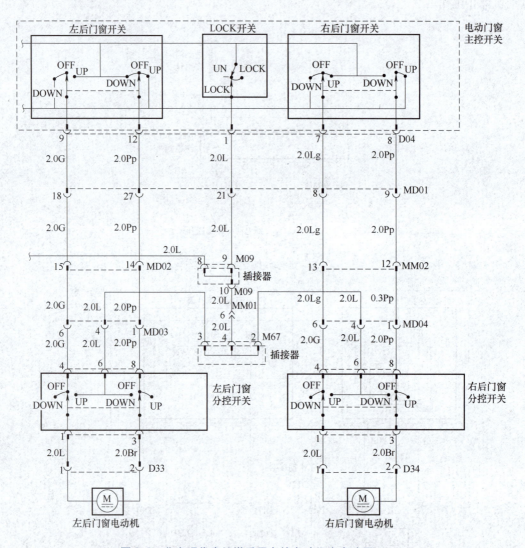

图 8-8　北京现代索纳塔乘用车的电动门窗电路图（二）

二、电动门窗的检修及故障诊断

下面以索纳塔乘用车为例介绍电动门窗常见的故障及其原因，具体见表 8-2。

表 8-2　电动门窗常见故障及原因

常见故障	故障原因	诊断思路
某个门窗只能向一个方向运动	分控开关故障或分控开关至主控开关可能出现断路	检查分控开关导通情况及分控开关至主控开关控制导线导通情况

（续）

常见故障	故障原因	诊断思路
某个门窗两个方向都不能运动	传动机构卡住 门窗电动机损坏 分控开关至电动机断路	检查传动机构是否卡住 测试电动机工作情况，包括断路、短路及搭铁情况检查 检查分控开关至电动机电路的导通情况
所有门窗均不能升降或偶尔升降	熔丝被烧断 搭铁不实	检查熔丝 检查、清洁、紧固搭铁
两个后门窗分开关不起作用	主控开关出现故障	检查主控开关的导通情况

1. 电动门窗总开关的检修

（1）拆卸　从驾驶人侧装饰板上拆下电动门窗主控开关（索纳塔乘用车的电动门窗主控开关和中控门锁主控开关是一体的）。主控开关插接器的端子图如图8-9所示。

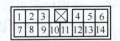

图 8-9　电动门窗主控开关端子

（2）检查　用万用表的欧姆档按照表8-3检查主控开关在门窗处于上升、下降和关闭状态时各个端子的导通情况。若测得结果和表不相符，说明门窗主控开关损坏。

表 8-3　电动门窗总开关的检查

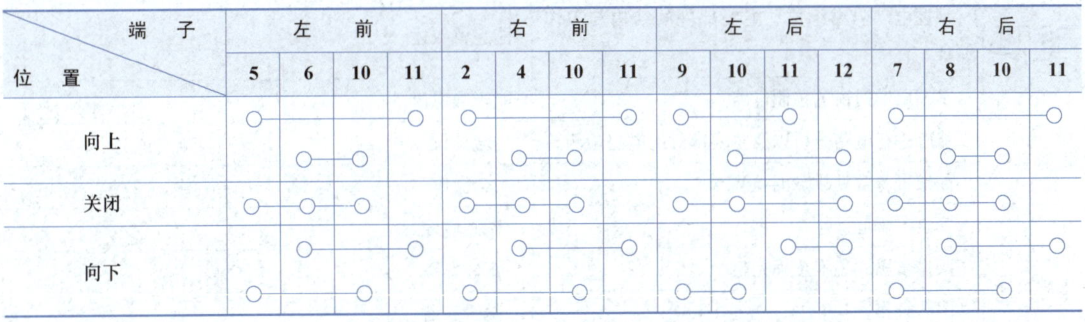

端子 位置	左 前				右 前				左 后				右 后			
	5	6	10	11	2	4	10	11	9	10	11	12	7	8	10	11
向上	○―	―○		○―	―○		○―	―○		○―	―○	
关闭		○―○			○―○			○―○			○―○	
向下	○―○			○―○			○―○			○―○		

（3）电动门窗闭锁开关检查　参照图8-8中的 LOCK 和 UNLOCK 开关，当开关位于 LOCK 位置时，端子 1 和 11 之间断路；当开关位于 UNLOCK 位置时，端子 1 和 11 之间导通。

（4）电动门窗继电器的检修　索纳塔乘用车电动门窗继电器的电路图参见图8-7a。

1) 静态检查。将万用表置于 R×1 档，测量端子 85 和端子 86 之间是否导通，若不导通，说明线圈烧坏。测量端子 30 和端子 87 是否断路，若导通，说明开关触点烧结或常闭，应进行更换。

2) 工作状况检查。用蓄电池的正、负极分别接端子 85 和 86，然后用万用表测量端子 30 和 87 是否导通，若不导通应及时更换。

2. 电动门窗分控开关及门窗电动机的检查

（1）电动门窗分控开关工作情况检查　用万用表的欧姆档按照表8-4检查分控开关在门窗处于上升、下降和关闭状态时各个端子的导通情况。

表8-4　电动门窗分开关的检查

端子 位置	1	3	4	6	8
向上	●————————————————●			●————————————●	
		●————————————————————————●			●————————●
关闭	●————————————●		●————————————●		
		●————————————————————————●			●————————●
向下		●————————————●		●————————————●	
	●——●		●————————————●		

（2）门窗电动机的检测　门窗电动机检查的基本思路是把蓄电池的正、负极分别接在门窗电动机的两个端子上，并互换一次，观察电动机能否正转、反转，且转速平稳；若不能，说明电动机有故障，应进行更换。在进行门窗电动机的测试时，若电动机停止转动，要立刻断开端子引线，否则会烧坏电动机。

考 核 项 目		评 分 标 准	学生自评	小组互评	教师评价	小计
知识目标	掌握电动门窗的功用	能完整叙述				
	掌握电动门窗组成、主要部件的结构与工作原理	能完整叙述				
	掌握电动门窗的控制电路	能正确识读				
技能目标	能够进行电路分析以及主要部件的电路检测	会操作				
	能够进行常见故障的检测	会操作				
素质目标	安全、规范操作	做到做好				
	操作步骤、流程正确完整	正确熟练				
	团队合作	是否和谐				
	现场6S	是否做到				
总评						

1. 叙述电动门窗的组成。
2. 叙述电动门窗主控开关控制其余门窗的工作原理。
3. 简单论述电动门窗都不工作的检修步骤。

任务二　电动天窗系统检修

目标类型	目标要求
知识目标	1. 熟悉汽车电动天窗的功用与操作方法 2. 掌握电动天窗的组成与工作原理 3. 熟悉电动天窗的控制电路
技能目标	1. 能够进行汽车电动天窗的检修方法 2. 能够进行电动天窗装置常见故障的诊断与排除

一辆别克君威轿车的天窗不能打开，要解决这个故障，需要掌握汽车电动天窗装置的相关知识。

一、汽车电动天窗概述

1. 汽车天窗的作用

（1）**通风换气**　换气是汽车加装天窗的主要目的。天窗利用负压换气的原理，依靠汽车在行驶时气流在车顶快速流动形成负压，将车内污浊的空气抽出。由于不是直接进风，而是将污浊的空气抽出，以及新鲜空气从进气口补充的方式进行通风换气，车内气流极其柔和，没有风直接吹到身上的不适感觉，也不会有尘土卷入。

（2）**节能**　在炎热的夏天，只需打开天窗，利用车辆行驶过程中车顶形成的负压抽出燥热的空气就可达到快速换气降温的目的。使用这种方法比使用汽车空调降温的速度快2~3倍，而且还能节约燃料。

（3）**除雾**　用天窗除雾是一种快捷除雾的方法。特别是在夏秋两季，雨水多、湿度大，前风窗玻璃容易形成雾气。驾车人只需要打开车顶天窗至后翘通风位置，可轻易消除前风窗玻璃的雾气，保证行车安全。

2. 汽车天窗的分类

汽车天窗按驱动方式的不同可分为手动式和电动式，按开启方向不同可分为内藏式、外倾式和敞篷式等。

外倾式天窗在开启后向车顶的外后方升起（主要应用在夏利、捷达、富康、奥拓、普通桑塔纳等中小型轿车上），内藏式天窗在开启后可以保持不同的弧度（多用于别克、桑塔纳2000、帕萨特、奥迪、红旗等大中型轿车上），敞篷式天窗在开启后天窗完全打开（此款天窗非常前卫，适合年轻人驾驶，但密闭防尘效果要略差一些）。

二、电动天窗的组成

电动天窗由车顶玻璃总成、滑动机构、连接机构、限位开关与顶开关等组成。天窗电动机、限位开关在车上的布置如图8-10所示。

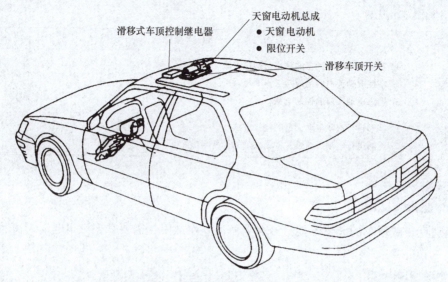

图8-10 电动天窗部件在车上的布置

1. 车顶玻璃总成

车顶玻璃总成是轿车电动天窗与车顶配合的部分。车顶玻璃使用染色玻璃,一般有青铜色、蓝色和灰色等颜色,起到透光作用的同时,能够过滤掉紫外线等有害的部分。在玻璃下面有遮阳板,在阳光过于强烈的时候可拉起遮阳板将阳光与汽车内部完全隔离。

2. 滑动机构

如图8-11所示,滑动机构主要由驱动电机、驱动齿轮、滑动螺杆和(前)后枕座等构成。电动天窗工作时,驱动电机产生的转矩由驱动齿轮传给滑动螺杆,直至后枕座。驱动电机进行正转和反转,带动滑动螺杆向前滑动或向后滑动,使车顶玻璃打开或关闭。

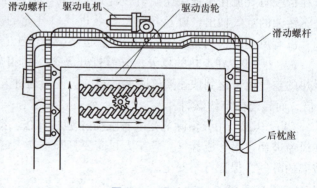

图8-11 滑动机构

3. 连接机构

如图8-12所示,连接机构主要由(前)后枕座、连杆和导向块等组成。天窗连接机构接收滑动螺杆传来的动力,通过后枕座、连杆使导向销在托架固定的几何形状槽内沿导向槽的轨迹滑动,实现天窗理想的开闭动作。

(1) **斜升** 当后枕座向前移动时,导向销沿导向槽向前滑动,连杆即按箭头A方向移动,从而斜升起车顶玻璃。

(2) 斜降 当车顶玻璃斜降开始时，后枕座按箭头 B 的方向收回与合拢，于是车顶玻璃便斜降下来。此工作完成之后，车顶玻璃才可按常规进行滑动打开。

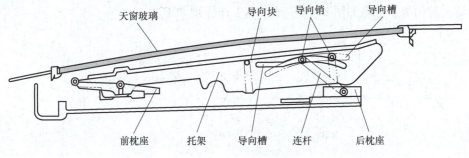

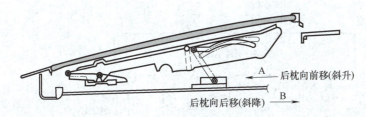

图 8-12 连接机构

4. 限位开关

如图 8-13 所示，有两个限位开关（限位开关 1 和限位开关 2），它们的闭合与断开靠凸轮来检测车顶玻璃所处的位置，然后将此检测信号送给电控单元（ECU）。限位开关 1 检测车顶玻璃停止的位置，即在全关闭位置前约 200mm 处和在斜降过程中的全关闭位置；限位开关 2 检测车顶玻璃在滑动过程中的全关闭位置。

5. 车顶开关

车顶开关包括滑动开关和倾斜开关，如图 8-14 所示。工作中它们将开关信号送至电控单元（ECU）。滑动开关推向打开一侧，车顶玻璃便滑动打开；推向关闭一侧时，它就作滑动关闭。在滑动关闭中，即使滑动开关处于关闭一侧，但一旦运行至全关闭位置前约 200mm 时，车顶玻璃的滑动便会立即停止（限位开关 1 作用）。一旦放松或再次推动滑动开关时，车顶玻璃便会完全关闭。当倾斜开关推向斜升（UP）一侧时，车顶玻璃便会斜升；推向斜降（DOWN）一侧时，车顶玻璃就会斜降。车顶玻璃是不会同时既作倾斜又作滑动运动的。

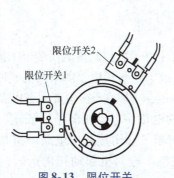

图 8-13 限位开关

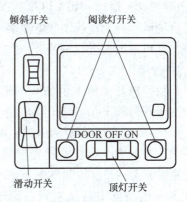

图 8-14 车顶开关

三、电动天窗的工作原理

电动天窗的控制电路如图 8-15 所示，其工作原理如下。

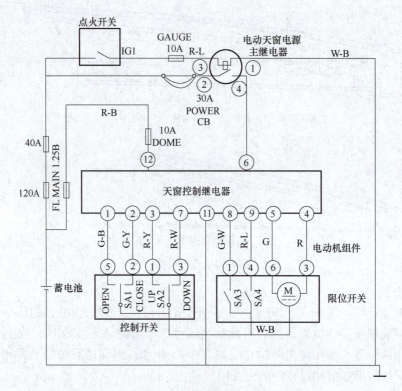

图 8-15　电动天窗的控制电路

1. 电源电路

电动天窗控制继电器的（12）端子供电来自蓄电池正极，经过 FLMAIN1.25B 熔丝、DOME 10A 熔丝后接通，这是一组常通供电电路。当将点火开关转至 ON 位置（IG1）时，就形成了如下的电流通路：蓄电池正极→120A 熔丝→40A 熔丝→点火开关闭合的 IG1 触点→GAUGE 10A 熔丝→电动天窗主继电器线圈→搭铁→蓄电池负极。

此时电动天窗主继电器线圈通电吸合，其常开开关触点闭合，从而形成了如下的电流通路：蓄电池正极→120A 熔丝→40A 熔丝→POWER CB 30A 熔断器→电动天窗电源主继电器端子②与④闭合的触点→天窗控制继电器端子⑥，使天窗的直流供电形成回路，只要进一步操作相应开关，就可对天窗进行调节。

2. 天窗打开过程

如果按下天窗控制开关 SA1 至 OPEN 侧，等效于将天窗控制继电器端子①搭铁，这时天窗控制继电器端子⑥与端子⑤、端子④与端子⑪接通，于是形成了如下的电流通路：蓄电池正极→120A 熔丝→40A 熔丝→POWER CB 30A 熔断器→电动天窗电源主继电器端子②与④闭合的触点→天窗控制继电器端子⑥与⑤间接通的电路→电动机组件端子⑥→天窗电动机 M→电动机组件端子③→天窗控制继电器端子④和端子⑪间接通的电路→搭铁→蓄电池负极。此时电动天窗电动机中有从左到右流过的电流。电动机起动正向运转，从而使天窗打开。

3. 天窗关闭过程

如果按下天窗控制开关 SA1 至 CLOSE 侧,等效于将天窗控制继电器的端子②搭铁,这时天窗继电器的端子⑥与端子④、端子⑤与端子⑪接通,由此就形成了如下电流通路:蓄电池正极→120A 熔丝→40A 熔丝→POWER CB 30A→熔断器电动天窗电源主继电器端子②与④闭合的触点→天窗控制继电器端子⑥与端子④间接通的电路→电动机组件端子③→天窗电动机→电动机组件端子⑥→天窗控制继电器端子⑤与端子⑪间接通的电路→搭铁→蓄电池负极。此时电动天窗电动机中有从右到左的电流流过,电动机起动反向运转,从而使天窗向关闭的方向滑移。当天窗滑移 200mm 左右,但不到全关位置时,限位开关 SA3 由 ON 转为 OFF,使天窗控制继电器端子⑧的搭铁断开,随即停止天窗滑移。

一、主要部件的检测

1. 驱动电机的检测(参见图 8-15)

1)断开点火开关,拔开驱动电机配线插接器。

2)用导线将蓄电池正极与驱动电机插接器端子 2 相接,并且在端子 2 和蓄电池正极之间串联 1 个 50A 的电流表;负极与端子 1 相连,对驱动电机施加蓄电池电压检查,这时,50A 电流表指针摆动的最大指示值小于 30A,驱动电机应沿顺时针方向旋转。

3)蓄电池正、负极与驱动电机正、负极的接法与 2)项相反,对驱动电机施加蓄电池电压检查,驱动电机应沿逆时针方向旋转。如果通电后驱动电机不转或旋转方向与规定不符,应修理或更换驱动电机。

2. 限位开关的检测

1)断开点火开关,拔开限位开关配线插接器,从驱动电机上拆下限位开关。

2)将限位开关 1 置于"ON"位置,用万能表电阻档检查,插接器端子 1、2 间应导通;反之,将限位开关 1 置于"OFF"位置,插接器端子 1、2 间应不导通。

3)将限位开关 2 置于"ON"位置,用万能表电阻档检查,插接器端子 1、3 间应导通;反之,将限位开关 2 置于"OFF"位置,插接器端子 1、3 间应不导通。

3. 电源继电器的检测

如图 8-16 所示,用万能表电阻档检查。继电器端子 1、3 间应不导通,端子 2、4 间应导通。

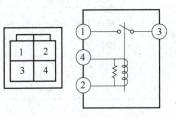

图 8-16 电源继电器的检测

二、电动天窗的故障检修

1. 天窗玻璃处于全开位置时的故障

按下滑动开关,天窗驱动电机静止不动,天窗玻璃不能移动到全闭位置。

(1)机械部分检查 对天窗的机械和电器部件进行外观检查,即导轨、螺杆、齿轮、蜗轮等机械传动部件是否存在阻塞、变形、断裂、磨损和卡滞等故障;天窗驱动电机的电器系统部件电路是否存在裸线与断线；插接件中插头与插座是否连接正确，插针是否存在弯曲、松旷和接触不良等现象。

（2）**电路检查** 检查电动天窗和电动门窗共用 30A 熔丝控制电路的工作情况。先打开点火开关，操作 4 个电动门窗开关，若 4 个门窗玻璃都控制自如，则沿天窗玻璃关闭方向按下滑动开关。若天窗驱动电机仍然不动作，用手触摸仪表台右侧保险盒内 30A 熔丝，感觉温度是否有升高的状况。如果温度没有升高，则说明该熔丝及其控制电路工作正常。反之，可判断电动天窗的电器系统存在电流过载或对地短路的故障。

（3）**对电动天窗系统电路进行"动态"测试** 先断开天窗驱动电机上的两线插头，在电动机另一侧的插头上并联 1 个 12V、36Ω 的小灯泡，之后打开点火开关，朝着天窗玻璃关闭方向按下天窗开关，如小灯泡没有亮，则用数字万能表测量该插头上的两根接线。如果它们与车身金属部分之间的电压都是 0V、电阻都是 0Ω，则说明天窗电动机插头上没有电源输入。

2. 电动天窗在全闭位置时不动作

当电动天窗不动作时，则按下述方法和步骤进行检查处理：

1）检查熔丝是否熔断。
2）检查电源继电器是否正常。
3）检查天窗控制开关和限位开关是否正常。
4）检查天窗驱动电机是否正常。
5）检查天窗玻璃控制电路是否正常。

如果相应的步骤中出现故障，则应更换或修理相关元器件。

考 核 项 目		评 分 标 准	学生自评	小组互评	教师评价	小计
知识目标	掌握电动天窗的功用	能完整叙述				
	掌握电动天窗的组成、主要部件的结构与工作原理	能完整叙述				
	掌握电动天窗的控制电路	能正确识读				
技能目标	能够进行电路分析以及主要部件的电路检测	会操作				
	能够进行常见故障的检测	会操作				
素质目标	安全、规范操作	做到做好				
	操作步骤、流程正确完整	正确熟练				
	团队合作	是否和谐				
	现场 6S	是否做到				
总评						

1. 简述电动天窗的组成。
2. 简述电动天窗不能工作的检修步骤。

项目九

汽车中控门锁与防盗系统的检修

➡【项目描述】

汽车中控门锁控制车门,防盗系统的功能是防止车辆有非法侵入、保护车内物品安全。防盗系统是在中控门锁的基础之上实现的。本项目主要介绍中控门锁的组成、拆装和控制电路的检修方法,防盗系统的控制原理。

➡【重点难点】

重点:汽车中控门锁的组成、防盗系统的控制原理。
难点:中控门锁的控制电路分析。

任务一　中控门锁系统检修

目标类型	目标要求
知识目标	1. 熟悉中控门锁的功用与操作 2. 掌握中控门锁的组成与工作原理 3. 熟悉中控门锁的控制电路
技能目标	1. 能够进行汽车中控门锁的检修 2. 能够进行中控门锁常见故障的诊断与排除

一辆别克君威轿车门锁打不开，要解决这个故障，需要掌握汽车中控门锁系统的相关知识。

一、中控门锁概述

1. 中控门锁的功能

中控门锁具有钥匙联动锁门和开门功能以及钥匙占用预防功能。根据不同的车型、等级和使用地区，中控门锁系统具有不同的功能。

（1）**手动锁定和解锁功能**　门锁控制开关被置于锁定或解锁侧时，所有的车门均被锁定或解锁。

（2）**车门钥匙锁定/开锁功能**　当钥匙插入到车门锁芯中顺时针或逆时针转动时，所有的车门均被锁定或解锁。当车门用钥匙锁定或解锁时，只有通过机械操作来锁定或开锁；某些车型在前排乘员侧车门上无车门钥匙锁芯。

（3）**两步开锁功能**　在钥匙联动开锁功能中，一级开锁操作，只能以机械方式打开当前车门；两级开锁操作，可同时打开其他车门。一般来说，所有车门均可以通过前右或前左侧门上的钥匙来同时关闭和打开。

（4）**防止钥匙遗忘功能**　驾驶人侧的车门打开后，当钥匙被遗忘在点火开关锁芯中时，如果操作门锁控制开关锁门，由于钥匙遗忘安全电路的存在，所有的车门先锁定，然后马上开启。

（5）**安全功能**　为了防止有人从车门玻璃和车窗框之间的空隙拨动门锁控制开关来开启车门，可用车钥匙或发射机（无线门锁遥控器）设置门锁安全功能并且使门锁控制开关的开锁操作无效。

（6）**无钥匙电动车窗的功能**　在某些门锁控制系统中，如果车主下车锁车门时有车窗没有关闭，集成继电器中的无钥匙继电器将控制电动车窗系统的电源，使电动车窗自动关闭。

2. 汽车中控门锁的分类

中控门锁种类很多，按发展过程一般可分为普通中控电动门锁系统、电子式电动门锁系统、车速感应式电动门锁系统和遥控电动门锁系统；按控制方式不同，可分为不带防盗系统的中控门锁和与防盗系统一体的中控门锁系统；按结构不同，可分为双向空气压力泵式和直流电动机式中控门锁。

3. 中控门锁系统的组成

中控门锁系统主要由控制部分和执行机构组成。控制部分主要包括门锁控制开关、门锁按钮、车门锁止开关、门钥匙开关、位置开关和钥匙插入开关等，执行机构主要包括门锁总成和车门锁止电动机等，如图9-1所示。

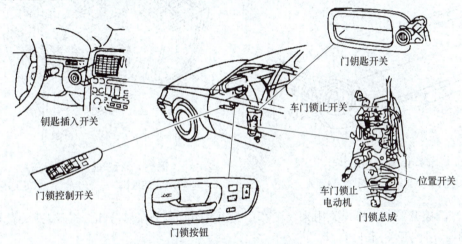

图 9-1　中控门锁系统的组成

二、中控门锁的主要部件

1. 门锁控制开关

门锁控制开关用来控制门锁控制器的工作。

（1）中控门锁开关　中控门锁开关安装在左前门和右前门的内侧扶手上，如图9-2所示，用来在车内控制全车车门的开启与锁止。

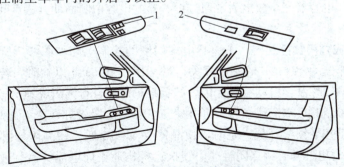

图 9-2　中央控制门锁开关

1—安装在左前门内侧扶手上　2—安装在右前门内侧扶手上

(2) 钥匙控制开关 钥匙控制开关装在左前门和右前门的外侧门锁上,如图 9-3 所示。当从车外面用车门钥匙开车门或锁车门时,钥匙控制开关便发出开门或锁门的信号给门锁控制 ECU,实现车门的打开或锁止。车门钥匙的功能是实现在车门外面锁车或打开车门锁,同时车门钥匙也是点火开关、燃油箱、行李舱等全车设置锁的地方共用的钥匙。

(3) 行李舱门开启器开关 一般该开关位于仪表板下面或驾驶人座椅左侧车厢底板上,拉动此开关便能打开行李舱门,如图 9-4 所示。行李舱的钥匙门靠近其开启器,推压钥匙门可断开行李舱内主开关,此时拉开启器开关也不能打开行李舱门。将钥匙插进钥匙门内顺时针旋转打开钥匙门,主开关接通,这时可用行李舱门开启器打开行李舱。

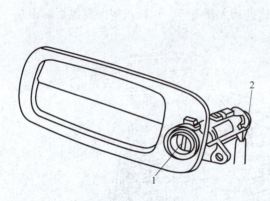

图 9-3　钥匙控制开关
1—车门钥匙孔　2—钥匙控制开关

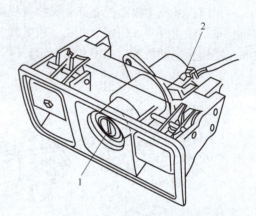

图 9-4　行李舱门开启器开关
1—行李舱钥匙门　2—行李舱门开启器主开关

(4) 门控开关 门控开关用来检测车门的开闭情况。车门打开时,门控开关接通;车门关闭时,门控开关断开。

2. 门锁控制器

(1) 晶体管式门锁控制器 晶体管式门锁的控制电路如图 9-5 所示。该门锁控制器内部有两个继电器,一个控制锁门,另一个控制开门。继电器由晶体管开关控制,它利用电容器的充放电过程控制一定的脉冲电流持续时间,使执行机构完成锁门和开门动作。

(2) 电容式门锁控制器 电容式门锁的控制电路如图 9-6 所示。该门锁控制器利用电容器的充放电特性,使开锁或闭锁继电器线圈产生电磁力,接通执行机构的电磁线圈,完成开锁或闭锁动作。平时电容器充足电,工作时把它接入控制电路使电路放电,使两电路之一通电而短时吸合。电容器完全放电后,通过继电器的电容中断而使其触点断开,门锁系统不再工作。

(3) 车速感应式门锁控制器 车速感应式门锁的控制电路如图 9-7 所示。在中央集控门锁系统中加载车速为 10km/h 的感应开关,当车速在 10km/h 以上时,若车门未上锁,不需驾驶人动手,门锁控制器自动将门上锁。如果某车门要自行开门或锁门可分别操作。

当点火开关接通时,电流流经警告灯可使 3 个车门的警告灯开关(此时门未锁)搭铁,报警指示灯亮。若按下锁门开关,定时器使晶体管 VT_2 导通,在晶体管 VT_2 导通期间,锁定继电器线圈 L_1 通电,动合触点闭合,门锁执行机构通正向电流,执行锁门动作。当按下开锁开关,则开锁继电器线圈 L_2 通电,动合触点闭合,门锁执行机构通反向电流,执行开门动作。汽车行驶时,若车门未锁,且车速低于 10km/h 时,置于车速表内的 10km/h 车速感应开关闭合,此时稳态电路不向晶体管 VT_1 提供基极电流;当行车速度高于 10km/h 时,车速感应开关断开,此时稳态电路给晶体管 VT_1 提供基极电流,VT_1 导通,定时器触发端经 VT_1 和车门报警开关搭铁,与按下锁门开关一样,使车门锁定,从而保证行车安全。

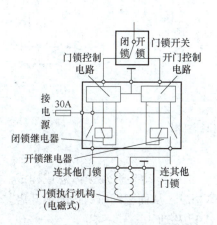

图 9-5 晶体管式门锁的控制电路

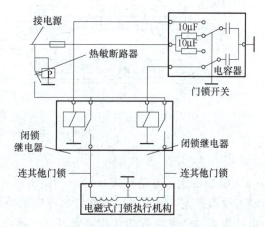

图 9-6 电容式门锁的控制电路

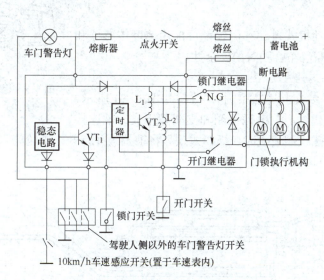

图 9-7 车速感应式门锁的控制电路

3. 门锁执行机构

门锁执行机构的任务是在外电路的控制下,使其通电极性发生改变,从而改变运动方向,带动门锁连杆机构完成开锁和闭锁的功能。

(1) 电磁线圈式 这种汽车电控门锁的开启和闭锁均由电磁铁驱动,其结构如图 9-8 所示。

它由锁门操纵杆相连,且能在两个线圈中自由移动。当锁门线圈通电后,铁心在电磁力作用下左移,将门锁锁止;当开门线圈通电后,铁心右移,将门开启。

电磁铁式自动车门锁的优点是结构简单,内部摩擦力小,动作敏捷,操作方便;缺点是耗电量大，动作时有撞击声。

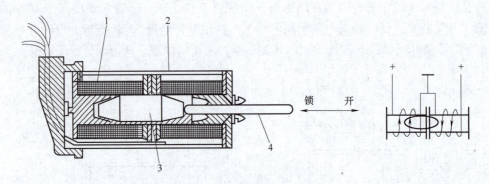

图9-8 双线圈门锁执行机构
1—锁门线圈 2—开门线圈 3—柱塞 4—操纵杆

（2）电动机式 电动机式自动车门锁由可逆电动机、传动装置及锁体总成构成。电动机带动齿轮齿条副（图9-9）或螺杆螺母副驱动锁体总成，从而驱动车门锁闭或开启。

电动机式自动车门锁的优点是体积小，耗电量少以及动作较迅速，但打开或关闭车门之后，若因疏忽通电，易烧损电动机。

电磁铁式和电动机式自动车门锁都可配用速度传感器和车门锁止器，以提高汽车行驶时的安全性。

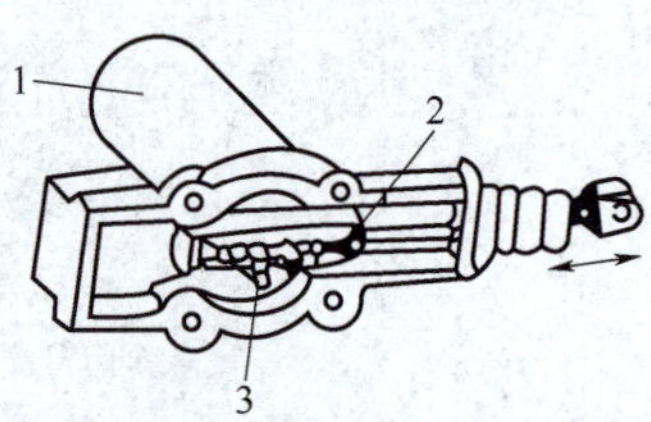

4. 行李舱门开启器

行李舱开启器装在行李舱门上，结构如图9-10所示，主要由轭铁、插棒式铁心、电磁线圈和支架等组成。轴连接行李舱门锁，当电磁线圈通电时，插棒式铁心将轴拉入并打开行李舱门。线路断路器用以防止电磁线圈因电流过大而过热。

图9-9 电动机式自动车门锁
1—电动机 2—齿条 3—齿轮

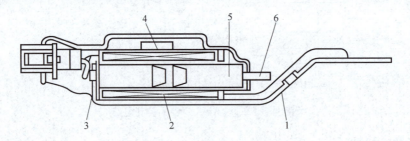

图9-10 行李舱门开启器
1—支架 2—电磁线圈 3—轭铁 4—线路断路器 5—插棒式铁心 6—轴

三、中控门锁控制电路

1. 电磁线圈式中控门锁控制电路

不同车型的电动门锁的控制功能、门锁执行器类型不尽相同，其电动门锁控制电路也不同。采用电磁线圈式门锁执行器的中控门锁控制电路如图9-11所示。

(1) 车门锁定 当驾驶人按下其车门锁扣或用钥匙锁门时,锁门开关 5 闭合,晶体管 VT_1 有正向偏压而导通,VT_2 随之导通,锁门继电器线圈 L_1 通电,其触点 K_1 被吸到 ON 位置。此时电磁线圈的电流通路为:

蓄电池正极→控制电路端子①→锁门继电器 K_1 动合触点(ON)→控制电路端子②→电磁线圈→控制电路端子③→开门继电器 K_2 动断触点(OFF)→控制电路端子④→搭铁。

由于电磁线圈正向通电,电磁吸力拉下车门锁扣杠杆,锁定车门。在锁门开关接通的瞬间,蓄电池向电容 C_1 充电,待充电结束时,VT_1 失去正向偏压而截止,VT_2 随之截止,L_1 断电,K_1 回到常闭(OFF)位置,门锁电磁线圈断电。

(2) 车门开锁 当驾驶人拉起其车门锁扣或用钥匙开门时,开锁开关闭合,开锁继电器线圈 L_2 通电,其触点 K_2 被吸到 ON 位置。此时电磁线圈的电流通路为:蓄电池正极→控制电路端子①→锁门继电器 K_2 动合触点(ON)→控制电路端子③→电磁线圈→控制电路端子②→锁门继电器 K_1 动断触点(OFF)→控制电路端子④→搭铁→蓄电池负极。

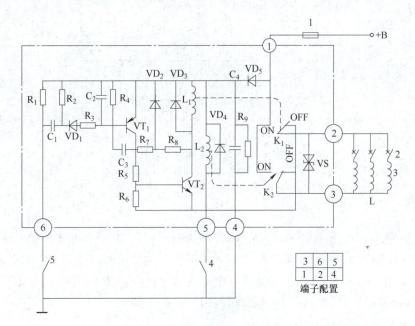

图 9-11 电磁线圈式中控门锁控制电路
1—熔断器 2—断路器 3—电磁线圈 4—开锁开关 5—锁门开关
L_4、K_1—锁门继电器线圈与触点 L_2、K_2—开门继电器线圈与触点

由于电磁线圈反向通电,电磁吸力拉起车门锁扣杠杆,车门锁被打开。

2. 电动机式中控门锁控制电路

电动机式中控门锁控制电路如图 9-12 所示,其工作原理如下:

(1) 用门锁控制开关锁门和开门

1)锁门控制。当驾驶人侧或前排乘员侧门锁控制开关 15 推向锁门侧时,信号"1"由接脚 16 和反相器 A 送给或门 A。或门 A 的输出从"0"变为"1"。由于锁门定时器供给晶体管 VT_1 的基极电流约 0.2s 并使其导通,结果 No.1 继电器接通,电流从蓄电池→接脚 8→No.1 继电器→接脚 4→门锁电动机→接脚 3→搭铁,则电动机锁上全部车门。

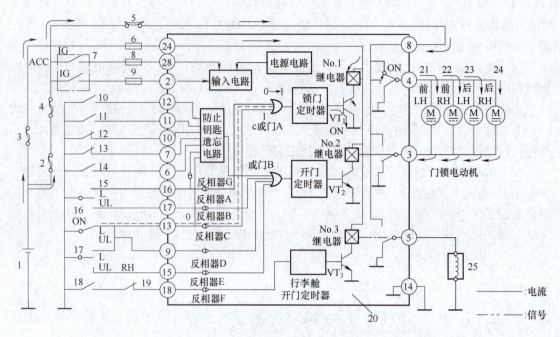

图 9-12 电动机式中控门锁控制电路

1—蓄电池 2—熔断器（ALT） 3—熔断器（MAIN） 4—熔断器（AM1） 5—断路器 6—DOME 熔断器 7—点火开关 8—CIG（点烟器）熔断器 9—EUC-LG 熔断器 10—左前门锁控制开关 11—右前门锁控制开关 12—左前位置开关 13—右前位置开关 14—钥匙开锁报警开关 15—门锁控制开关（双掷） 16—左前钥匙控制开关 17—右前钥匙控制开关 18—行李舱门开启器开关 19—主开关 20—防盗和门锁控制 ECU 21—左前门锁电动机 22—右前门锁电动机 23—左后门锁电动机 24—右后门锁电动机 25—行李舱门开启器电磁阀

2）开门控制。当门锁控制开关 15 推向开门侧，信号"1"经接脚 17 和反相器 B 送到或门 B，或门 B 输出从"0"变到"1"。因此，开门定时器给到晶体管 VT_2 加一基极电流约 0.2s 并使其导通，结果 No.2 继电器接通，电流从蓄电池→接脚 8→No.2 继电器→接脚 3→门锁电动机→接脚 4→搭铁，则门锁电动机接通，打开全部车门。

(2) 用钥匙锁门和开门

1）锁门控制。当钥匙插进驾驶人侧或前排乘员侧钥匙门内并向锁门方向转动，则左前钥匙控制开关 16 向锁门侧接通。此时信号"1"经接脚 13 和反相器 C 送给或门 A，或门 A 输出从"0"变为"1"。锁门定时器给晶体管 VT_1 加一基极电流约 0.2s 并使其导通，No.1 继电器接通，电流从蓄电池正极→接脚 8→No.1 继电器→接脚 4→门锁电动机→接脚 3→搭铁，门锁电动机接通，锁上全部车门。

2）开门控制。当用钥匙进行开门操纵时，钥匙控制开关向开门侧接通，"1"信号经接脚 9 和反相器 D 送到或门 B，或门 B 输出从"0"变为"1"。开门定时器接通晶体管 VT_2 并使 No.2 继电器接通，电流从蓄电池正极→接脚 8→No.2 继电器→接脚 3→门锁电动机→接脚 4→搭铁，电动机接通，全部车门打开。

(3) 防止钥匙遗忘功能　门锁系统防止钥匙遗忘功能可防止锁门时点火钥匙遗忘在钥匙门内。

1）推动锁钮锁门。当点火钥匙插在钥匙门内，驾驶人侧或前排乘员侧车门开着，左前门锁控制开关 10 和钥匙开锁报警开关 14 都接通。因此，这些开关经接脚 12 和 6 将"0"信号送给防止钥匙遗忘电路。在这种状态下，将锁钮推向锁门侧，则门立刻被锁上。但由于左前位置开关 12 断开，信号"1"经接脚 10 送至防止钥匙遗忘电路并使其输出信号"1"送给或门 B，使或门 B 的输出从"0"变到"1"。同时，开门定时器接通晶体管 VT_2 约 0.2s，电流在系统中的流动路径与用门锁控制开关开锁一样。电动机由 No.2 继电器供电而工作，打开全部车门。

2）用门锁控制开关锁、开门。当点火钥匙插在钥匙门内，驾驶人侧或前排乘员侧车门开着，左前门锁控制开关 10 和钥匙开锁报警开关 14 都接通。这些开关经接脚 12 和 6 将"0"信号送给防止钥匙遗忘电路。在这种状态下，当用门锁控制开关锁门时，门立刻被锁上。但由于信号"1"经接脚 16 送至防止钥匙遗忘电路和反相器 G，使电路将"1"信号送给或门 B 并使其输出从"0"变为"1"。同时开门定时器接通晶体管 VT_2 约 0.2s，电动机接通，全部车门打开。

3）车门全关闭时防止钥匙遗忘功能。当防止钥匙遗忘功能起作用和门锁钮保持向下阻止开门时，门被立刻锁上。此时左前门锁控制开关 10 和钥匙开锁报警开关 14 接通，并经接脚 12 和 6 将"0"信号送给防止钥匙遗忘电路。若此时车门处于关闭状态，则门锁开关断开，并且输入到防止钥匙遗忘电路的信号由"0"变为"1"。约 0.8s 后，防止钥匙遗忘电路输出"1"信号给或门 B，或门 B 输出信号从"0"变为"1"。开门定时器接通晶体管 VT_2 约 0.2s，电动机接通，全部车门打开。若此时车门不能全部打开，则开门定时器再次起动 0.8s 后，使全部车门打开。

（4）行李舱门开启器控制 当行李舱门开启器开关 18 接通，"1"信号经接脚 18 和反相器 F 送给行李舱门开启定时器。开启定时器送给晶体管 VT_3 基极电流约 0.2s，使其导通，No.3 继电器也导通，电流从蓄电池正极→接脚 8→No.3 继电器→接脚 5→行李舱门开启器电磁阀→搭铁，从而打开行李舱门。

一、中控门锁系统电路分析

1. 集成电路（IC）—继电器控制的中控门锁系统

图 9-13 所示为威驰轿车的中控门锁控制电路。门锁控制器由一块集成电路（IC）和两个继电器组成，IC 电路可以根据各种开关发出的信号来控制两个继电器的工作。此电路中的 D 和 P 分别代表驾驶人侧和前排乘员侧。

（1）用门锁控制开关锁门和开锁

1）锁门。将门锁控制开关推向锁门（LOCK）一侧时，门锁继电器的端子 10 通过门锁控制开关搭铁，将 VTr_1 导通。当 VTr_1 导通时，电流流至锁止继电器线圈，锁止继电器开关闭合，电流流至门锁电动机，所有车门均被锁住，如图 9-13 所示。

2）开锁。将门锁控制开关推向开锁（UNLOCK）一侧时，门锁继电器的端子 11 通过门锁控制开关搭铁，将 VTr_2 导通。当 VTr_2 导通时，电流流至解锁继电器线圈，解锁继电器开

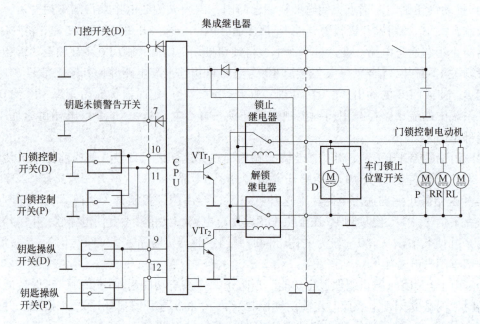

图 9-13 威驰轿车的中控门锁控制电路

关闭合,电流反向通过门锁电动机,所有的车门打开。

2. 用钥匙操纵开关锁门和开锁

1)锁门。将钥匙操纵开关转向锁门一侧时,门锁继电器的端子 12 通过门锁控制开关搭铁,将 VTr_1 导通。当 VTr_1 导通时,电流流至锁止继电器线圈,锁止继电器开关闭合,电流流至门锁电动机,所有车门均被锁住。

2)开锁。将钥匙操纵开关推向开锁一侧时,门锁继电器的端子 9 通过门锁控制开关搭铁,将 VTr_2 导通。当 VTr_2 导通时,电流流至解锁继电器线圈,解锁继电器开关闭合,电流反向通过门锁电动机,所有的车门打开。

二、门锁电动机的检查

首先关闭点火开关,拆下车门内侧板,找到门锁电动机。拆下电动机的 2 芯插头,然后将蓄电池的正、负极分别与电动机插座的两个插芯相通,电动机应转动;再将蓄电池的正、负极对调接在两个插芯上,电动机应反转。如果电动机不转或转动不平稳,则应修理或更换电动机。4 个车门及行李舱电动机的检查方法相同。

考核项目		评分标准	学生自评	小组互评	教师评价	小计
知识目标	熟悉中控门锁的功用	完整叙述				
	掌握中控门锁的组成、主要部件的结构与工作原理	能完整叙述				
	熟悉中控门锁的控制电路	能正确识读				

（续）

考核项目		评分标准	学生自评	小组互评	教师评价	小计
技能目标	能够进行电路分析以及主要部件的电路检测	会操作				
	能够进行常见故障的检测	会操作				
素质目标	安全、规范操作	做到做好				
	操作步骤、流程正确完整	正确熟练				
	团队合作	是否和谐				
	现场 6S	是否做到				
	总评					

 作 业

1. 叙述中控门锁的组成。
2. 中控门锁有哪几个开关？
3. 简述门锁不能工作的检修步骤。

 任务二　门锁遥控系统检修

 学习目标

目标类型	目标要求
知识目标	1. 熟悉汽车遥控门锁的功用与操作 2. 掌握遥控门锁的组成与工作原理 3. 熟悉遥控门锁控制电路
技能目标	1. 能够进行汽车遥控门锁的检修 2. 能够进行遥控门锁装置常见故障的诊断与排除

 任务描述

一辆别克君威轿车门锁打不开，要解决这个故障，需要掌握汽车门锁遥控系统的相关知识。

 知识准备

一、门锁遥控系统概述

门锁遥控系统从发射器发送信号，此发射器可以是钥匙内装式或是钥匙座型，即使它离车辆有一段距离，也能用来锁定或解锁车门，从而方便驾驶人的操作。

193

遥控中央门锁系统主要由发射器、接收器、遥控门锁 ECU、防盗和门锁控制 ECU（门锁控制组件）以及执行器等组成，如图 9-14 所示。具体零部件在车上的位置如图 9-15 所示。

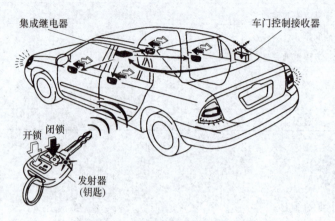

图 9-14　无线遥控门锁系统组成

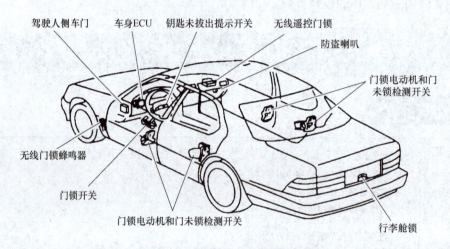

图 9-15　遥控门锁系统零部件位置

当按发射器开关时，它将信号变成无线电波信号发送到车门控制接收器。发射器有钥匙内装型和钥匙座型两种。发射器发射的无线电波（信号）的频率范围为 300～500MHz，各国设置的频率不同。

车门控制接收器接收来自发射器的信号，并将操作信号传输到集成继电器；集成继电器根据各开关来的输入信号检测运行情况，并按照来自车门控制接收器的操作信号向门锁装置输出锁定或解锁信号；钥匙开锁警告开关检测是否有钥匙插入点火开关锁芯中；门控开关检测车门是否关闭。

二、主要部件

1. 发射器

发射器也称遥控器，其作用是利用发射开关规定代码的遥控信号，控制驾驶侧车门、其他车门、行李舱门等的开启和锁闭,且具有寻车功能。发射器分为分开型和组合型(发射器与点火钥匙合二为一)两种,如图 9-16 所示。

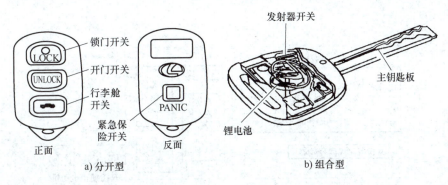

图 9-16 发射器

遥控器按照遥控信号的载体不同可分为红外线式、无线电波式和超声波式遥控器,其中前两者应用较为广泛。

(1) 红外线式遥控器 红外线式遥控器的组成如图 9-17 所示,主要由发光二极管、控制电路、身份代码存储器、开关按钮和电池等组成。

(2) 无线电波式遥控器 无线电波式遥控器的组成如图 9-18 所示,主要由输出部分、控制电路、身份代码存储器、开关按钮和电池等组成。输出部分由调制电路、高频振荡电路、高频放大电路以及发射天线等组成。

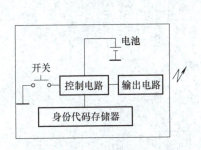

图 9-17 红外线式遥控器的组成

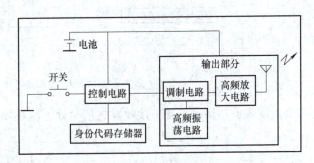

图 9-18 无线电波式遥控器的组成

2. 接收器

接收器对接收的信号进行放大和调制,检查身份鉴定代码是否相符,当代码一致时,判别功能代码,并驱动相应的执行器。

(1) 接收器的基本组成 现代汽车广泛采用红外线式接收器和无线电波式接收器。

1) 红外线式接收器。红外线式接收器的结构如图 9-19 所示,主要由电源电路 ECU、接收部分、身份鉴定代码存储器、身份鉴定控制电路 ECU、开关信号输入电路以及输出电路等组成。接收部分主要由接收遥控器信号的光电二极管、放大器、选频放大器和检波器等组成。开关信号主要是指车门的手动开关的输入信号,输出电路主要控制车门锁电动机。

2) 无线电波式接收器 无线电波式接收器的组成如图 9-20 所示,主要由电源电路、接收部分、身份鉴定代码存储器、身份鉴定控制电路、开关信号输入电路以及输出电路等组

195

成。接收部分主要由接收天线、射频放大器、局部振荡器、混频器、选频放大器、功率放大器和滤波器等组成。开关信号主要是指车门的手动开关的输入信号，输出电路主要控制车门锁电动机。

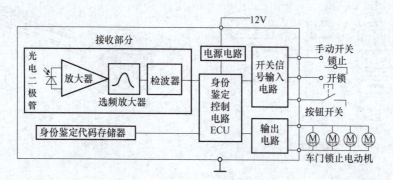

图 9-19　红外线式接收器

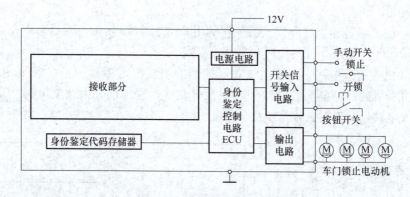

图 9-20　无线电波式接收器的组成

（2）接收器的信号处理　接收器的信号处理流程如图 9-21 所示。

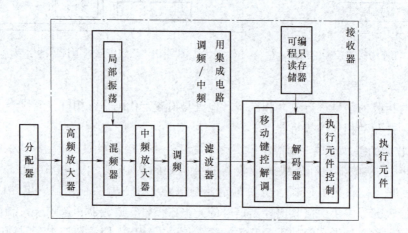

图 9-21　接收器的信号处理流程

（3）接收器的性能　身份鉴定代码的设定、降低暗电流、与其他系统的集中控制。

三、遥控门锁系统电路

图 9-22 所示为威驰轿车无线门锁系统电路图。

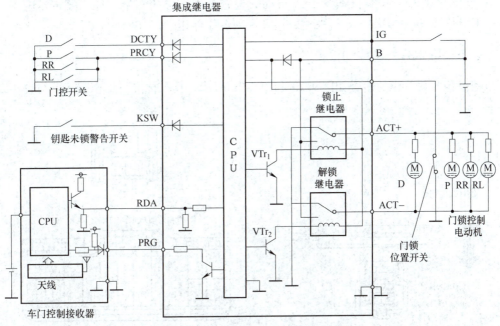

图 9-22　威驰轿车无线门锁系统电路图

（1）**所有车门的锁定/解锁操作**

1）传送和判断操作。如果钥匙没有插入点火开关锁芯中，并且所有门都关闭着，当按下发射器的锁定/解锁开关时，车辆的识别密码和功能码便被发送出去。当车门控制接收器收到这些代码时，控制接收器中的 CPU 开始核对和判断。如果接收器识别出收到的本车识别代码是车门锁定/解锁信号，它将把车门锁定/解锁信号输出到组合继电器。

2）在组合继电器侧的操作。当集成继电器收到车门锁定/解锁信号时，它将导通 VTr_1/VTr_2，使锁定/解锁继电器导通。结果使得所有的门锁控制电动机旋到锁定/解锁侧。

（2）**两步开锁操作**　要执行两步开锁操作，组合继电器中还有包括专用于驾驶人侧车门的开锁继电器和控制开锁继电器的 VTr_2。

当发射器的开锁开关只按下一次时，组合继电器导通 VTr_2 和驾驶人侧车门开锁继电器，只向解锁方向旋转驾驶人侧门锁控制电动机。

如果在 3s 之内连续按下发射器的开锁开关两次，组合继电器将导通 VTr_1 和 VTr_2、导通驾驶人侧和乘员侧车门的开锁继电器，并将所有的门锁电动机旋到开锁侧。

一、遥控器基本功能的检查

1）当钥匙上的任何开关按 3 次时，检查发射器的发光二极管是否亮 3 次。若发光二极管没有闪烁，说明遥控器缺电，应进行电池的更换。

2）检查能否用遥控器锁上和打开所有的车门。

3）按下 LOCK 开关时,检查警告灯是否闪烁一次,同时锁上所有的车门。

4）按下 UNLOCK 时,检查警告灯是否闪烁两次,同时打开所有的车门。

5）按下 PANIC 开关时长不少于 1.5s 时,检查是否防盗警报器鸣叫、警告灯闪烁;再次按下 UNLOCK 开关或 PANIC 开关时,声音和闪烁应停止。

二、未锁报警开关总成的检查

未锁报警开关总成的检查如图 9-23 和图 9-24 所示,具体标准可结合表 9-1 与表 9-2。

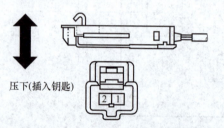

图 9-23 检查未锁报警开关的导通情况

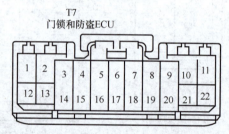

图 9-24 检查未锁报警开关的搭铁情况

表 9-1 检查开关的导通情况

端子号	开关动作	标准状态
1-2	开关松开（拔出钥匙）	不导通
	开关压下（插入钥匙）	导通

表 9-2 检查连接端子之间的导通情况

端子号	标准状态
U1-2 和 T7-11	导通
U1-1 和搭铁	导通

三、门锁控制继电器总成-门锁和防盗系统 ECU 连接状况检查

门锁控制继电器总成-门锁和防盗系统 ECU 连接状况检查如图 9-25 所示,具体标准可结合表 9-3。

表 9-3 检查连接端子之间的导通情况

端子号	标准状态
D4-6 和 T7-20	导通
D4-7 和 T7-21	导通

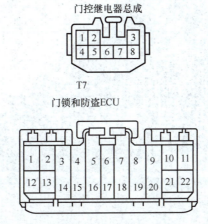

图 9-25 门锁控制继电器总成-门锁和防盗系统 ECU 连接状况检查

评价反馈

考核项目		评分标准	学生自评	小组互评	教师评价	小计
知识目标	掌握遥控门锁的功用	能完整叙述				
	掌握遥控门锁的组成、主要部件的结构与工作原理	能完整叙述				
	熟悉遥控门锁的控制电路	能正确识读				
技能目标	能够进行电路分析以及主要部件的电路检测	会操作				
	能够进行常见故障的检测	会操作				
素质目标	安全、规范操作	做到做好				
	操作步骤、流程正确完整	正确熟练				
	团队合作	是否和谐				
	现场 6S	是否做到				
总评						

作业

1. 门锁遥控系统与普通门锁系统的区别是什么？
2. 叙述门锁遥控系统的工作过程。
3. 简述门锁遥控系统不能正常工作的检修步骤。

项目十

汽车电动后视镜与电动座椅系统的检修

➲【项目描述】

汽车电动后视镜、电动座椅系统是为了驾驶人乘坐舒适和操作方便而加装的,系统功能是在点火开关处于附件(accessory)位置时就可以通电操作。本项目主要学习电动后视镜、电动座椅的组成、拆装和分析其控制电路。

➲【重点难点】

重点:汽车电动后视镜、电动座椅的组成和其控制电路分析。

难点:分析电动后视镜、电动座椅控制电路。

 汽车电动后视镜检修

学习目标

目标类型	目标要求
知识目标	1. 熟悉汽车汽车电动后视镜的功用与操作 2. 掌握汽车电动后视镜的组成与工作原理 3. 熟悉汽车电动后视镜的控制电路
技能目标	1. 能够进行汽车电动后视镜的检修 2. 能够进行汽车电动后视镜常见故障的诊断与排除

任务描述

一辆别克君威轿车电动后视镜不能调节,要解决这个故障,需要掌握汽车电动后视镜的相关知识。

知识准备

为了便于驾驶人调整后视镜的角度,很多轿车安装了电动后视镜,驾驶人在驾驶时也可对左、右后视镜的角度进行调节,操作起来十分方便。

一、电动后视镜的组成

电动后视镜由开关和电动后视镜总成组成,开关在驾驶人侧。电动后视镜的组成如图 10-1 所示,主要由电动机、垫圈和车镜支架等组成。镜面的背后装有两套电动机和驱动器,可操纵镜面上下及左右转动。通常上下方向的转动用一个电动机控制,左右方向的转动

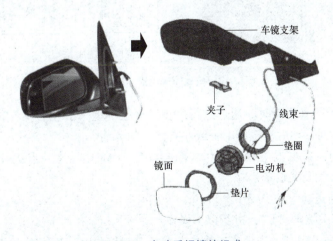

图 10-1 电动后视镜的组成

用另一个电动机控制。直流电动机采用双向永磁式的,通过改变电动机的电流方向,就可完成对后视镜的上下左右方向的调整。

为了使汽车能够获得最大的驻车间隙,通过尽可能狭小的路段,有的电动后视镜还带有伸缩功能,由伸缩开关控制伸缩电动机工作,使两个后视镜整体回转伸出或缩回。

二、电动后视镜的工作原理

后视镜的运动方向由开关控制,当开关在不同位置时,由于流经电动机的电流方向不同,电动机的转向就不同,从而使后视镜向不同的方向运动。图 10-2 所示为威驰轿车电动后视镜电路。

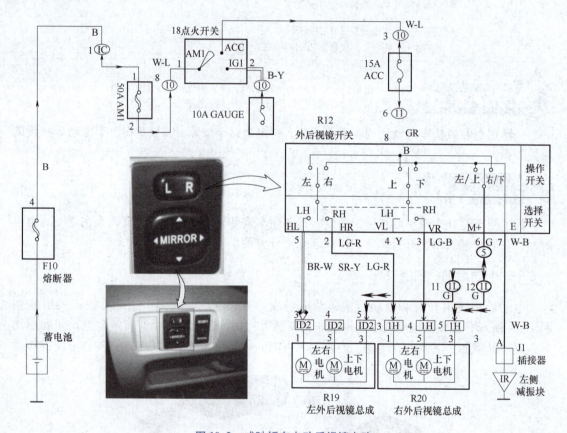

图 10-2 威驰轿车电动后视镜电路

当点火开关处于 ACC 档时,通过进行后视镜开关的上下、左右操作,即可控制后视镜电机相应动作,从而带动后视镜作上下或左右方向的运动。

电源电流流向:蓄电池电源→F10 熔断器→50A AM1 熔丝→点火开关 ACC 档→15A ACC 熔丝→外后视镜开关端子 8。

1. 左后视镜的运动

将左右选择开关拨至"L",进行以下操作。

1)左后视镜向上运动。当后视镜操作开关处于上位置时,开关 4-8 接通、6-7 接通,电流流向:外后视镜开关端子 8→外后视镜开关端子 4→上下电动机→外后视镜开关端子 6→外后视镜开关端子 7→搭铁→蓄电池负极。上下电动机控制后视镜向上运动。

2）左后视镜向下运动。当后视镜操作开关处于下位置时，开关 6-8 接通、4-7 接通，电流流向：外后视镜开关端子 8→外后视镜开关端子 6→上下电动机→外后视镜开关端子 4→外后视镜开关端子 7→搭铁→蓄电池负极。上下电动机控制后视镜向下运动。

3）左后视镜向左运动。当后视镜操作开关处于左位置时，开关 5-8 接通、6-7 接通，电流流向：外后视镜开关端子 8→外后视镜开关端子 5→左右电动机→外后视镜开关端子 6→外后视镜开关端子 7→搭铁→蓄电池负极。左右电动机控制后视镜向左运动。

4）左后视镜向右运动。当后视镜操作开关处于右位置时，开关 5-7 接通、6-8 接通，电流流向：外后视镜开关端子 8→外后视镜开关端子 6→左右电动机→外后视镜开关端子 5→外后视镜开关端子 7→搭铁→蓄电池负极。左右电动机控制后视镜向右运动。

2. 右后视镜的运动

右侧后视镜的调整与上述方法相同，只要将左右选择开关拨至"R"即可。

一、后视镜电路故障检修

对于电动后视镜的电路故障，可根据电路的分析，找到故障点，具体的故障现象及可疑部位详见表 10-1。

表 10-1 后视镜故障现象表

故 障 现 象	可 疑 部 位
后视镜不运作	1）ACC 熔丝 2）外后视镜开关总成 3）外后视镜总成 4）线束
后视镜运作不正常	1）外后视镜开关总成 2）外后视镜总成 3）线束

对于带伸缩功能的后视镜电路故障，还需检查其伸缩功能。如果不能伸缩，则故障点一般为：ACC 熔丝，车外后视镜开关，车外后视镜和线束。

二、外后视镜开关的检测

检查开关导通性，标准（左侧）如图 10-3 所示，左侧标准见表 10-2，右侧标准见表 10-3。如果结果不符合规定，则更换开关总成。

三、外后视镜总成检测

先断开后视镜插头，然后加蓄电池电压检查后视镜面运动，如图 10-4 所示，标准（左侧）见表 10-4。右侧与左侧相同。如果结果不符合规定值，则更换后视镜总成。

表10-2 开关导通性,标准(左侧)

端子	开关位置	规定情况
——	关	不导通
4~8 6~7	上	导通
4~7 6~8	下	导通
5~8 6~7	左	导通
5~7 6~8	右	导通

表10-3 开关导通性,标准(右侧)

端子	开关位置	规定情况
——	关	不导通
3~8 6~7	上	导通
3~7 6~8	下	导通
2~8 6~7	左	导通
2~7 6~8	右	导通

表10-4 外后视镜总成检测标准

测量情况	后视镜动作
蓄电池正极~MV(5) 蓄电池负极~COM(3)	后视镜向上(A)
蓄电池正极~COM(3) 蓄电池负极~MV(5)	后视镜向下(B)
蓄电池正极~COM(1) 蓄电池负极~MH(3)	后视镜向左(C)
蓄电池正极~MH(3) 蓄电池负极~COM(1)	后视镜向右(D)

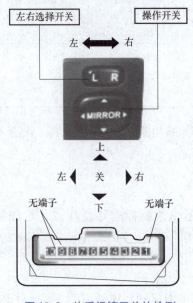

图10-3 外后视镜开关的检测

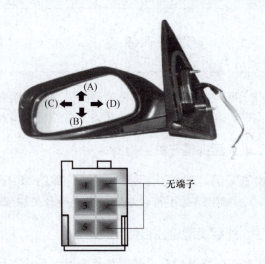

图10-4 右侧外后视镜检测

考核项目		评分标准	学生自评	小组互评	教师评价	小计
知识目标	掌握电动后视镜的功用	能完整叙述				
	掌握电动后视镜的组成、主要部件的结构与工作原理	能完整叙述				
	熟悉电动后视镜的控制电路	能正确识读				
技能目标	能够进行电路分析以及主要部件的电路检测	会操作				
	能够进行常见故障的检测	会操作				
素质目标	安全、规范操作	做到做好				
	操作步骤、流程正确完整	正确熟练				
	团队合作	是否和谐				
	现场6S	是否做到				
总评						

1. 叙述电动后视镜的组成。
2. 叙述电动后视镜的操作步骤。
3. 简述电动后视镜的故障检修步骤。

 任务二　汽车电动座椅检修

目标类型	目标要求
知识目标	1. 熟悉汽车电动座椅的功用与操作 2. 掌握汽车电动座椅的组成与工作原理 3. 熟悉汽车电动座椅的控制电路
技能目标	1. 能够进行汽车电动座椅的检修 2. 能够进行汽车电动座椅常见故障的诊断与排除

一辆2003款宝来汽车电动座椅不能调节，要解决这个故障，需要掌握汽车电动座椅的相关知识。

电动座椅利用电动机的动力调整座椅的前后位置和靠背的倾斜度，自动满足不同体型的驾驶人与乘员的乘坐舒适性要求。

驾驶人通过按键操纵，既可以将座椅调整到最佳的位置，以获得最好视野和便于操纵转向盘、脚踏板、变速杆等操纵件，还可以获得舒适和最习惯的乘坐角度。

一、电动座椅的组成

为了实现座椅位置的调节，普通电动座椅主要由若干个双向电动机、传动装置、座椅调整机构和控制开关等组成，如图10-5所示。

1. 电动机

电动座椅中使用的电动机一般为永磁式双向直流电动机。它通过控制开关来改变流经电动机内部的电流方向，从而使电动机有两个转动方向，调整机构可以把动力传至座椅，通过控制开关实现座椅不同位置的调节。

按照座椅电动机数目和可调方向数目的不同，一般分为二向、四向、六向、八向、十向和多向可调电动座椅。

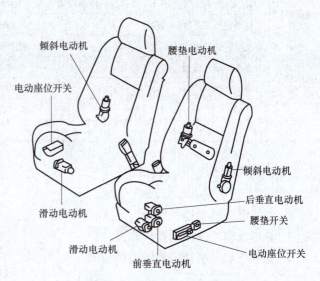

图 10-5 普通电动座椅组成图

2. 传动装置

电动座椅的传动装置主要包括变速器、软轴及齿轮传动机构等，如图10-6所示。变速器的作用是降速增矩。电动机轴与软轴相连，软轴和变速器的输入轴相连，动力经过变速器降速增矩，从变速器的输出轴输出，变速器的输出轴与调整机构相连，驱动调整机构带动座椅支架产生位移。

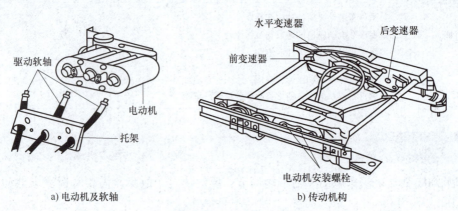

a) 电动机及软轴　　　　　　b) 传动机构

图 10-6 普通电动座椅的传动装置

3. 座椅调整机构

（1）**前后调整传动机构** 前后调整传动机构如图 10-7 所示，由蜗杆、蜗轮、齿条和导轨等组成，齿条装在导轨上。调整时，直流电动机产生的力矩经蜗杆传至两侧的蜗轮上，经齿条的带动，使座椅前后移动。

（2）**高度调整机构** 上下调整传动机构如图 10-8 所示，由蜗杆轴、蜗轮和心轴等组成。调整时，直流电动机产生的力矩带动蜗杆轴，驱动蜗轮转动，使心轴在蜗轮内旋进或旋出，带动座椅上下移动。

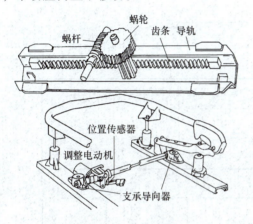

图 10-7 前后调整传动机构

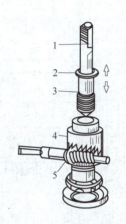

图 10-8 上下调整传动机构

1—铣平面 2—垫圈 3—心轴 4—蜗轮 5—蜗杆轴

4. 控制开关

控制装置接收驾驶人或乘员输入的命令，控制执行机构完成电动座椅的调整。电动座椅组合开关包括前倾开关、后倾开关和四向开关（即上下和前后），如图 10-9 所示。

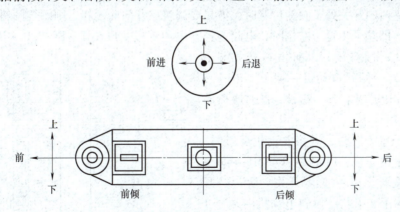

图 10-9 电动座椅的控制开关

电动座椅组合控制开关有的汽车安装在车门上，有的汽车安装在座椅旁边，方便驾驶人或乘员操纵。

二、电动座椅的基本控制原理

电动座椅控制电路与电动车窗的控制电路相似，通过调整开关控制双向直流电动机的电

207

流方向。

电动座椅的控制电路如图 10-10 所示。该座椅共设置了滑动电动机、前垂直电动机、倾斜电动机、后垂直电动机和腰垫电动机，分别对座椅的前后滑动、前部上下移动、靠背前后倾斜、后部上下移动及腰垫前后移动等 10 个方向进行调节。

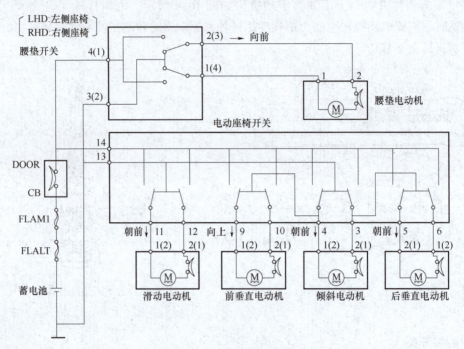

图 10-10 电动座椅的控制电路

下面以座椅靠背的倾斜调节为例，介绍电动座椅的控制过程。

当电动座椅的开关处于倾斜位置时，如果要调整靠背向前倾斜，则闭合倾斜电动机的前进方向开关，即端子 4 置于左位时，电路为：蓄电池正极→FLALT→FLAM1→CB→DOOR→开关端子 14→（倾斜开关"前"）→开关端子 4→端子 1（2）→倾斜电动机→端子 2（1）→开关端子 3→开关端子 13→搭铁，此时座椅靠背前移。

当端子 3 置于右位，倾斜电动机反转时，电路为：蓄电池正极→FLALT→FLAM1→CB→DOOR →开关端子 14→（倾斜开关"后"）→开关端子 3→端子 2（1）→倾斜电动机→端子 1（2）→开关端子 4→开关端子 13→搭铁，此时座椅靠背后移。

三、带储存功能电动座椅

目前，许多高档轿车的电动座椅系统采用存储器，具有记忆功能。图 10-11 所示为带

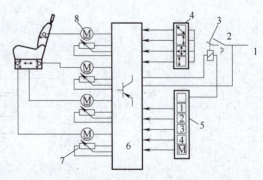

图 10-11 带储存功能电动座椅电子控制示意图
1—接蓄电池 2—接保护装置 3—继电器
4—手动调节开关 5—存储复位开关
6—电子控制模块 7—位置电位器
8—电动机

储存功能电动座椅电子控制示意图。它能够将设定的座椅调节位置进行记录，使用时只要按指定的按键开关，座椅就会自动地调节到预先设定的座椅位置上。

系统主要由电控部分和执行器等组成，4个位置传感器用来检测座椅的设定位置。当座椅位置设定后，驾驶人按下存储器的按钮，单片微型计算机就把这些电压信号记忆在存储器中，作为重新调整位置时的基准。使用时，只要一按按钮，就能按存储时的状态来调整座椅位置。

四、座椅加热系统

座椅加热系统可以对驾驶人侧和乘员侧座椅进行加热，以提高乘坐舒适性。图10-12所

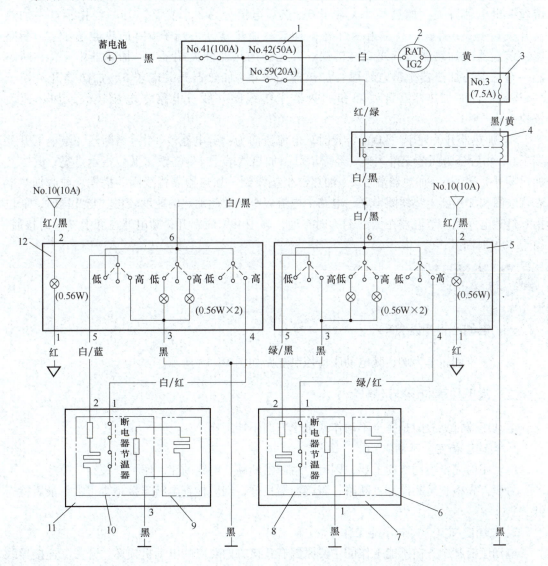

图10-12 电动座椅加热控制电路

1—熔断器 2—点火开关 3—驾驶人侧仪表板下熔断器 4—座椅加热继电器 5—驾驶人侧座椅加热器开关 6—座椅靠背加热电阻 7—前排乘员侧座椅加热器 8—驾驶人侧座椅电加热电阻 9—驾驶人侧座椅靠背加热电阻 10—驾驶人侧座椅电加热电阻 11—驾驶人侧座椅加热器 12—驾驶人侧座椅加热器开关

示为本田雅阁轿车座椅加热控制电路。此座椅的加热速度可以调节。驾驶人侧和前排乘员侧座椅的加热器和加热控制开关相同,其中 HI 表示高位加热,LO 表示低位加热。该座椅加热系统可以单独对驾驶人侧或前排乘员侧座椅进行加热,也可以同时对两座椅进行加热。下面以驾驶人侧座椅加热器为例,分析其工作过程。

加热过程控制如下:

1) 当加热器开关断开,使加热系统不工作。

2) 当加热器开关处在"HI"位置时,电流首先经过点火开关给座椅加热器的继电器线圈通电,线圈产生磁场使继电器开关闭合,此时加热器的电路为:蓄电池"+"→熔丝→继电器开关→加热器开关端子6,然后电流分为3个支路。其一经指示灯→加热器开关端子3→搭铁,高位指示灯亮;其二经加热器开关端子6→加热器端子1→断路器→节温器→加热器靠背线圈→搭铁;其三经加热器开关端子6→加热器端子1→断路器→节温器→加热器坐垫电线圈→加热器端子2→加热器开关端子5→加热器开关端子3→搭铁。此时加热器靠背线圈和加热器坐垫线圈并联,电路中电流较大,加热速度较快。

3) 加热器开关处于"LO"位置时。电流流向为:蓄电池"+"→熔断丝→继电器开关端子6,然后分为两个支路。其一经指示灯→加热器端子4→搭铁,低位指示灯亮;其二经加热器开关端子6→加热器端子2→加热器坐垫线圈→加热器靠背线圈→搭铁。此时加热器靠背线圈和加热器坐垫线圈串联,电路中电流较小,因此加热的速度较慢。与此同时,低位指示灯通电发光。节温器在低于34℃时接通,高于43℃时断开;断电器在低于30℃时接通,高于50℃时断开。

一、电动座椅电路分析

以本田雅阁轿车为例,其电动座椅控制电路如图10-13所示。

二、常见故障的诊断及排除

电动座椅常见故障是完全不动作或某个方向不能工作。

1. 电动座椅完全不动作

电动座椅完全不动作的主要原因有:熔断器断路,电路断路,座椅开关有故障等。

可以首先检查熔断器是否断路;若熔断器良好,则应检查电路连接是否正常,最后检查开关。

2. 电动座椅某个方向不能工作

电动座椅某个方向不能工作的主要原因有:该方向对应的电动机损坏、开关、连接导线断路。可以先检查电路是否正常,再检查开关和电动机。

若电动机运转而座椅不动,首先看是否已到极限位置,然后检查电动机与变速器之间的相关轴器是否磨损过大或损坏,必要时应更换。

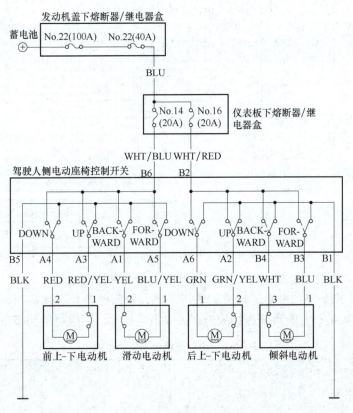

图 10-13　本田雅阁轿车电动座椅控制电路

三、主要部件的检测

1. 电动座椅控制开关的检测

1）拔出调节开关钮，然后从驾驶人侧座椅处拆下调节开关罩。

2）拆开调节开关的两个6芯插头，如图 10-14 所示。再拆下该开关的两个固定螺钉，然后从开关罩上拆下调节开关。

3）当调节开关处于各调节位置时，按表 10-5 检查电动座椅开关两个6芯插头端子的通断情况，视情况更换调节开关。

2. 电动座椅电动机的检测

1）拆下驾驶人侧座椅轨道端盖，再拆下驾驶人侧座椅的4个固定螺栓。

2）拆开座椅线束插头和线束夹，然后拆下驾驶人侧座椅。

3）拆开调节开关的两个6芯插头。

4）将两个6芯插头的某两端子分别接蓄电池正、负极，按表 10-6 检查各调节电动机的工作情况。

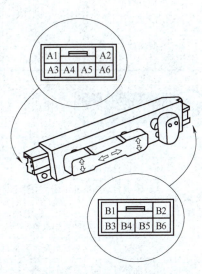

图 10-14　6芯插接器及端子

表 10-5 电动座椅控制开关的检测

开关位置	端子	A1	A2	A3	A4	A5	A6	B1	B2	B3	B4	B5	B6
前端上下调节开关	向上			○—	—○							○—	—○
	向下			○—	—○							○—	—○
后端上下调节开关	向上		○—	—	—	—	—○					○—	—○
	向下		○—	—	—	—	—○					○—	—○
前后调节开关	向前	○—	—	—	—	—○						○—	—○
	向后	○—	—	—	—	—○						○—	—○
倾斜调节开关	向前									○—	—○	○—	—○
	向后									○—	—○	○—	—○

注意：当电动机停止运转时，应立即断开端子与蓄电池的连接。

5）如果某个调节电动机不运转或运转不平稳，则应检查 6 芯插头与该调节电动机的 2 芯插头之间的线束是否有断路或虚接故障。如果电路正常，则应更换调节电动机。

表 10-6 电动座椅电动机的检测

调节电动机的工作情况	电源	(+)	(−)
前端上下调节电动机	向上	A3	A4
	向下	A4	A3
后端上下调节电动机	向上	A2	A6
	向下	A6	A2
前后调节电动机	向前	A5	A1
	向后	A1	A5
倾斜调节电动机	向前	B3	B4
	向后	B4	B3

评价反馈

	考核项目	评分标准	学生自评	小组互评	教师评价	小计
知识目标	掌握自动座椅的功用	能完整叙述				
	掌握自动座椅的组成、主要部件的结构与工作原理	能完整叙述				
	熟悉自动座椅的控制电路	能正确识读				
技能目标	能够进行电路分析以及主要部件的电路检测	会操作				
	能够进行常见故障的检测	会操作				

（续）

考核项目		评分标准	学生自评	小组互评	教师评价	小计
素质目标	安全、规范操作	做到做好				
	操作步骤、流程正确完整	正确熟练				
	团队合作	是否和谐				
	现场 6S	是否做到				
总评						

1. 电动座椅能调节的位置有哪些？
2. 叙述电动座椅的组成。

项目十一

汽车电路分析

【项目描述】

分析汽车电路是汽车维修工必备的技能之一,现在汽车都是电气控制机械系统工作,机械系统由于加工工艺水平提高使得汽车机械故障很少,但电气故障越来越多。本项目主要学习汽车电气设备控制电路的识读和分析。

【重点难点】

重点:汽车电路的电气符号和电路分析基本方法。
难点:汽车电路分析。

任务一　汽车电路分析基础

目标类型	目标要求
知识目标	1. 了解汽车电路常用电器元件的种类及功用 2. 掌握汽车常用电器元件的结构及工作原理
技能目标	能够对常用元件进行检查与测试

一辆 2015 款宝来轿车要进行前照灯的改造，要完成这个任务，需要掌握汽车全车电路的相关知识。

一、汽车电路图识图概述

在识读任何一种电路图前，必须对电路图特殊的表达方式有所了解。

1）对电路图中各电器的表达方式（电器符号及文字标注等）进行了解。

2）对图中标注、代码及缩略语含义进行了解。

3）对图中特殊的表达方式，如粗、细实线或虚线在不同情况下的不同含义，不同车型电路图中某些独特标志等进行了解。

1. 电器符号

在电路原理图中，各电器元件均采用图形符号表示，其中某些图还能表达出电器元件的内部工作原理。

2. 导线标注

在电路原理图中，一般要对导线的线径、颜色甚至所属的电气系统做出标注。

线径：一般用数字表示，数字大小代表导线的横截面积，单位为平方毫米。

导线颜色：一般用字母做代码，英文字母第一个或前两个字母代表导线的颜色。

3. 缩略语

由于电路图幅面有限，对各元器件的注释大量采用缩略语。

二、大众车系电路图的特点

大众车系电路图很有代表性，北京汽车和奇瑞汽车的电路图和大众车电路图也类似，下面主要介绍大众车系电路图的有关内容。

大众车系电路图在最下端通过编号坐标标注图中各线路的位置，各线路平行排列，每条

215

线路对准下框线上的一个编号。图中一般不允许横向交叉跨度较大的走线，横向连接的走线采用断口标注的方式表示，即线路断口处标注为与之相连的另一段线路所在图中的位置编号。这种电路图主要被德国大众车系所采用，目前我国主要国产品牌轿车如桑塔纳、捷达、宝来、帕萨特、奇瑞、奥迪和红旗等均采用该方式的电路图。

图 11-1 电路原理图的说明如下：

1—三角箭头，表示下接下一页电路图。

2—熔丝代号，图中 S5 10A 表示该熔丝位于熔丝座第 5 号位，10A。

3—继电器板上插头连接代号，表示多针或单针插头连接和导线的位置，例如 D13 表示

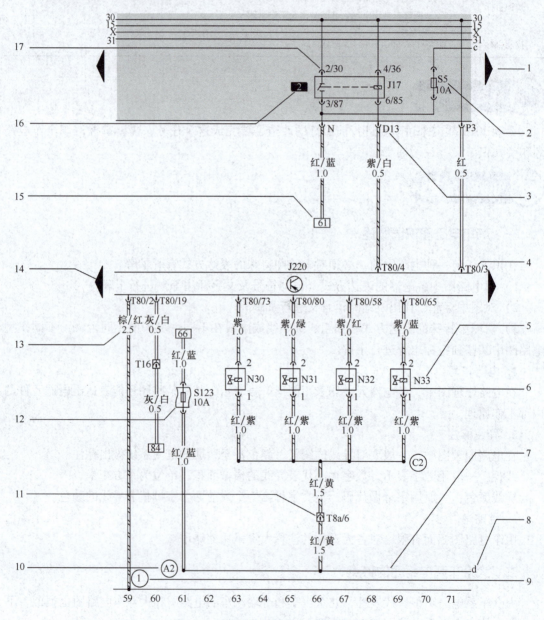

图 11-1　横坐标式电路图中符号的含义

多针插头连接，D 位置触点 13。

4—接线端子代号，表示电器元件上接线端子数/多针插头连接触点号码。

5—元件代号，在电路图下方可以查到元件的名称。

6—元件的符号，可参见电路图符号说明。

7—内部接线（细实线），该接线并不是作为导线设置的，而是表示元件或导线束内部的电路。

8—指示内部接线的去向，字母表示内部接线在下一页电路图中与标有相同字母的内部接线相连。

9—接地点的代号，在电路图下方可查到该代号接地点在汽车上的位置。

10—线束内连接线的代号，在电路图下方可查到该不可拆式连接位于哪个导线束内。

11—插头连接，例如 T8a/6 表示 8 针 a 插头触点 6，插头上都有标注数字，这个 8 个插头，一排标注 1 和最后一位数字 8，从 1 数到 8；若两排插头，第一排是标注 1 和 4，第二排标注 5 和 8，数字方法同一排的。

12—附加熔丝符号，例如 S123 表示在中央电器附加继电器板上第 23 号位熔丝，10A。

13—导线的颜色和截面积（单位：mm²）。

14—三角箭头，指示元件接续上一页电路图。

15—指示导线的去向，框内的数字指示导线连接到哪个接点编号。

16—继电器位置编号，表示继电器板上的继电器位置编号。

17—继电器板上的继电器或控制器接线代号，该代号表示继电器多针插头的各个触点。例如 2/30，2 表示继电器板上 2 号位插口的触点 2，30 表示继电器/控制器上的触点 30。

图 11-2 所示为汽车发动机、蓄电池、起动机电路图。电路中常用到的电器符号及含义见表 11-1。

一、大众汽车电路图

大众车系电路图的特点是图上部的灰色区域表示汽车的中央接线盒的熔丝与继电器。灰色区域内部水平线为接电源正极的导线，有 30、15、X 等。30 是连接蓄电池正极线，俗称常火线；15 在点火开关转到点火档或起动档才有电；X 在点火开关转到点火档时卸荷继电器工作情况下有电，小电流控制大电流的线，主要给空调等大功率电气设备供电。

下面以大众车系捷达系列轿车常用电路图为例说明如何分析该车系的电路图。

1. 捷达系列轿车电路图中符号的含义

捷达系列轿车电路图中符号的含义参见图 11-1，全车电路图采用"纵向排列式"画法，原车电路图中，电路图绘制规则和表示方法如下：

（1）**全车电路图采用纵向排列** 同一系统的电路归纳到一起。总线路包括：电源系统、

汽车电气系统检修

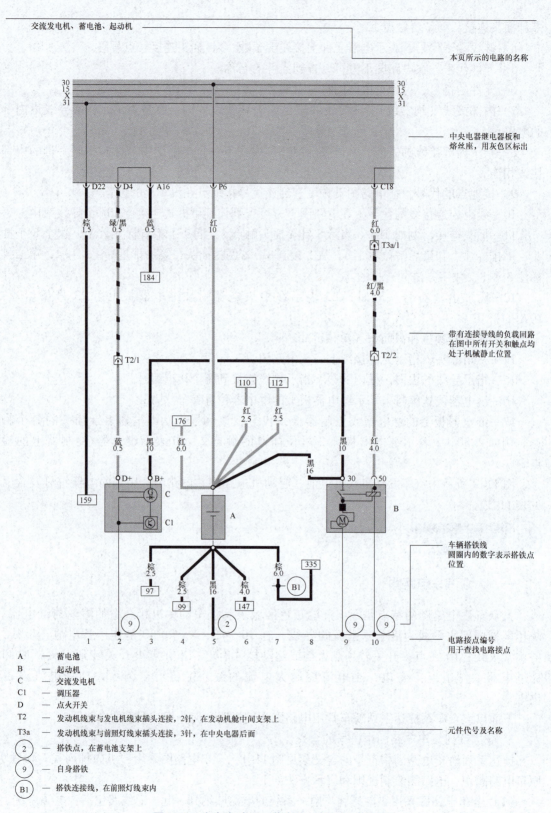

图 11-2 汽车发动机、蓄电池、起动机电路图

表 11-1 大众车系电器符号表

符 号	含 义	符 号	含 义
	内部照明灯		不可拆式导线接点
	显示仪表	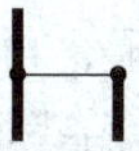	线束内导线连接
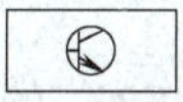	电子控制器	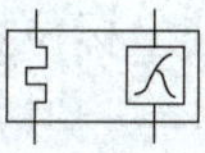	氧传感器
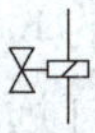	电磁阀		电动机
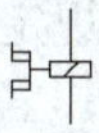	电磁离合器	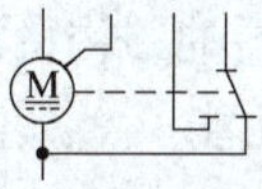	双速电动机
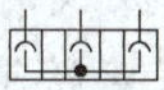	接线插座	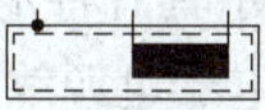	感应式传感器
	插头连接	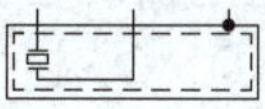	爆燃传感器
	元件上多针插头连接		数字钟
	元件内部导线连接点	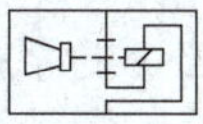	喇叭
	可拆式导线接点	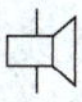	扬声器
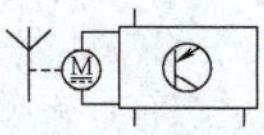	自动天线	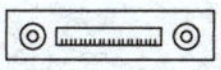	收放机

起动系统、点火系统、照明及信号系统、仪表和报警系统、空调系统、刮水器及洗涤器系统、收音机电路系统和发动机电子控制系统、自动变速器电路、ABS 电路等，各系统电路从左到右依次排列。

（2）**用断线代号和坐标代号避免电路图中导线的相互交叉**　为避免电路图中导线相互交叉，将不同系统相互连接的导线采用断开绘图法，并在断开处画上一个小方框，方框内用数字表明断开连接处在电路图中坐标的位置。例如，电源系统电路中，交流发电机 D+ 接线端子接中央电路板的 U2/12 端子，再经线束导线接仪表报警电路 T28/16 端子至充电指示灯，在电源系统电路中 U2/12 端子导线断开处画一小方框，该小方框标有 55，表示断点下一连接处坐标位置为 55；在仪表报警电路中 T28/16 端子的导线断开处画一小方框，小方框内标有 4，表示断点下一连接处坐标位置 4。

（3）**在电路图中用规定的字母和数字表示部件的类型、序号**　例如："E2" 的 E 表示开关类，"E2" 代表转向灯开关；"G2" 的 G 表示传感器类，"G2" 代表冷却液温度表传感器；"J2" 的 J 表示继电器类，"J2" 表示转向灯与危险警告灯继电器；"K2" 的 K 表示指示灯类，"K2" 代表充电指示灯；"L1" 的 L 表示照明灯类，"L1" 代表左前照灯远光、近光双灯丝；"S1" 的 S 表示熔丝类，"S1" 表示左前照灯近光熔丝。

（4）**用电路符号表示电器的结构特征和功能**　用国际电工委员会（IEC）规定电路符号表示电器部件的结构特征和功能。

（5）**用规定的数字或字母表示具有特定功能的导线端子**　按照德国有关工业标准（DIN）规定的数字或字母表示具有特定功能的导线端子。例如：30—表示常火线，与蓄电池正极连接；15—接小容量电器电源线，当点火开关接通时，由点火开关直接接通电源；50—起动机控制电路电源线，当点火开关在起动位置时，接通起动机控制电路电源；31—搭铁线；X——接大容量电器的电源线，在点火开关处于点火位置时，控制中间继电器接通大容量电器的电源。①、②……表示搭铁线及搭铁位置，①蓄电池搭铁线，②变速器搭铁线等。

（6）**用分数或数字代号表示电器部件插接器插脚数量和作用**　例如：双音喇叭继电器 J17 的各插脚代号为 1/86、2/87、3/30、4/85，分子中的 1、2、3、4 表示共有 4 个插脚的各个插脚，分母中的 86、87、30、85 表明该插脚的功能。

（7）**采用统一的字母或用彩色图表达导线颜色**　不同功能的导线采用规定的颜色，用数字表示导线的标称面积，用统一的字母或用彩色图表示导线颜色。

（8）**整车电路采用中央电路板**　整车电路采用中央电路板，将大部分继电器和熔丝安装在中央电路板正面。从中央电路板背面插接各线束，中央电路板上标有线束和导线接插位置代号和接点数字号，主要线束的插接件代号有 A1、A2、B、C、D……X、Y、Z 等；同一插接件不同端子用端子代号加数字表示，如 A1/4 表示 A1 插接件的端子 4，J/2 表示 J 插接件的端子 2。检修电路时，可根据电路图中导线号码，确定导线所在的插接件和线束位置。

2. 捷达系列轿车电路分析

捷达系列轿车电源系统、起动系统的电路如图 11-3 所示。

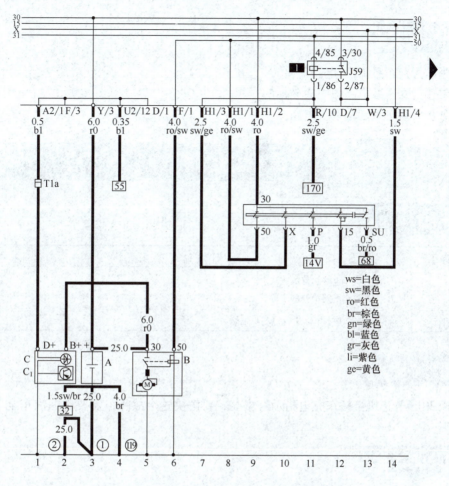

图 11-3 捷达系列轿车电源系统、起动系统的电路

A—蓄电池　B—起动机　C—发电机　C_1—电压调节器　D—点火开关

J59—X 触点卸荷继电器　T1a—单孔插头，蓄电池附近

①—搭铁线，蓄电池-车身　②—搭铁线，变速器-车身　⑲—搭铁连接点，前照灯线束内

考核项目		评分标准	学生自评	小组互评	教师评价	小计
知识目标	掌握汽车电路的分析方法	能完整叙述				
	掌握常见车系电路的特点	能完整叙述				
技能目标	能够进行电路分析	会分析				
素质目标	安全、规范操作	做到做好				
	操作步骤、流程正确完整	正确熟练				
	团队合作	是否和谐				
	现场6S	是否做到				
	总评					

1. 画出大众车系10种电路符号。
2. 叙述大众车系电路图中横坐标的作用。
3. 分析大众车系起动系统电路。

 任务二　汽车电路检修

 学习目标

目标类型	目标要求
知识目标	1. 了解汽车电路检修的方法 2. 掌握汽车电路检修的步骤
技能目标	能够对汽车基本电路进行检测与维修

 任务描述

　　一辆2013款迈锐宝轿车充电指示灯常亮，要解决这个故障，需要掌握汽车全车电路的检修知识。

 知识准备

一、通用汽车电路图

通用汽车的电气符号和大众车系的电气符号类似，在此不再介绍。

1. 电源分配简图（图11-4）

系统电路图中电源线从图上方进入，通常从熔丝处开始，并于熔丝上方用黑线框标注此处与电源之间的通断关系。用电器在中部，搭铁点在最下方。对于电子控制系统，电路图中除该系统的工作电路外，还包括与该系统工作有关的信号电路（如传感器等）。系统电路图上方常用粗黑框内的文字标注与电源的通断情况，一般为"常通电"（常火线）式、在ON或ACC时通电（点火开关在ON或ACC位置时接通电源）。通用汽车电路图中用黑三角内的图案表示电路中需注意的内容，如对静电敏感，操作时要注意人体放电等。所有接地直列插接器贯穿式密封圈和插头都给定了识别代码与其在车辆上的位置相对应。

如图11-4所示，所有电源电流路径是：发电机正极→起动机正极接线柱→蓄电池正极接线柱→熔丝，发电机发电时，由发电机供电；发电机不发电时，由蓄电池供电。

2. 熔丝盒详图（图11-5）

如图11-5所示，所有电源先经过熔丝再到用电设备，熔丝有无电源是由点火开关控制的。

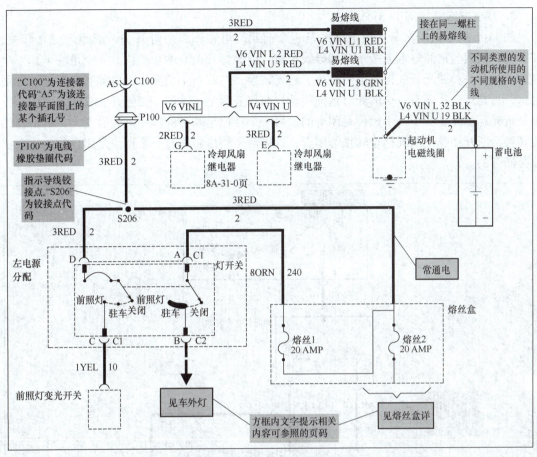

图 11-4 通用汽车电源分配简图

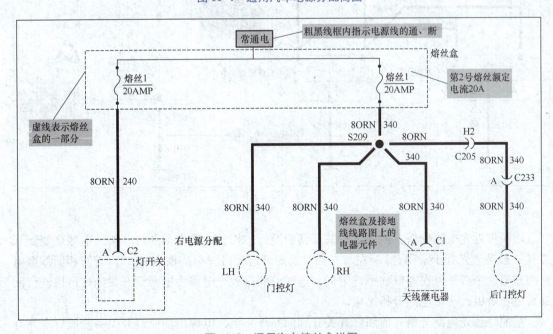

图 11-5 通用汽车熔丝盒详图

3. 系统电路图（图11-6）

图11-6所示通用汽车系统电路图是一个前照灯电路图，由灯开关、前照灯变光开关、前照灯、仪表盘前照灯远光指示灯和导线组成。前照灯开关有两个档位，一个是驻车，一个是前照灯开关；变光开关控制前照灯远、近光转换；左右两个前照灯，内部有两根灯丝分别是远、近光灯丝；还有一个前照灯远光指示灯与仪表盘是一体的。变光开关有两个档位，分别是近光和远光，其中一个档位是闭合的，另一个档位是断开的。一旦开启变光，则闭合档位转换为断开档位，断开档位转换为闭合；这样两个档位始终有一个档位是闭合的，一个档位是断开的。

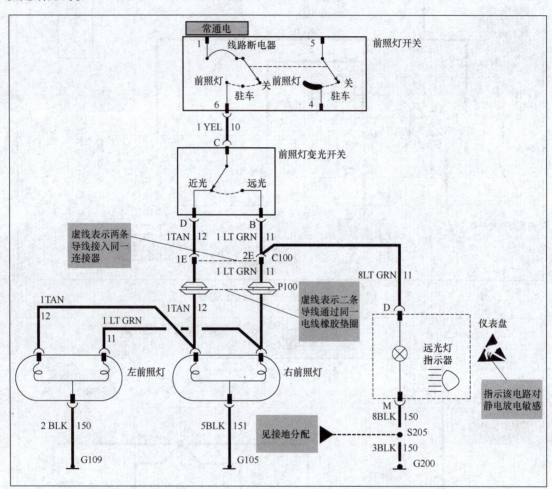

图11-6 通用汽车系统电路图

前照灯近光电路分析：前照灯开关开到前照灯一档，电源由前照灯开关→前照灯变光开关（一般是近光处于常闭合）→左、右两个前照灯近光灯丝→搭铁点G109。查阅相同车型电路图知道这个搭铁点在左侧前照灯附近，这样前照灯近光电路由电源到开关到灯再搭铁，回到蓄电池负极，一个电路分析结束。

前照灯远光电路分析：前照灯开关开到前照灯一档，电源由前照灯开关→前照灯变光开关（变光开关转换到远光档）→左、右两个前照灯远光灯丝→搭铁点G105。查阅相同车型电路图知道这个搭铁点在右侧前照灯附近，这样前照灯远光电路由电源到开关到灯再搭铁，回到蓄电池负极，一个电路分析结束。

前照灯远光指示灯电路分析：前照灯开关开到前照灯一档，电源由前照灯开关→前照灯变光开关（变光开关转换到远光档）→仪表盘远光指示灯→搭铁点 G200。查阅相同车型电路图知道这个搭铁点在仪表盘附近，这样前照灯远光指示灯电路由电源到开关到灯再搭铁，回到蓄电池负极，一个电路分析结束。

电源电路连接情况检查：使用数字式万用表检查，1）拆下可疑电路的电源馈线（如熔丝、控制模块）；2）断开负载；3）将数字式万用表旋钮设置在电阻档；4）将数字式万用表的一根引线连接到待测电路一端，将数字式万用表的另一根引线连接到良好搭铁上。如果数字式万用表显示的电阻不是无穷大（OL），则此电路对搭铁短路。

4. 搭铁电路图（图 11-7）

图 11-7 是 2013 款科鲁兹维修手册中电路图，不同车型电路图有区别，G101 搭铁点是

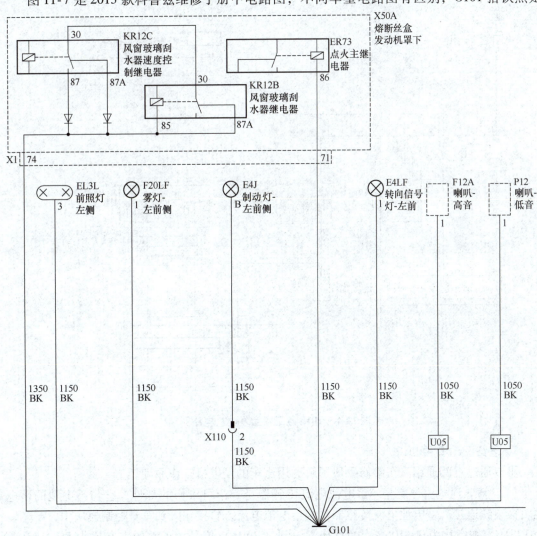

图 11-7 通用汽车搭铁电路图

通用汽车发动机舱电气控制盒中继电器的搭铁线，同时也是左前侧前照灯、雾灯、转向灯、示廓灯、高低音喇叭等的搭铁线。通过查阅通用维修手册可以知道 G101 搭铁点的安装位置是左侧前照灯的后面车身上。

搭铁情况检查：使用数字式万用表检查，1）拆下可疑电路的电源馈线（如熔丝、控制模块）；2）断开负载；3）将数字式万用表旋钮设置在电阻档；4）将数字式万用表的一根引线连接到待测电路一端，将数字式万用表的另一根引线连接到良好搭铁上。如果数字式万用表显示的电阻是无穷大（OL），则此搭铁电路对搭铁断路。若电阻为零，表示此搭铁点搭铁良好。

二、通用汽车电路图识读

图 11-8 所示为 2013 款迈锐宝发电机电路图。

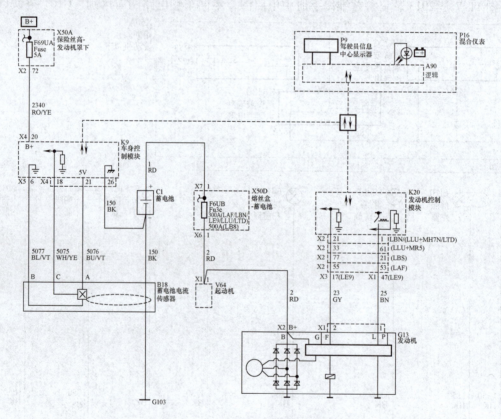

图 11-8　2013 款迈锐宝发电机电路图

1. 电路图的有关知识

可以通过查阅通用汽车维修手册了解通用汽车的发电机工作原理。

（1）蓄电池电流传感器　蓄电池电流传感器是一个可维修的部件，它与蓄电池的蓄电池负极电缆连接。蓄电池电流传感器监测蓄电池电流，直接输入到车身控制模块中，产生一个 128Hz、占空比为 0～100% 的 5V 脉宽调制（PWM）信号。正常的占空比为 5%～95%，0～5% 和 95%～100% 的占空比用于诊断目的。

(2) 发动机控制模块（k20、ECM） 发动机运行时，发动机控制模块将发电机接通信号发送至发电机以打开调节器。发电机电压调节器通过控制转子的电流从而控制输出电压。转子电流与调节器供给的电脉冲宽度成正比。发动机起动后，调节器通过内部导线检测定子上的交流电压感应发电机的转动。一旦发电机运行，调节器通过控制脉冲宽度来改变励磁场电流。这就能调节发电机输出电压，使蓄电池正常充电以及电气系统正常运行。发电机磁场占空比端子连接到内部电压调节器和外部发动机控制模块。当电压调节器检测到充电系统有故障时，向此电路提供搭铁以向发动机控制模块发送信号，提示存在故障。发动机控制模块监测发电机磁场占空比信号电路，并接收基于车身控制模块信息而作出的控制指令。

(3) 仪表板组合仪表（P16） 充电系统出现故障时，仪表板组合仪表会提醒用户。它有2种提醒方式，即充电指示灯和驾驶人信息中心的"SERVICE BATTERY CHARGING SYSTEM（维修蓄电池充电系统）"信息。

(4) 充电系统的运行 充电系统的功用是保持蓄电池充电和车辆负载。它有6种操作模式，包括蓄电池硫化模式、充电模式、燃油经济模式、前照灯模式、起动模式和电压下降模式。

发动机控制模块（ECM）通过发电机接通信号电路控制发电机。发动机控制模块通过发电机磁场占空比信号电路监测发电机性能。它是一个128Hz、占空比为0～100%的脉宽调制（PWM）信号。正常的占空比为5%～95%，0～5%和95%～100%的占空比用于诊断目的。

2. 电路分析

从图11-8可以看出，发电机上3个接线柱B、L、F，B是电枢接线柱、L是控制励磁线圈的接线柱、F是反馈线。B电枢接线柱接到起动机电源接线柱再到主熔丝（300A）后接到蓄电电正极，这样发电机发出的直流电给蓄电池充电和通过主熔丝（300A）给汽车用电设备供电。L控制励磁线圈的接线柱、F反馈线接到发动机电控单元（K20），发动机电控单元控制发电机的发电电压大小和检测发电机F反馈线是否正常，然后通过网络线传递到仪表电控单元（P16），通过仪表显示F反馈线是否正常。电流传感器B18是霍尔传感器，检测蓄电池的电流大小，它的C接线柱是信号线，电流传感器通过C接线柱把信号传递到车身控制模块，车身控制模块通过网络线把电流信号传给发动机电控单元，发动机电控单元根据电流信号控制发电机的发电电压大小。

充电电路：发电机B接线柱→起动机X1接线柱→发动机舱熔丝F6→蓄电池正极。

励磁电路：发动机电控单元K20上X2插接器1号针脚→发电机L接线柱。

充电指示灯控制电路：发电机F接线柱→发动机控制单元K20上X2插接器21号针脚→发动机控制单元K20通过网络线与仪表电控单元，从而控制充电指示灯的亮与熄灭。

分析通用汽车的前照灯电路

图11-9所示为通用汽车灯光开关电路，图11-10所示为通用汽车前照灯控制电路。

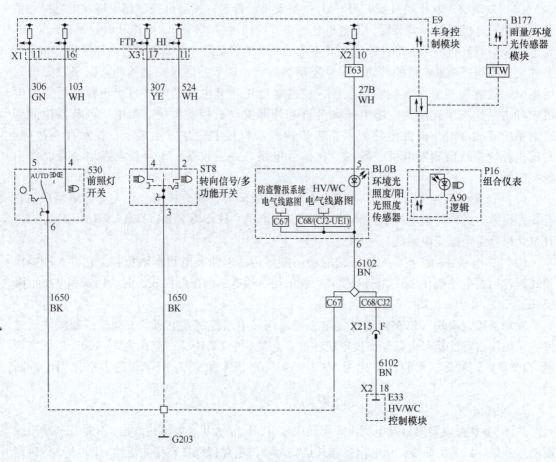

图 11-9 通用汽车灯光开关电路

灯光电路说明

近光：车身控制模块（BCM）监测前照灯开关的 3 个信号电路。将前照灯开关置于"AUTO（自动）"位置时，3 个信号电路均断路；置于"AUTO（自动）"位置时，车身控制模块监视来自环境光照传感器的输入，以便根据车外照明状况判定是否需要前照灯或者是否激活日间行车灯；当前照灯开关置于"OFF（关闭）"位置时，前照灯开关前照灯熄灭信号电路搭铁，指示车身控制模块熄灭车外灯；当前照灯开关置于 PARK（驻车）位置时，前照灯开关驻车灯亮信号电路搭铁，指示已向驻车灯发出请求；当前照灯开关置于 HEADLAMP（前照灯）位置时，前照灯开关驻车灯亮信号电路和前照灯开关前照灯亮信号电路均搭铁，作为对该近光请求的反应，车身控制模块向近光继电器控制电路提供搭铁，使近光继电器通电。近光继电器被通电时，开关触点闭合，使蓄电池电压通过近光熔丝提供至近光控制电路，使近光前照灯亮。

车身控制模块向转向信号/多功能开关提供两个信号电路，即远光信号电路和闪光超车信号电路。当近光前照灯亮且转向信号/多功能开关置于远光位置时，通过远光信号电路向车身控制模块提供搭铁。作为对该远光请求的反应，车身控制模块向远光继电器控制电路提供搭铁，使远光继电器通电。远光继电器被通电时，开关触点闭合，使蓄电池电压通过远光

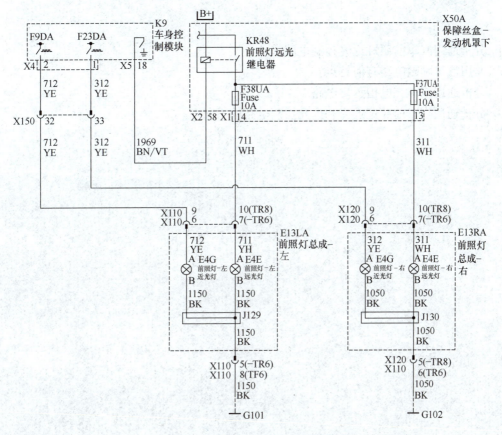

图 11-10 通用汽车前照灯控制电路

熔丝提供至远光控制电路,使远光前照灯亮。

当转向信号/多功能开关瞬时置于闪光超车位置时,通过闪光超车信号电路向车身控制模块提供搭铁,车身控制模块向远光继电器控制电路提供搭铁,使远光继电器通电,瞬时使远光灯亮或直至闪光超车开关松开。

	考 核 项 目	评 分 标 准	学生自评	小组互评	教师评价	小计
知识目标	掌握通用汽车灯光开关电路的分析方法	能完整叙述				
	掌握通用汽车前照灯灯光电路的特点	能完整叙述				
技能目标	能够进行电路分析	会分析				
素质目标	安全、规范操作	做到做好				
	操作步骤、流程正确完整	正确熟练				
	团队合作	是否和谐				
	现场 6S	是否做到				
	总评					

1. 分析通用汽车前照灯远光控制电路。
2. 通用汽车励磁电路有何特点？
3. 分析通用汽车充电指示灯电路。
4. 分析通用汽车前照灯近光和远光控制电路的不同点。

参 考 文 献

[1] 宋作军. 汽车电气系统检修 [M]. 2版. 北京：北京大学出版社，2014.
[2] 黎亚洲. 汽车电气系统维修技术 [M]. 北京：机械工业出版社，2009.
[3] 赵宇. 汽车安全与舒适系统检修 [M]. 北京：人民邮电出版社，2013.
[4] 张军. 汽车舒适与安全系统检修 [M]. 北京：机械工业出版社，2016.